《幼儿教育学基础》(第2版)复习指导与习题精编

贾世鹏　主编

中国石化出版社

内 容 提 要

本书是国家教育部规划教材《幼儿教育学基础》(第 2 版)(教育部师范教育师组编，李季湄主编，北京师范大学出版社)的学习辅导书。

本书前面为复习指导部分，按教材章目顺序编排，共分 8 章，每章设置学习导航、重中之重、应知应会、范例解析、小试牛刀、参考答案与计分标准六大模块。本书后面为模拟测试部分，编写了 5 套模拟试卷，试卷按照考试题型、分值比例设置题目，全面覆盖了大纲考点。

本书紧扣教学大纲，涵盖教材内容、融合学情教情，为学生掌握基础知识、运用知识能力提供全面指导。本书以练为主，使学生夯实专业知识，学会分析方法，明确解题思路，掌握答题技巧，提升专业技能。

本书可作为中等职业学校学前教育专业教学用书，对于中职生参加三校生对口高考考试具有较强的针对性和实用性，是考生必备的一本高职考试复习指导用书。

图书在版编目(CIP)数据

《幼儿教育学基础》(第 2 版)复习指导与习题精编 / 贾世鹏主编 . —北京：中国石化出版社，2018. 9(2023. 9 重印)
ISBN 978-7-5114-5019-7

Ⅰ. ①幼… Ⅱ. ①贾… Ⅲ. ①幼儿教育学-中等专业学校-习题集 Ⅳ. G610-44

中国版本图书馆 CIP 数据核字(2018)第 201446 号

中国石化出版社出版发行
地址：北京市东城区安定门外大街 58 号
邮编：100011 电话：(010)57512500
发行部电话：(010)57512575
http://www.sinopec-press.com
E-mail：press@sinopec.com
北京柏力行彩印有限公司印刷
全国各地新华书店经销
*
787×1092 毫米 16 开本 13 印张 326 千字
2023 年 9 月第 1 版第 5 次印刷
定价：34.00 元

前　言

本书是《幼儿教育学基础》(第2版)(李季湄主编，北京师范大学出版社)的学习辅导书。在编写的过程中，编者深刻领会教育部颁发的《中等职业学校学前教育专业幼儿教育学教学大纲》，努力贯彻《国家中长期教育改革和发展规划纲要(2010—2020年)》、《国务院关于当前发展学前教育的若干意见》(2010年)、《3—6岁儿童学习与发展指南》(2012年)以及新修订的《幼儿园工作规程》(2016年)等相关文件要求，注重提升学生的职业技能和专业素养，结合学生实际，做到有导有练，巩固教材内容，夯实专业基础。

本书复习指导部分按照教材章目顺序编写，每章设置学习导航、重中之重、应知应会、范例解析、小试牛刀、参考答案与计分标准等六大模块。“学习导航”是应掌握的知识要点，分识记、理解、应用三个层次；“重中之重”是本章的核心内容，学生学习的重点；“应知应会”概括本章内容要点，帮助学生更好地梳理学过的基础知识，明确教材的重点难点，便于学生理解把握；“范例解析”是针对考试中的典型问题，帮助学生学会分析问题，明确解题思路，掌握解答技巧，提升专业技能；“小试牛刀”则是检测学生对所学知识的掌握程度，以能力训练为主，题型规范，难度适当，题型为单项选择、多项选择、判断、简答、论述、案例分析，培养学生学习的积极性和主动性，完成“指导—示范—训练”的学习过程；“参考答案与计分标准”可对照答案，纠错补漏，温故知新。

本书后面编写了5套模拟试卷，试卷按照考试题型、分值比例设置题目，全面覆盖了大纲考点。本书所有的测试题与模拟试卷都提供了详细的参考答案。

本书由贾世鹏主编，在编写过程中，编者参考、引用、借鉴了同仁的相关资料，在此表示诚挚的谢意。特别感谢参考教材《幼儿教育学基础》(第2版)(李季湄主编，北京师范大学出版社)的作者与出版社。

由于编者水平有限，书中难免存在不足甚至错误，敬请使用的老师和同学们批评指正。

目　　录

第三部分　幼儿园教育的实施

第四部分　模拟测试

绪　论

【学习导航】

识记：幼儿教育学研究对象；幼儿教育学研究内容；学习幼儿教育学的方法。

理解：学习幼儿教育学的意义。

应用：在幼儿教育实践中，运用幼儿教育思想、原理、方法、原则解决实际问题，全面促进幼儿身心健康发展。

【重中之重】

幼儿教育学的研究对象、内容；学习幼儿教育学的意义和方法。

【应知应会】

一、与我们的生活密切相关的科学——幼儿教育学

幼儿教育学是从人们教育幼儿的实践经验中总结提炼出来的教育理论。幼儿教育学是与我们的生活密切相关的一门科学，我们可以从周围的许多具体现象入手去认识和理解幼儿教育理论的内涵和意义。

二、为什么要学习幼儿教育学

(1) 教育大计，教师为本。我国幼儿教育也将幼儿园教师的专业化置于重要地位，着力建立一支师德高尚、业务精良的幼儿园教师队伍，以从根本上提高幼儿教育质量。

(2) 要成为专业化的幼儿园教师，担负起对幼儿进行科学保教，促进每一个幼儿全面发展的重任，需要学习专业的幼儿教育学理论作指导。

(3) 幼儿园教师最根本的任务是促进每一个幼儿在德、智、体、美诸方面生动、活泼、主动地发展。

三、怎样学习幼儿教育学

1. 纵向深入——认真读书，勤于思考，钻研幼儿教育学

学习幼儿教育学的第一步是认真学习教材，初步了解学科的基本结构，深入理解和领会幼儿教育学的基本概念、基本知识、基本原理、基本观点。同时，还需要广泛阅读相关参考书籍和专业资料，加深对教材内容的理解和认识，不断扩展专业视野。还必须勤于思考，特别是独立思考，和老师同学相互交流看法，讨论切磋。更清楚、更全面、更准确地掌握幼儿

教育学理论。

2. 横向联合——联系幼儿教育实际，联系相邻学科和相关知识、信息，联系有关社会现象和问题

一是联系幼儿教育实际。到幼儿教育机构实习、见习，访问优秀幼儿园教师，开展社区、家庭的调查，尝试进行一些有意义的教育小实验、研究活动以及各种有关的专业活动等，都能有效地提高自己的教育理论修养和从事教育工作的能力。

二是联系相邻学科和相关知识、信息。在学习幼儿教育学的过程中，不断吸收和综合其他相关学科的知识、观点、研究方法、思维方式、研究成果等，这有利于我们开阔思路，从多种角度更深入、更全面地理解和领会幼儿教育学理论。

三是联系有关社会现象和问题。幼儿教育与社会息息相关，经常尝试运用学过的理论知识对来自社会的问题进行理智地分析、思考，对各种思潮、观点进行冷静的判断、辨析。

【小试牛刀】

一、单项选择题(选择一个正确的答案。每小题 4 分，共 20 分)

1. 幼儿教育学是从人们教育幼儿的(　　)中总结提炼出来的教育理论。
   A. 教育学知识　　B. 专家研究　　C. 实践经验　　D. 以上都是
2. 学生在校期间，学习理论的第一步是(　　)。
   A. 学习教材　　B. 独立思考　　C. 勇于探索　　D. 联系实际
3. 要成为专业化的幼儿园教师，需要专业的理论指导，对这一问题理解不正确的是(　　)。
   A. 明确我国幼儿园的教育目标和幼儿教育工作的指导思想
   B. 学会专业技能和实践经验
   C. 树立正确的儿童观、教育观、发展观、课程观等
   D. 确立幼儿发展为本的理念
4. 作为一个幼儿园教师，最根本的任务是(　　)。
   A. 教幼儿能唱会跳，促进幼儿快乐地成长
   B. 通过游戏活动，促进幼儿健康地成长
   C. 教幼儿识字、算术，发展幼儿的智力
   D. 促进每一个幼儿在德、智、体、美诸方面生动、活泼、主动地发展
5. 研究 3—6 岁幼儿教育规律和幼儿教育机构教育工作规律的科学是(　　)。
   A. 幼儿教育学　　B. 幼儿心理学　　C. 幼儿卫生学　　D. 幼儿教育史

二、多项选择题(错选、漏选、多选均不得分。每小题 5 分，共 15 分)

6. 要促进幼儿社会性的健康发展，应当了解(　　)。
   A. 当今社会在理念、认识上的变化与发展趋势
   B. 21 世纪社会发展对人的发展社会性发展所提出的要求
   C. 幼儿的家庭背景、家长的素养、能力、社会阅历和对幼儿教育的观念

D. 现代幼儿社会性发展的规律、特点、特征、问题以及据此培养幼儿社会性的正确方法
E. 教育科学中幼儿社会性发展方面的研究成果

7. 学习幼儿教育学应该做到的联系有(　　)。
A. 联系幼儿教育实际
B. 联系相邻学科和有关知识、信息
C. 联系有关社会现象和问题
D. 联系园情幼情
E. 聚焦社会共性现象和问题

8. 学习幼儿教育学，在校期间联系实际的方式有(　　)。
A. 到幼儿教育机构见习、实习
B. 尝试进行一些有意义的小实验、研究活动等
C. 访问优秀幼儿教师
D. 开展社区、家庭的调查
E. 对幼儿进行观察研究

三、判断题(正确的打“√”，错误的打“×”。每小题3分，共30分)

(　　)9. 幼儿教育学理论常常寓于日常生活中，甚至从你身边，从你熟悉的现象中呈现出来。

(　　)10. 教育在我们的生活中无处不在，人类世世代代地繁衍不息，新一代的成长和发展离不开教育。

(　　)11. 处于幼儿期的儿童虽然发展变化迅速，具有巨大的学习潜力，这说明做好幼儿教育，将来一定可以成才。

(　　)12. 学习幼儿教育学，不仅要认真学习书本上的知识，还要联系幼儿教育的实际。

(　　)13. 在我国，教育幼儿是一项伟大的国家事业。

(　　)14. “独学而无友，则孤陋而寡闻。”说明在学习幼儿教育学时要独立思考。

(　　)15. 在校时学习理论，毕业后再联系实际也能来得及，这种说法不对。

(　　)16. 幼儿园教师掌握幼儿教育理论是进行一切教育活动的前提。

(　　)17. 学习幼儿教育学需要横向深入和纵向联合。

(　　)18. 学习幼儿教育学是一件容易的事，只要掌握相关的幼儿教育学理论就可以了，不需要体验、感悟、理解。

四、简答题(每小题10分，共20分)

19. 为什么要学习幼儿教育学?

20. 我们从《幼儿教育学基础》这门课程会学到什么?

五、论述题(15分)

21. 联系实际谈谈你打算如何学习幼儿教育学？

【参考答案与计分标准】

一、单项选择题(选择一个正确的答案。每小题4分，共20分)

1. C 2. A 3. B 4. D 5. A

二、多项选择题(错选、漏选、多选均不得分。每小题5分，共15分)

6. ABDE 7. ABC 8. ABCD

三、判断题(正确的打"√"，错误的打"×"。每小题3分，共30分)

9. √ 10. √ 11. × 12. √ 13. √ 14. × 15. √ 16. √ 17. × 18. ×

四、简答题(每小题10分，共20分)

19. (1)教育大计，教师为本。我国幼儿教育也将幼儿园教师的专业化置于重要地位，着力建立一支师德高尚、业务精良的幼儿园教师队伍，以从根本上提高幼儿教育质量。(4分)

(2) 要成为专业化的幼儿园教师，担负起对幼儿进行科学保教，促进每一个幼儿全面发展的重任，需要学习专业的幼儿教育学理论。(3分)

(3) 幼儿园教师最根本的任务是促进每一个幼儿在德、智、体、美诸方面生动、活泼、主动地发展。(3分)

20. 学习《幼儿教育学基础》这门课程，可以从书中初步了解幼儿教育学的概貌、基本框架，(3分)初步了解幼儿教育和幼儿教育机构工作的特点和规律，(3分)以及幼儿教育学基本理论——幼儿园的任务、教育目标、教育原则、教育内容、教育活动的原理和方法、教育环境的创设以及与小学的衔接等。(4分)

五、论述题(15分)

21. 学习幼儿教育学需要纵向深入和横向联合。(2分)

① 纵向深入——认真读书，勤于思考，钻研幼儿教育学(2分)

在校期间，学习幼儿教育学的第一步是认真学习教材，初步了解学科的基本结构，深入理解和领会幼儿教育学的基本概念、基本知识、基本原理、基本观点，这是学习的重点。同时，还需要广泛阅览相关参考书籍和专业资料，加深对教材内容的理解和认识，不断扩展专业视野。除了认真读书外，还必须勤于思考，特别是独立思考，和老师同学相互交流看法，讨论切磋。更清楚、更全面、更准确地掌握幼儿教育学理论。(3 分)

② 横向联合——联系幼儿教育实际，联系相邻学科和相关知识、信息，联系有关社会现象和问题(2 分)

一是联系幼儿教育实际。到幼儿教育机构实习、见习，访问优秀幼儿园教师，开展社区、家庭的调查，尝试进行一些有意义的教育小实验、研究活动以及各种有关的专业活动等，都能有效地提高自己的教育理论修养和从事教育工作的能力。(2 分)

二是联系相邻学科和相关知识、信息。在学习幼儿教育学的过程中，不断吸收和综合其他相关学科的知识、观点、研究方法、思维方式、研究成果等，这有利于我们开阔思路，从多种角度更深入、更全面地理解和领会幼儿教育学理论。(2 分)

三是联系有关社会现象和问题。幼儿教育与社会息息相关，经常尝试运用学过的理论知识对来自社会的问题进行理智地分析、思考，对各种思潮、观点进行冷静的判断、辨析。(2 分)

第一部分　幼儿园教育的基础知识

第一章　幼儿教育的产生和发展

【学习导航】

识记：教育、教育学、幼儿教育学的概念；幼儿教育和幼儿园教育的概念；陈鹤琴的“五指活动”；国内外主要幼儿教育家对幼儿教育的重要贡献；幼儿教育机构的产生和发展。

理解：幼儿教育与人类社会一起产生与发展；幼儿教育的意义；陈鹤琴、陶行知的教育思想；蒙台梭利、福禄贝尔、杜威和维果茨基的教育理论；我国幼儿园地位的演变。

应用：幼儿教育对国家和个人的意义。

【重中之重】

幼儿教育的概念和意义；国内外著名幼儿教育家的思想、观点；我国幼儿教育机构的产生与发展。

【应知应会】

第一节　幼儿教育的基本概念和意义

一、什么是教育？什么是幼儿教育？

1. 什么是教育

对教育有广义的和狭义的两种理解。广义的教育是指有目的、有意识地“直面人的生命、通过人的生命、为了人的生命质量的提高而进行的社会活动。”也可视为孩子的一种社会生活经历或一种社会活动。这里的教育包括了家庭教育、社会教育和学校教育。

与广义教育相对的是狭义的教育，即仅指学校教育。学校教育由专业的教师承担，教育的目的性、计划性、组织性、系统性很强，是一种可控性很高、规范的教育。

有两点需要注意：

(1) 不论广义的还是狭义的教育，都是有目的的，不论其有意识还是无意识，都是为一定的政治服务的。无目的的、超政治的教育是不存在的。我国的教育必须为社会主义建设服务，培养社会主义建设的接班人。

(2) 所有一切教育的发展都受到社会的政治、经济、文化等条件的制约，不可能超越一切，教育既可能推动也可能阻碍社会的发展。

2. 什么是幼儿教育

(1) 关于幼儿教育的概念

幼儿教育是对3—6岁年龄阶段儿童所实施的教育的总称。

幼儿教育也有广义和狭义两种理解。从广义上说，幼儿教育是能够发掘幼儿自身潜力和可能性，促进幼儿身体成长和认知、情感、性格等各方面发展，为其现实的发展和未来的可持续发展奠基的所有社会活动，包括在家庭中、社会中、各类幼教机构中进行的所有这一类的活动。而狭义的幼儿教育则仅指幼儿园教育(或其他名称的幼儿教育机构的教育)。

(2) 关于幼儿园教育的概念

幼儿园教育是在幼儿园(幼儿公育的专门教育机构)实施的教育。幼儿园教育在我国归属于学校教育系统，是我国的基础教育的一部分。

幼儿园教育优于家庭教育、社会教育的特点：由专业、专职的幼教人员实施的，具有其他形式的幼儿教育所不具备的专业性；有目的、有计划地进行的，可控性强、有效性高等。

幼儿园教育具有自身的不同于中小学教育的特殊性。幼儿园教育的对象是3—6岁年龄阶段的幼儿，在教育形式、内容、方法等与小学完全不同，它具有保教结合、以游戏为基本活动、与家庭社区紧密配合、重视一日生活等特点。

幼儿园教育属于正规幼儿教育形式，而其他幼儿教育形式属于非正规幼儿教育和非正式幼儿教育。在我国，幼儿园教育在整个幼儿教育系统中居于核心地位，具有导向、辐射作用，最能体现国家意志和社会要求，对其他各种形式的幼儿教育具有示范、指导、聚合的功能，对提高我国幼教的整体质量起着举足轻重的作用。

二、什么是教育学？什么是幼儿教育学？

(1) 教育学是一门研究学生的学问，一门研究教育现象及其一般规律的科学。也可以说，教育学是教育科学的总称。

(2) 教育学的分类：

① 根据研究对象的年龄段不同，分为学前教育学、普通教育学(研究初等、中等教育)、高等教育学等；

② 根据研究的范围不同，分为学校教育学、社会教育学、特殊教育学等；

③ 根据研究的侧重点不同，分为教育原理学、教育管理学、教学法学、教育史学等。

(3) 幼儿教育学是学前教育学的一部分，是教育学的一个分支。幼儿教育学就是专门研究3—6岁幼儿，研究其教育规律和幼儿教育机构的教育工作规律的科学。

无论是教育学还是幼儿教育学，其概念的核心都是研究教育的对象，具体地说，就是研究儿童。

三、幼儿教育的意义

幼儿教育对幼儿个体成长、对幼儿家庭的幸福、对国家和社会的进步都具有重大的意义。

(1) 人从呱呱坠地到长大成人，成为有健康的身体、发达的智能、丰富的知识和良好的思想道德等良好素质的社会成员，这个变化主要靠各阶段的教育来实现，其中幼儿教育的奠基作用至关重要。

这一阶段接受科学的幼儿教育，不仅能为幼儿开启良好的人生开端，还能够为其未来——近则为接受九年制义务教育，远则为其一生的学习和发展打下基础。

(2) 幼儿教育承载着无数家庭对未来美好生活的期盼。幼儿教育与千家万户的幸福连接在一起，与无数家庭最关心、最直接、最现实的利益息息相关。同时，在培养幼儿的过程中，紧密的家园合作传播着科学育儿的先进理念与方法，提升着家庭的文明程度与教育水平，这一切都使幼儿教育成为十分重要的民生工程和社会公益事业。

(3) 幼儿教育关系着国家的兴旺与民族的未来，关系着社会的进步与和谐。在世界各国，幼儿教育都被作为提高国家综合竞争力、提高国民素质、提高社会文明程度的重要途径。在我国，在实现中华民族伟大复兴的历史进程中，教育是民族振兴、社会进步的基石，是提高国民素质和培养人才，提升国家综合实力的根本途径。幼儿教育作为我国基础教育的重要组成部分，作为国民教育的第一阶段，对振兴国家与民族的命运具有不可替代的奠基作用。在社会中，教育被誉为实现人类平等的伟大工具。幼儿教育事关幼儿的受教育权利，事关幼儿接受教育的公平机会，事关消除贫困的代际传播和推动个人发展的起点公平，承载着促进社会公平、维护社会稳定与和谐的重要使命。

第二节　幼儿教育事业的产生与发展

一、幼儿教育与人类社会一起产生和发展

1. 原始社会的幼儿教育

(1) 幼儿教育的形式是原始的社会公育，实际上是一种家庭教育；

(2) 幼儿教育内容贫乏，形式简单，是一种原始形态的教育；

(3) 幼儿教育与生产劳动相结合，是一种自然的、非正规的、非制度化的教育。

2. 奴隶社会、封建社会的幼儿教育

(1) 幼儿教育具有阶级性和等级性；

(2) 入学前的幼儿教育仍然在家庭中分散进行；

(3) 幼儿教育内容较原始社会丰富。

3. 早期资本主义社会的幼儿教育

(1) 建立了幼儿教育注重理论体系，用理论指导实践；

(2) 幼儿教育的内容丰富，涵盖体、智、德、美全面发展，还出现了许多专门为幼儿编写的用于思想教育和文化知识教育等方面的教材；

(3) 幼儿教育出现了实施形式上的“双轨制”，一是慈善机构，二是幼儿教育机构；

(4) 幼儿教育机构首先在欧洲诞生，最值得一提的是由英国空想社会主义者欧文于1816年创办的“幼儿学校”。

4. 现代社会的幼儿教育

(1) 经济的发展、科学技术的进步、人口的增加、就业率的提高、劳动力市场的扩充等因素结合起来，使人们对幼儿教育的需求越来越强烈；

(2) 社会发展的机遇与动力使制度化幼儿教育快速地发展起来；

(3) 幼儿园教育机构大量增加；

(4) 幼儿教育质量出现了根本的变化。

从以上简单勾勒的幼儿教育产生和发展的轨迹中，可以得出以下一般性的结论：

(1) 幼儿教育的产生是和社会的发展、特别是和社会生产力的发展水平紧密相联的，幼儿教育的发展受着经济发展与生产技术演进的强力推动。没有大工业生产就没有幼儿教育的社会化。换言之，幼儿教育机构是近代大工业生产的产物。

(2) 幼儿教育既受制于社会的政治、经济发展水平，既与社会的发展形态、社会需求相适应，又对社会的发展与进步具有重要的反作用，影响着社会的稳定与发展。

二、幼儿教育机构的产生和发展

1. 世界幼儿教育机构的产生和发展

(1) 世界上第一所幼儿园的诞生

德国幼儿教育家福禄贝尔被世界誉为“幼儿园之父”。1840 年 5 月，福禄贝尔在德国布兰肯堡创办了世界上第一所幼儿园。在他的幼儿园里，游戏是幼儿的主要活动，幼儿通过他特制的玩具——“恩物”来学习，获得体力、语言、认识、想象力、创造力等多方面的发展。福禄贝尔创建的幼儿园是世界上第一所真正意义上的幼儿教育机构。

(2) 世界幼儿教育机构的发展

世界各国的幼儿教育机构在各自不同的背景下，沿着各自不同的路线，各有特色地发展着。尽管国情不同，文化背景、历史传统、经济水平各异，但是各国幼教发展呈现出共同的趋势。主要表现在以下几方面：

① 保障幼儿权利的民主化趋势

为了保障每个幼儿的受教育权利，让每个幼儿有平等的学习机会，各国根据《儿童权利公约》和本国的教育法律法规，通过多种途径大力普及与发展幼儿教育。一方面，不少国家加大政府投入，实施不同程度的免费幼儿教育，力求保障每个幼儿接受早期教育的机会。另一方面，世界各国通过增加幼儿教育机构的数量和提高教育质量来满足幼儿的入园需要和入园后获得良好教育的需要。

② 幼教机构多样化

主要表现在：幼教机构的主体多样化，既有公立的、政府办的幼教机构，也有大量私人、社会团体、企业、教会等开办的各种幼托机构。

幼教机构的形式多样化，除了全日制、半日制的正规幼教机构之外，还有许多非正规形式的幼教机构，季节性的、临时性的以及入托时间灵活的幼教设施。

幼教机构的功能多样化，除了面向正常幼儿的教育机构之外，也有不少面向特殊幼儿的设施。实验性的、示范性的、面向病残幼儿诊断治疗的、以训练某种技能为主的、以满足某类家长特殊需要的幼教机构。

主张不同幼教理论的幼教机构也百花齐放，让家长自由选择。如既有依据福禄贝尔、蒙台梭利、皮亚杰理论而举办的幼儿园，也有基于对现代社会问题的反思而举办的幼儿园。

③ 教育目标谋求幼儿全面、和谐的发展

从 20 世纪 80 年代初开始，呼吁教育目标从“智育中心”转向促进幼儿的全面发展，特别是重视幼儿社会性和情感的发展，为其成长为社会所需要的“人”打下基础。

还需要看到，随着社会的发展，各国幼儿教育目标都在与时俱进地进行调整，对培养幼儿的自主性、批判性思维、责任感以及学习品质高度重视。

④ 重视幼儿的生活、游戏与直接经验

世界各国尊重幼儿学习与发展的特点，强调幼儿自身生活的教育价值，强调游戏的重要性，强调幼儿的亲身体验、直接经验的不可替代性。

⑤ 重视提高幼教机构教师的专业素质

世界各国都高度重视提高教师的专业素质，因为教师专业化程度是教师质量的核心，也是幼教机构质量的重要标志。不仅把师资学历均提高到了大专以上水平，还对教师的职前培养、入职资格、在职要求等制定了规范而严格的标准，配套了相应的教师教育课程标准、教师资格制度以及教师专业发展和评价体系、教师专业标准等，以加快教师的专业化进程，有效地提高教师的专业素质。

⑥ 重视幼教机构与家庭、社区的合作

联合国教科文组织多次指出，学校必须突破自身的局限，向社会开放，全社会共同为儿童创造一个能促进他们生理、心理、精神、道德和社会性发展的环境。因此，各国幼教为适应社会的变化而在开放中求发展，在与家庭、社区的结合中求教育的高质量。

2. 我国幼儿教育机构的产生与发展

(1) 我国第一所幼儿园的诞生

我国自己创办的第一所幼儿教育机构是 1903 年(清政府)在湖北武昌创办的湖北幼稚园(1904 年清政府将其改名为武昌蒙养院)。之后又在北京、上海相继成立了蒙养院。当时的这些幼儿教育机构完全抄袭日本，显示出半封建半殖民地教育的特点。

(2) 旧中国的幼儿园教育

在半封建半殖民地的旧中国，政府根本不重视幼儿教育，导致幼儿教育发展极缓慢。幼儿园害了三种大病：一是外国病，二是花钱病，三是富贵病。(陶行知语)

可喜的是，在这一时期，在中国共产党领导下的农村革命根据地、抗日民主根据地和解放区里，出现了各种类型的托幼组织，如边区儿童保育院和托儿所等，这些幼儿园被形象的誉为“马背摇篮”。

另外，有一批具有爱国思想和民主思想的幼儿教育家，积极提倡变革并躬行实践，创办了为平民子女服务的幼儿园。陶行知先生的“乡村儿童团”，张雪门先生的“北平香山慈幼院”等。

(3) 新中国幼儿园教育的发展(新中国成立初期至“文化大革命”结束)

① 历史的转折

新中国成立后，为了建立和发展新中国的社会主义幼教事业，幼儿教育以老解放区教育经验为基础，借鉴苏联经验，进行了整顿、改造和发展。

1951 年中央教育部制定了《幼儿园暂行规程(试行草案)》《幼儿园暂行教学纲要(试行草案)》，规定了新中国幼儿园的教养目标和双重任务，明确了各年龄班幼儿的身心特点和相应的教育内容以及教养员的责任等，有力地推动了新中国幼儿教育事业的发展。

新中国幼儿教育开始发生翻天覆地的变化，表现在：在办园方向上，旧型幼儿园逐渐转为向工农子女开门，为国家建设服务，让普通劳动人民的子女成为幼儿园的受教育者；在教育思想上，新中国幼儿教育改革旧的教育思想、内容和方法，批判旧教育中存在的封建、买办、崇洋的思想；在教育目标上，新中国的幼儿园遵循党的教育方针，对幼儿进行初步的德、智、体、美全面发展教育。

② 曲折起伏的前进

随着我国社会主义建设的深入，幼儿教育虽然有起有伏，但总体是向前发展的。“文化大革命”前的17年中，幼儿园数量大增，幼儿园教师队伍也基本建立起来；幼儿园教育的各项规章制度大体确立，一个社会主义幼儿教育的新体系基本形成。不过在发展中因为经验不足，也走过不少弯路。

(4) 新时期幼儿园教育的发展

① 拨乱反正，步入规范化、法制化轨道

“文革”后，为恢复和发展幼儿教育，教育部首先恢复建立了从中央到地方的各级幼儿教育领导机构，其次，教育部制定并颁发了一系列拨乱反正的文件，如《城市幼儿园工作条例》(1979)、《幼儿园教育纲要》(1980)、《关于进一步办好幼儿学前班的意见》(1986)、《幼儿园管理条例》(1989)等。

② 在改革开放中腾飞

随着我国社会的改革开放和经济转型，我国幼教机构与时俱进，以改革促发展，无论在幼教发展的思路、政策以及发展数量、规模、布局等方面，还是在幼教机构的教育理念、保教质量、教师素质等方面，都取得了长足进步。

A. 以促进社会公平为重点的发展格局

为保证适龄儿童能够接受基本的、有质量的幼儿教育，我国积极探索符合中国国情的多元化发展道路。幼教机构的发展逐步形成了政府主导、社会参与、公办园与民办园、正规与非正规教育相结合的多元发展格局，大大促进了幼教机构的发展。

2010年2月国务院发布了《国家中长期教育改革和发展规划纲要(2010—2020年)》(以下简称《教育规划纲要》)，逐步形成均衡的、公益性和普惠性的、覆盖城乡布局合理的学前教育公共服务体系。

2010年10月国务院出台了具有里程碑意义的《国务院关于当前发展学前教育的若干意见》(以下简称《意见》)，进一步推动幼教的科学发展，满足人民群众对幼儿教育日益迫切的需求，更好地保障所有适龄幼儿的受教育权利。

B. 以提高保教质量为核心的内涵发展

一是教育观念的转变。我国幼教机构一方面积极地向世界先进的理念和实践学习、靠近，另一方面持续不断地进行着内部的改革，转变教育观念一直是改革的重点。20世纪80年代末，我国政府向世界承诺并实施联合国的《儿童权利公约》。由此，我国幼儿园教育第一次聚焦幼儿权利。1996年6月正式施行《幼儿园工作规程》(以下简称《规程》)，《规程》要求“对幼儿实施德、智、体、美全面发展的教育，促进其身心和谐的发展。”2001年6月教育部颁布了以“指导幼儿园深入实施素质教育”为宗旨的《幼儿园教育指导纲要(试行)》(以下简称《纲要》)。在强调促进幼儿全面发展的同时，还强调“促进每一个幼儿富有个性的发展”，为“幼儿一生的发展打好基础”。“以幼儿发展为本”第一次被确立为我国幼儿教育的一个基本价值取向。

2010年《教育规划纲要》提出了“树立以提高质量为核心的教育发展观，注重教育内涵发展”的战略目标，更强化了我国幼教机构对发展要义、发展本质的认识，“促进每一个幼儿全面的、和谐的、可持续的发展”成为了幼教质量的核心，成为了幼儿园教育的出发点和归宿。

2012年教育部颁布了以提高幼儿教育质量为宗旨、以促进每一个幼儿学习与发展质量为目标的《3—6 岁儿童学习与发展指南》(以下简称《指南》)，进一步用正确的教育观、儿童观，配以具体明确的、可操作的目标与教育建议，引导教师、家长和全社会在新的理念下，尊重儿童的天性和认知规律，珍惜童年生活的独特价值，开展科学保教。

2016 年 3 月，重新修订的《幼儿园工作规程》开始施行。“以幼儿发展为本”的理念更加扎实、深入地植根于我国幼儿教育的土壤中。

二是实践的转型——“以幼儿发展为本”的科学保教。

理念的变化、观念的更新，带来了幼教机构在实践层面的巨大变化。向着“以幼儿发展为本”的科学保教的方向发展是新时期我国幼教实践的特征。主要体现在以下几方面：

第一，幼儿园教育目标的变化。使幼儿园教育目标不再局限于只是上小学的预备，只是为了读写算技能或才艺的早期训练。促进幼儿全面的、和谐的、可持续的发展，努力为幼儿一生的发展奠定良好的基础——生存的基础、做人的基础、做事的基础、终身学习与发展的基础——成为我国幼儿园广泛认可的目标。

第二，幼儿园教育内容的变化。表现在两方面：不再把教育内容当作是统一固定的、与幼儿实际无关的东西，而将之与幼儿的兴趣、经验、认知水平、个别差异相适应；不再把教育内容狭隘地限定为入小学的知识技能，而是扩展到实现幼儿全面发展和为后续学习与发展奠基的方方面面。

第三，幼儿园“教”与“学”方式的变化。主要表现在，从以“教”为中心向尊重幼儿的学习特点与方式，支持幼儿的自主性学习转变；从分科上课、单向地统一灌输与训练，向创设丰富的教育环境，让幼儿在生活与游戏中，在其感兴趣的各种活动中，通过与教师、同伴、环境的多向互动，直接感知、实际操作、亲身体验，主动地、综合地“学”。

第四，教师的专业化发展。促进幼儿园教师专业化发展的国家行动。近年来国家采取了若干重大举措。2010 年国务院颁布的“国十条”明确提出了“多种途径加强幼儿园教师队伍建设”，并从落实幼儿园教师地位、待遇，维护教师权益，加大幼儿园教师培养、培训力度，完善幼儿园教师资格准入制度等各方面，提出了一系列具体要求。之后，大规模的“国培”对提高全国各地的幼儿园教师，特别是农村教师的专业能力发挥了很大作用。颁布了一系列《标准》文件，这些“标准”一致地重视教师的师德与实践能力。

在幼儿园教育改革实践中提升专业素质。在幼儿园的教育改革中，特别是在践行“以幼儿发展为本”教育的过程中，教师的专业素质明显提升。“眼中有孩子”是教师最重要的变化之一。从 2006 年开始，在幼儿园广泛开展以一线教师为主体的园本教研，主要聚焦幼儿、研究幼儿，有效地提高了教师的研究能力、反思能力，提升了教师的专业素质。

(3) 我国幼儿园地位的演变(表 1-1)

表 1-1　我国幼儿园地位的演变简况

时　间	有关文件法规	幼儿园的地位
1904 年	清政府颁发《奏定蒙养院章程及家庭教育法章程》	改幼稚园为蒙养院
1912 年	中华民国教育部公布《学校系统令》	改蒙养院为蒙养园
1922 年	中华民国教育部公布《学校系统改革案》	改蒙养园为幼稚园，确立了幼稚园在学制中的独立地位

续表

时　　间	有关文件法规	幼儿园的地位
1951 年	中华人民共和国政务院公布《关于学制改革的决定》	幼教机构定名为幼儿园。幼儿园被确定为实施幼儿教育的组织，纳入学校系统，成为小学教育的基础，单独成为学制体系中的一级，学制为 3 年
1995 年	《中华人民共和国教育法》	国家实行学前教育、初等教育、中等教育、高等教育的学校教育制度。学前教育纳入我国的学校教育制度
1996 年	《幼儿园工作规程》	幼儿园是对学前幼儿实施保育和教育的机构，是基础教育的有机组成部分，是学校教育制度的基础阶段
2001 年	《幼儿园教育指导纲要(试行)》	幼儿园教育是基础教育的重要组成部分，是我国学校教育和终身教育的奠基阶段
2010 年	《国务院关于当前发展学前教育的若干意见》	学前教育是终身学习的开端，是国民教育体系的重要组成部分，是重要的社会公益事业
2016 年	修订后的《幼儿园工作规程》	幼儿园是对 3 周岁以上学龄前幼儿实施保育和教育的机构。幼儿园教育是基础教育的重要组成部分，是学校教育制度的基础阶段

三、幼儿教育思想的发展

1. 福禄贝尔(1782—1852)

福禄贝尔是德国教育家，幼儿园运动的创始人。19 世纪中叶，他创办了世界上第一所幼儿园，而且创立了一整套幼儿教育理论体系和相应的教育方法、教材、玩具等。对现今幼儿教育实践仍具有指导意义的理论主要有：

(1) 幼儿自我发展的原理

福禄贝尔认为，人从诞生之日起，就开始自我教育和自我发展了。教育者和父母要理解幼儿，尊重幼儿的自主性，唤起幼儿的创造性活动本能，帮助他们成长为能够主动地生活的人。

(2) 游戏理论

福禄贝尔是第一个阐明游戏教育价值的人。他认为，对于幼儿来说，游戏是其生活的要素，而“并非是无关紧要的小事，它有高度的严肃性和深刻性的意义。”

【资料链接】

主要恩物及其作用

恩物 1：6 只柔软的彩色小球，认识各种颜色和数目。

恩物 2：木质的球体、立方体和圆柱体，认识形状。

恩物 3：由 8 个同样大小的正方体组成的大立方体，认识部分与整体的关系，培养数的概念。

恩物 4：由 8 个小长方体组成的大立方体，认识长方体与正方体的关系。

恩物 5：大立方体，可分为 21 个小正方体，6 个大三角柱，12 个小三角柱，认识大小三角柱与正方体之间的关系。

恩物 6：大立方体，可分为 18 个长方体，12 个柱台，6 个长柱，认识数的概念及满足建筑游戏的欲望。

“恩物”，是福禄贝尔创制的，意为“神恩赐之物”，指幼儿在游戏或作业时用的玩具和材料。

(3) 协调原理

福禄贝尔说，人不是单独一人存在的，他是家族中的一员、社会的一员，也是民族的一员，是宇宙的一分子。因此，我们应该让孩子和周围的环境、社会、自然结合，协调一致。

(4) 亲子教育

福禄贝尔重视幼儿家庭教育，尤其是母亲在早期教育中的作用。他认为，要让孩子在爱中成长，首先就必须教育母亲，他创立了世界上第一个为母亲们开办的"讲习会"。同时也非常重视父亲在教育幼儿中的作用，他倡导父亲担负起育儿的责任。

在福禄贝尔看来，学前教育的主体是家庭教育，幼儿园只是作为家庭教育的继续和扩张，是家庭教育的"补充"而不是"代替"。

2. 蒙台梭利(1870—1952)

被誉为 20 世纪初的"幼儿园改革家"的蒙台梭利，于 1907 年在罗马贫民区创办了一所"儿童之家"。

蒙台梭利儿童教育理论的主要观点如下：

(1) 儿童的自由与自我学习法则

蒙台梭利认为，"我们应该采用一种以自由为基础的教育方法，以帮助儿童战胜各种障碍。"她说"我的教学法就是要培养和保护儿童自身的学习积极性。"

(2) 有准备的环境是教育的关键

蒙台梭利非常重视环境的作用。教育就是给幼儿创造一个有准备的良好学习环境。良好的环境具有以下特点：①一个自由发展的环境，有助于儿童创造自我和自我实现；②一个有秩序的环境，儿童能在那里安静而有规律地生活；③一个生气勃勃的环境，幼儿在那里充满生气、欢乐和可爱，毫不疲倦地生活，精神饱满地自由活动；④一个愉快的环境，几乎所有的东西都为儿童设置的，适合于儿童的年龄特点，对儿童有极大的吸引力。

(3) 教师的角色与作用

在蒙台梭利的教育中，教师必须成为观察者、环境的创设者、儿童自我学习的促进者与指导者。蒙台梭利把观察作为教师最重要的教育工作。她说"在我的方法中，教师更多是作为观察者的角色。""教师的任务不是讲授"，而是提供环境，以适应儿童天生的从环境中吸收一切的能力，促进儿童自由地学习。

(4) 幼儿的自由和作业组织相结合

蒙台梭利认为，给予幼儿自由和教师对作业的组织是一个统一体的两个侧面。作业组织为幼儿的自发活动、自我学习和自由发展创造了条件。这也正是蒙台梭利所倡导的自由与纪律和谐统一的具体体现。

(5) 感觉教育是幼儿期教育的重要内容

在蒙台梭利教育中，感觉教育是受到高度重视的最重要的内容之一。她认为 3—6 岁是儿童身心迅速发展的时期，幼儿的各种感觉先后处于敏感期，因此必须对幼儿进行系统的、多方面的感官训练，使他们通过与外部世界的直接接触发展敏锐的感觉和观察力，为高级的智力活动和思维发展奠定基础。

她的教育理论的基本精神，特别是重视儿童内在的需要和精神力量，尊重儿童生理和心理发展的自然规律，重视幼儿的自主性和自我学习，重视环境的作用，完全站在儿童的立场上定位教育与教师的作用等，影响了世界每一个国家的幼儿教育。

【资料链接】

蒙台梭利的一套训练感知能力的教具

在一块木板上有10个大小不等的孔，每个孔对应着一个圆柱体，每个圆柱体直径之差1毫米。要求儿童把混放在一起的圆柱体正确地放进相应的孔中。儿童通过反复练习，不断比较，并纠正视觉感知错误，使其视觉感知能力的精确性和敏锐性得到训练和提高。

3. 杜威(1859—1952)

杜威是美国现代哲学家、心理学家、教育家，是现代西方教育史上最有影响的代表人物。他提出了著名的生活教育理论，倡导以“儿童中心”取代“教师中心”和“教材中心”，重视儿童自身的活动、需要和经验，强调培养儿童的创造精神和独立思维能力，指出了学校改革的方向。他被评价为“对教育具有创造性的贡献的人”。

杜威对幼儿教育具有重要意义的理论主要有：

(1) 儿童中心论

杜威推动的教育革新主张变“教师中心”“教材中心”为“儿童中心”。教师则是儿童生活、生长和经验改造的启发者和诱导者。

(2) 生活教育理论

杜威强调教育即生活，教育即生长。教育是生活的过程，学校是社会生活的一种形式，它应当呈现对于儿童来说是真实的生活，成为儿童真正生活的地方；学习是通过生活并联系这种生活进行的。

(3) 正确对待儿童的兴趣

杜威把儿童的本能兴趣归纳为四个方面：即探究发现的兴趣、交谈交往的兴趣、制作建造的兴趣、艺术表演的兴趣。他认为，“儿童的本能兴趣是天赋的资源，是未投入的资本，儿童的生动活泼的生长是依靠这些天赋资源的运用获得的。”成人只有通过不断地观察儿童的兴趣，才能够进入儿童的生活。

(4) 重视经验，倡导做中学

杜威坚决主张“做中学”。他确信一切真正的教育从经验中产生，一切学习都来自经验，因此，杜威的“做中学”也可以称为“从经验中学”“从活动中学”。

4. 维果茨基(1896—1934)

维果茨基是苏联早期一位才华横溢的杰出心理学家。他创立了著名的维果茨基学派；创立了心理发展的文化历史理论，明确了人的心理发展的源泉与决定因素是历史过程中不断发展的文化；同时，他对儿童的概念发展、儿童的教学与智力发展的相互关系等进行了深入细致的研究，特别是其“最近发展区”理论，对教育实践发生了深刻而持久的影响。

(1) 儿童的发展本质上是社会文化的产物

维果茨基认为，人的发展本质上是人所特有的高级心理机能的发展。儿童高级心理机能产生与发展的根源在社会，其发展过程是在社会环境中，在人际交往活动中，通过语言中介，借助于社会文化历史经验，而逐步产生和发展起来的。维果茨基强调社会和文化背景对儿童心理发展产生着深刻的影响。

(2) 学前教学应当依据儿童自己的大纲

维果茨基指出，3 岁前儿童教学的特点是，儿童是按照他们自己的大纲进行学习的，这种类型的教学称为自发型。而中小学的教学是完全不同的，称为反应型。3—6 岁儿童的教学处于过渡位置，是自发—反应型，但更趋向于自发型。维果茨基同时也强调，幼儿阶段的“教学”一定要为儿童的后继学习做好准备。维果茨基把学前的这种“教学”称为“胚胎教学”或“前教学”。

(3) 教学与发展的关系——“最近发展区”理论

儿童在成人引导下演算试题的水平与他在独立活动时的水平，二者之间有差距。这个差距就是儿童的最近发展区。针对儿童发展的两种水平——现实水平与潜在发展水平，维果茨基极为精辟地指出，教学要与儿童的发展水平相一致。教学仅仅着眼儿童现在能够独立地做什么是不够的，着眼于最近发展区的教学，才能有效地促进儿童的发展。这一发展过程取决于成人的指导、支持以及儿童与他人的合作。

这一理论对教学实践发生了深刻的影响，关注儿童的最近发展区、重视教师指导、同伴合作、合作建构等，成为发展性教学的重要特征。

5. 陶行知 (1891—1946)

陶行知先生是我国伟大的人民教育家。在教育实践中，他创立了生活教育理论，提出了“教、学、做合一”的教育主张。在幼儿教育方面，他主要的贡献和观点如下：

(1) 农村幼儿教育事业的开拓者

他坚决主张建立适合中国国情的、省钱的、平民的幼儿园。他身体力行地积极推行平民的、乡村的教育，在南京郊区首创了中国第一所乡村幼儿园——南京燕子矶幼儿园，还创建了乡村幼儿师范教育，农村幼教研究会等。

(2) 幼儿教育是根本之根本

他说“幼儿教育实为人生之基础。”“小学教育是建国之根本，幼稚教育尤为根本之根本”“小学教育应当普及，幼稚教育也应当普及”，并提出普及的具体三大步骤，即唤起国人明白幼年的教育是最重要的教育；改革幼儿园，面向乡村工厂；改变教师的培训制度等。

(3) 尊重儿童

陶行知高度尊重儿童在教育过程中的地位。他认为，发现儿童的价值、了解儿童、解放儿童，信仰儿童是教育的先决条件，否则教育不可能进行。

(4) 倡导教育与儿童实际生活的密切联系

陶行知先生认为，生活即教育，游戏即工作。

(5) 提倡“教、学、做合一”的教育方法

陶行知先生坚决反对教、学、做分家。他说：“教、学、做是一件事，不是三件事。我们要在做上教，在做上学。”

(6) 解放儿童的创造力

陶行知先生认为教育要启发、解放儿童的创造力，为他们提供手脑并用的条件和机会。具体包括五个方面：①解放儿童的头脑；②解放儿童的双手；③解放儿童的嘴；④解放儿童的空间；⑤解放儿童的时间。

陶行知先生的幼儿教育思想在今天仍然具有极大的现实意义。

6. 陈鹤琴(1892—1982)

陈鹤琴是我国著名的儿童教育家。他于 1923 年创办了我国最早的幼儿教育实验中心——南京鼓楼幼稚园，创立了"活教育"理论。他的教育理论主要有：

(1) 反对半殖民地半封建的幼儿教育，提倡适合国情的中国化幼儿教育

他批评当时的幼儿园不是抄袭日本就是模仿欧美，生搬外国的教材、教法，全然不顾中国国情。同时，他积极地推进为中国平民服务的、培养民族的新生一代的幼儿教育。

(2) 反对死教育，提倡活教育

他创建的活教育，其教育三大目标是：①做人、做中国人、做现代中国人；②做中教、做中学、做中求进步；③大自然、大社会是我们的活教材。

陈鹤琴先生的活教育体系的主要观点如下：

① 教育观："以自动代替被动"，"自动的学习、自发的学习"，教师必须尊重幼儿的自主性。

② 教育目的：幼儿园教育目标是育人，培养国家民族所需要的新生一代，陈鹤琴把教育目的划分为依次递进的三个层次。

③ 教育方法："做中教，做中学，做中求进步"。

陈鹤琴活教育的教学过程分为实验与观察、阅读与参考、发表与创作、批评与研讨四个步骤。同样体现了以"做"为基础的儿童的主动学习。

④ 教育内容：以大自然，大社会为活教材，与实际紧密地结合。

⑤ 教育原则：陈鹤琴提出的活教育的 17 条原则，体现了尊重幼儿的主体性。

(3) 提倡综合的、联系实际的幼儿园课程

① 课程的中心：陈鹤琴反对幼儿园课程脱离实际，主张根据儿童的环境——自然的环境，社会的环境作为幼稚园课程系统的中心。

② 课程的结构：陈鹤琴把课程内容划分为：健康活动、社会活动、科学活动、艺术活动、文学活动五项，被称为"五指活动"。

③ 课程的实施：强调以幼儿经验、身心发展特点和社会发展需要作为选择教材的标准；反对实行分科教学，提倡综合的单元教学，以社会自然为中心的"整个教学法"；主张游戏式的教学。

陈鹤琴认为，整个教学法就是把儿童所应该学习的东西整个地、有系统地去教儿童学。

(4) 重视幼儿园与家庭的合作

陈鹤琴十分重视家庭对幼儿的影响，他认为，儿童早期所接受的家庭教育关系着人一生的发展，具有积极的奠基作用。因此他强调必须创设良好的家庭教养环境，同时，幼儿园与家庭必须合作起来教育幼儿，才会有大的教育效果。

陈鹤琴先生极其丰富的幼儿教育思想和实践是我国幼儿教育的宝贵财富。在幼儿教育深入改革发展的今天，学习和研究他的教育思想和教育

理论，继承和发扬他为幼儿教育事业奋斗的精神，对建设有中国特色的幼儿教育理论体系和实践模式具有重大的意义。

【范例精讲】

1. (单项选择题)被世界誉为“幼儿园之父”的是(　　)。

A. 福禄贝尔　　B. 蒙台梭利　　C. 杜威　　D. 维果茨基

【解析】答案：A　本题主要检测对福禄贝尔在世界幼儿教育发展的重要作用的理解。德国幼儿教育家福禄贝尔被世界誉为“幼儿园之父”。他于1837年创建了一所学前教育机构，并于1840年正式命名为“幼儿园”，成为世界上第一所幼儿园。

2. (单项选择题)广义的幼儿教育包括(　　)。

A. 幼儿园、托儿所和亲子班的幼儿教育

B. 家庭中、社会中、各类幼教机构中进行的所有这一类的活动

C. 学前班、幼儿园和家庭的幼儿教育

D. 社区、幼儿园和儿童游戏场的幼儿教育

【解析】答案：B　本题主要检测对幼儿教育概念的理解。从广义上说，幼儿教育是能够发掘幼儿自身潜力和可能性，促进幼儿身体成长和认知、情感、性格等各方面发展，为其现实的发展和未来的可持续发展奠基的所有社会活动，包括在家庭中、社会中、各类幼教机构中进行的所有这一类的活动。比如幼儿在与家人共同生活中，接受父母长辈的影响，或在成人的带领下参加社区活动，去旅游、参观、看电视、参加节日庆典等，都属于幼儿教育的范畴。

3. (单项选择题)(　　)的社会条件使幼儿教育融合在生产和生活中，幼儿是通过共同生活与行动的过程来教育自己。

A. 原始社会　　B. 奴隶社会　　C. 封建社会　　D. 资本主义社会

【解析】答案：A　本题主要检测对原始社会幼儿教育的理解。在原始社会，由于生产力低下，青壮年为勉强维持全部落人的生活成天奔波，社会没有多余的人力、财力花在幼儿教育上，只能由妇女和年老体弱的成人在劳动和生活过程中哺育儿童，其主要任务是保证幼儿的生存，并向他们传授维持生存所必需的、基本的知识经验、技能和品德。

4. (多项选择题)教育学根据研究对象的年龄段不同，可以分为(　　)等。

A. 学前教育学　　B. 普通教育学　　C. 高等教育学　　D. 学校教育学

【解析】答案：ABC　本题主要检测对教育学分类的理解。由于教育的复杂性，教育学出现了许多分支，分别研究教育的不同方面。如根据研究对象的年龄段不同，分为学前教育学、普通教育学(研究初等、中等教育)、高等教育学等；根据研究的范围不同，分为学校教育学、社会教育学、特殊教育学等；根据研究的侧重点不同，分为教育原理学、教育管理学、教学法学、教育史学等。

5. (判断题)教育是指学校教育。(　　)

【解析】答案：×　本题主要检测对教育概念的理解。对教育有广义的和狭义的两种理解。广义的教育包括家庭教育、社会教育和学校教育。与广义的教育相对的是狭义的教育，即仅指学校教育。

6. (判断题)我国《幼儿园工作规程》是1989年正式颁布施行的。(　　)

【**解析**】答案：×　本题是检测对我国教育法规的颁布和施行的辨析。1989 年 6 月，国家教委制定颁发了《幼儿园工作规程(试行草案)》，并于 1996 年 6 月正式施行。2016 年 3 月，重新修订了《幼儿园工作规程》，并开始施行。

7.(简答题)简述世界幼儿教育机构的产生与发展。

【**解析**】本题是检测对国外幼儿教育机构的产生与发展的理解。

答案要点：(1)世界上第一个幼儿园的诞生。幼儿教育机构首先在欧洲诞生，1816 年英国空想社会主义者欧文创办的“幼儿学校”。1840 年，福禄贝尔在德国布兰肯堡创办了世界上第一个幼儿园。福禄贝尔创建的幼儿园是世界上第一所真正意义上的幼儿教育机构。

(2) 世界幼儿教育机构的发展。世界各国的幼儿教育机构在各自不同的背景下，沿着各自不同的路线，各有特色地发展着，但是各国幼教发展呈现出共同的趋势。主要表现在以下几方面：

① 保障幼儿权利的民主化趋势。一方面，不少国家加大政府投入，实施不同程度的免费幼儿教育，力求保障每个幼儿接受早期教育的机会。另一方面，世界各国通过增加幼儿教育机构的数量和提高教育质量来满足幼儿的入园需要和入园后获得良好教育的需要。

② 幼教机构多样化。主要表现在：幼教机构的主体多样化；幼教机构的形式多样化；幼教机构的功能多样化；主张不同幼教理论的幼教机构百花齐放。

③ 教育目标谋求幼儿全面、和谐的发展。教育目标从“智育中心”转向促进幼儿的全面发展，对培养幼儿的自主性、批判性思维、责任感以及学习品质高度重视。

④ 重视幼儿的生活、游戏与直接经验。世界各国尊重幼儿学习与发展的特点，强调幼儿自身生活的教育价值，强调游戏的重要性，强调幼儿的亲身体验、直接经验的不可替代性。

⑤ 重视提高幼教机构教师的专业素质。世界各国都高度重视提高教师的专业素质，因为教师专业化程度是教师质量的核心，也是幼教机构质量的重要标志。

⑥ 重视幼教机构与家庭、社区的合作。各国幼教为适应社会的变化而在开放中求发展，在与家庭、社区的结合中求教育的高质量。

8.(论述题)简述在幼儿教育方面，陶行知先生主要的贡献和观点。

【**解析**】本题是检测对陶行知先生幼儿教育思想的现实意义的理解。

答案要点：陶行知在教育实践中，他创立了生活教育理论，提出了“教、学、做合一”的教育主张。在幼儿教育方面，他主要的贡献和观点如下：

(1) 农村幼儿教育事业的开拓者。他积极推行平民的、乡村的教育，首创了中国第一所乡村幼儿园，还创建了乡村幼儿师范教育，农村幼教研究会等。

(2) 幼儿教育是根本之根本。他说“幼儿教育实为人生之基础。”“小学教育是建国之根本，幼稚教育尤为根本之根本。”

(3) 尊重儿童。陶行知高度尊重儿童在教育过程中的地位。他认为，发现儿童的价值、了解儿童、解放儿童、信仰儿童是教育的先决条件，否则教育不可能进行。

(4) 倡导教育与儿童实际生活的密切联系。他认为，生活即教育，游戏即工作。

(5) 提倡“教、学、做合一”的教育方法。他坚决反对教、学、做分家。他说：“教、学、做是一件事，不是三件事。我们要在做上教，在做上学。”

(6) 解放儿童的创造力。他认为教育要启发、解放儿童的创造力，为他们提供手脑并用的条件和机会。具体包括五个方面：①解放儿童的头脑；②解放儿童的双手；③解放儿童的嘴；④解放儿童的空间；⑤解放儿童的时间。

陶行知先生的幼儿教育思想在今天仍然具有极大的现实意义。

9.(案例分析题)案例：有的家长说“我的孩子从没有上过幼儿园，也发展得很好。”

问题：请问孩子上幼儿园有什么好处？

【解析】本题是检测对幼儿教育的意义的理解。

答案要点：幼儿教育对幼儿个体成长、对幼儿家庭幸福、对国家和社会的进步都具有重大的意义。

(1) 人从呱呱坠地到长大成人，成为有健康的身体、发达的智能、丰富的知识和良好的思想道德等良好素质的社会成员，这个变化主要是靠各阶段的教育来实现的，其中幼儿教育的奠基作用至关重要。这一阶段接受科学的幼儿教育，不仅能为幼儿开启良好的人生开端，还能够为其未来——近则为接受九年制义务教育，远则为其一生的学习和发展打下基础。

(2) 幼儿教育承载着无数家庭对未来美好生活的期盼。幼儿教育与千家万户的幸福连接在一起，更与无数家庭最关心、最直接、最现实的利益息息相关。

(3) 幼儿教育关系着国家的兴旺与民族的未来，关系着社会的进步与和谐。在世界各国，幼儿教育都被作为提高国家综合竞争力、提高国民素质、提高社会文明程度的重要途径。在我国，在实现中华民族伟大复兴的历史进程中，教育是民族振兴、社会进步的基石，是提高国民素质和培养人才，提升国家综合国力的根本途径。在社会中，教育被誉为是实现人类平等的伟大工具。

(4) 幼儿园教育是符合教育规律和幼儿身心发展规律，能保证幼儿在德、智、体、美等方面全面、和谐与协调发展基础上，促进幼儿富有个性地、富有特色地发展。

(5) 一个人不仅要接受家庭教育、更重要的是接受学校教育，甚至扩展到社会生活的一切方面的教育，置身于大环境中接受教育，这样才能适应生活、适应社会。

【小试牛刀】

一、单项选择题(每小题选一个正确答案，每小题2分，共24分)

1. 人一生中身体、大脑发展最快速的时期是(　　)。

A. 从婴儿期到幼儿期　　B. 从幼儿期到儿童期

C. 从儿童期到少年期　　D. 从少年期到青年期

2. 下列属于正规幼儿园教育形式的是(　　)。

A.“马背摇篮”　B.“游戏班”　C.“幼儿塾”　D. 幼儿园教育

3. 苏霍姆林斯基曾指出：“教育，这首先是人学!”这说明教育学或幼儿教育学，其概念的核心都是(　　)。

A. 研究教育规律　　B. 研究教育机构的工作规律

C. 研究教育对象　　D. 研究教育内容

4. 新中国成立以来，经国务院批准颁发的第一个幼儿教育法规是(　　)。
A.《城市幼儿园工作条例》(1979 年)
B.《幼儿园教育纲要》(1980 年)
C.《幼儿园工作规程(施行草案)》(1989 年 6 月)
D.《幼儿园管理条例》(1989 年 8 月)

5. 我国幼儿园教育第一次聚焦幼儿权利的文件是(　　)。
A. 1989 年实施联合国的《儿童权利公约》
B. 1996 年 6 月施行的《幼儿园工作规程》
C. 2001 年 6 月颁布的《幼儿园教育指导纲要(试行)》
D. 2010 年颁布的《国家中长期教育改革和发展规划纲要(2010—2020 年)》

6. 幼儿教育机构产生的根本原因是(　　)。
A. 慈善家的恩赐　　B. 脑力劳动和体力劳动的分工
C. 大工业机器生产的迅速发展　　D. 社会的产物

7. (　　)第一次确立“以幼儿发展为本”为我国幼儿园教育的一个基本价值取向。
A.《幼儿园工作规程》　　B.《幼儿园教育指导纲要(试行)》
C.《教育规划纲要》　　D.《3—6 岁儿童学习与发展指南》

8. (　　)于 1991 年首次提出了“学习品质”的培养，强调幼儿的兴趣、好奇心、自主性等。
A. 日本　　B. 约旦　　C. 巴拉圭　　D. 美国

9. (　　)是教师质量的核心，也是幼教机构质量的重要标志。
A. 教师专业化程度　　B. 教师学历水平
C. 教师教育教学能力　　D. 幼儿园办学影响

10. (　　)注重研究儿童概念发展，儿童的教学与智力发展的相互关系，特别是其“最近发展区”的理论。
A. 福禄贝尔　　B. 蒙台梭利　　C. 杜威　　D. 维果茨基

11. 第一个阐明游戏教育价值并创制“恩物”的人是(　　)。
A. 蒙台梭利　　B. 维果茨基　　C. 福禄贝尔　　D. 杜威

12. 幼儿园是对 3 周岁以上学龄前幼儿实施保育和教育的机构。幼儿园教育是基础教育的重要组成部分，是学校教育制度的基础阶段。这是(　　)规定的幼儿园的地位。
A. 1996 年《幼儿园工作规程》
B. 2001 年《幼儿园教育指导纲要(试行)》
C. 2010 年《国务院关于当前发展学前教育的若干意见》
D. 2016 年修订后的《幼儿园工作规程》

二、多项选择题(多选、漏选、错选均不得分，每小题 3 分，共 15 分)

13. 下列对幼儿教育理解正确的是(　　)。
A. 接受父母长辈的影响　　B. 在成人的带领下参加社区活动

C. 参加节日庆典　　D. 去旅游、看电影
E. 去“奥赛班”学习

14. 重视幼教机构与家庭、社区的合作的国家有(　　)。
A. 美国　　B. 日本　　C. 法国　　D. 德国
E. 新西兰

15. 强调教育与幼儿实际生活的密切关系的有(　　)。
A. 福禄贝尔　　B. 瑞吉欧教育　　C. 杜威　　D. 陶行知
E. 陈鹤琴

16. 杜威把儿童的本能兴趣归纳为(　　)。
A. 探究发现的兴趣　　B. 交谈交往的兴趣
C. 活动游戏的兴趣　　D. 制作建造的兴趣
E. 艺术表现的兴趣

17. 蒙台梭利对幼儿创造一个有准备的良好学习环境的特点(　　)。
A. 一个自由发展的环境　　B. 一个有秩序的环境
C. 一个生气勃勃的环境　　D. 一个愉快的环境
E. 一个无拘无束的环境

三、判断题(正确的打“√”，错误的打“×”。每小题1分，共15分)

(　　)18. 教育既可能推动也可能阻碍社会的发展。

(　　)19. 教育学是一门研究幼儿教师的学问，一门研究教育现象及其一般规律的科学。

(　　)20. 蒙台梭利的教育理论也受到了不少批评，主要缺陷偏重体能，其感觉教育教具脱离幼儿实际，过于狭隘、呆板，操作法过于机械等。

(　　)21. 国务院出台了具有里程碑意义的《国家中长期教育改革和发展规划纲要(2010—2020年)》更好地保障所有适龄幼儿的受教育权利。

(　　)22. “促进每一个幼儿全面的、和谐的、可持续的发展”成为了幼儿园教育的出发点和归宿。

(　　)23. 幼儿教师专业能力的核心是热爱幼儿、了解幼儿，实施科学保教，有效地支持幼儿学习和发展。

(　　)24. 幼儿园教育目标是为幼儿上小学做预备，为培养幼儿读写算技能或才艺的早期训练。

(　　)25. “眼中有孩子”是教师专业素质明显提升最重要的变化之一。

(　　)26. 在园本教研中，幼儿教师只研究教材、教案、“教”的方法，可以不考虑幼儿，不研究幼儿。

(　　)27. 维果茨基把观察作为教师最重要的教育工作。

(　　)28. 离开了教育，我们既能长大，也能成人。

(　　)29. 学校教育是教育活动中的核心部分，在教育活动中起着示范和主导的作用。

(　　)30. 1951年我国幼教机构定名为幼儿园。

(　　)31. 奴隶社会的幼儿教育没有阶级性，是平等的。

(　　)32. 幼儿教育对社会的发展与进步具有重要的作用。

四、简答题(每小题 8 分，共 24 分)

33. 结合实践谈谈你对教育的理解。

34. 简述幼儿教育的意义。

35. 简述杜威对幼儿教育具有重要意义的理论。

五、论述题(每小题 12 分，共 24 分)

36. 试述我国新时期幼儿教育的发展。

37. 试述陈鹤琴的主要幼儿教育思想。

六、分析题(共 18 分)

案例：社会中正在萌发一种现象，有个别家长认为自己的孩子可以自己教育，不去幼儿园或是学校也一样发展得很好。

问题：38. 请结合幼儿教育学理论谈谈你对于这类现象的看法。

【参考答案与计分标准】

一、单项选择题(选择一个正确的答案。每小题2分，共24分)

1. A 2. D 3. C 4. D 5. A 6. C 7. B 8. D 9. A 10. D 11. C 12. D

二、多项选择题(多选、漏选、错选均不得分。每小题3分，共15分)

13. ABCDE 14. ABCDE 15. ABCDE 16. ABDE 17. ABCD

三、判断题(正确的打"√"，错误的打"×"。每小题1分，共15分)

18. √ 19. × 20. × 21. × 22. √ 23. √ 24. × 25. √
26. × 27. × 28. × 29. √ 30. √ 31. × 32. √

四、简答题(每小题8分，共24分)

33. 对教育有广义的和狭义的两种理解。广义的教育是指有目的、有意识地"直面人的生命、通过人的生命、为了人的生命质量的提高而进行的社会活动。"这里的教育包括了家庭教育、社会教育和学校教育。(2分)

与广义教育相对的是狭义的教育，即仅指学校教育，由专业的教师承担，教育的目的性、计划性、组织性、系统性很强，是一种可控性很高、规范的教育。(2分)有两点需要注意：

(1) 不论广义的还是狭义的教育，都是有目的的，不论其有意识还是无意识，都是为一定的政治服务的。(2分)

(2) 所有一切教育的发展都受到社会的政治、经济、文化等条件的制约，不可能超越一切，教育既可能推动也可能阻碍社会的发展。(2分)

34. 幼儿教育对幼儿个体成长、对幼儿家庭幸福、对国家和社会的进步都具有重大的意义。

(1) 人从呱呱坠地到长大成人，成为有健康的身体、发达的智能、丰富的知识和良好的思想道德等良好素质的社会成员，这个变化主要是靠各阶段的教育来实现的，其中幼儿教育的奠基作用至关重要。这一阶段接受科学的幼儿教育，不仅能为幼儿开启良好的人生开端，还能够为其未来——近则为接受九年制义务教育，远则为其一生的学习和发展打下基础。(3分)

(2) 幼儿教育承载着无数家庭对未来美好生活的期盼。幼儿教育与千家万户的幸福连接在一起，更与无数家庭最关心、最直接、最现实的利益息息相关。(2分)

(3) 幼儿教育关系着国家的兴旺与民族的未来，关系着社会的进步与和谐。在世界各国，幼儿教育都被作为提高国家综合竞争力、提高国民素质、提高社会文明程度的重要途径。在我国，在实现中华民族伟大复兴的历史进程中，教育是民族振兴、社会进步的基石，是提高国民素质和培养人才，提升国家综合实力的根本途径。在社会中，教育被誉为是实现人类平等的伟大工具。(3分)

35. 杜威对幼儿教育具有重要意义的理论主要有：

(1) 儿童中心论。他主张变"教师中心""教材中心"为"儿童中心"。教师则是儿童生活、生长和经验改造的启发者和诱导者。(2分)

（2）生活教育理论。杜威强调教育即生活，教育即生长。（2分）

（3）正确对待儿童的兴趣。杜威认为，“儿童的本能兴趣是天赋的资源，是未投入的资本，儿童的生动活泼的生长是依靠这些天赋资源的运用获得的。”成人只有通过不断地观察儿童的兴趣，才能够进入儿童的生活。（2分）

（4）重视经验，倡导做中学。杜威坚决主张“做中学”。他确信一切真正的教育从经验中产生，一切学习都来自经验，因此，杜威的“做中学”也可以称为“从经验中学”“从活动中学”。（2分）

五、论述题（每小题12分，共24分）

36. ①拨乱反正，步入规范化、法制化轨道。“文革”后，为恢复和发展幼儿教育，教育部首先恢复建立了从中央到地方的各级幼儿教育领导机构，其次，教育部制定并颁发了一系列拨乱反正的文件。（2分）

② 在改革开放中腾飞。随着我国社会的改革开放和经济转型，我国幼教机构与时俱进，以改革促发展，无论在幼教发展的思路、政策以及发展数量、规模、布局等方面，还是在幼教机构的教育理念、保教质量、教师素质等方面，都取得了长足进步。（2分）

A. 以促进社会公平为重点的发展格局。为保证适龄儿童能够接受基本的、有质量的幼儿教育，我国积极探索符合中国国情的多元化发展道路。幼教机构的发展逐步形成了政府主导、社会参与、公办园与民办园、正规与非正规教育相结合的多元发展格局，大大促进了幼教机构的发展。（2分）

B. 以提高保教质量为核心的内涵发展。一是教育观念的转变。我国幼教机构一方面积极地向世界先进的理念和实践学习、靠近，另一方面持续不断地进行着内部的改革，转变教育观念一直是改革的重点。二是实践的转型——“以幼儿发展为本”的科学保教。主要体现在以下几方面：

第一，幼儿园教育目标的变化。促进幼儿全面的、和谐的、可持续的发展，努力为幼儿一生的发展奠定良好的基础——生存的基础、做人的基础、做事的基础、终身学习与发展的基础——成为我国幼儿园广泛认可的目标。

第二，幼儿园教育内容的变化。表现在两方面：不再把教育内容当作是统一固定的、与幼儿实际无关的东西，而将之与幼儿的兴趣、经验、认知水平、个别差异相适应；不再把教育内容狭隘地限定为入小学的知识技能，而是扩展到实现幼儿全面发展和为后续学习与发展奠基的方方面面。

第三，幼儿园“教”与“学”方式的变化。主要表现在，从以“教”为中心向尊重幼儿的学习特点与方式，支持幼儿的自主性学习转变；从分科上课、单项地统一灌输与训练，向创设丰富的教育环境，让幼儿在生活与游戏中，在其感兴趣的各种活动中，通过与教师、同伴、环境的多向互动，直接感知、实际操作、亲身体验，主动地、综合地“学”。

第四，教师的专业化发展。促进幼儿园教师专业化发展的国家行动。近年来国家采取了若干重大举措。在幼儿园教育改革实践中提升专业素质，特别是在践行“以幼儿发展为本”教育的过程中，“眼中有孩子”是教师最重要的变化之一。（6分）

37. 陈鹤琴的教育理论主要有：

（1）反对半殖民地半封建的幼儿教育，提倡适合国情的中国化幼儿教育。（1分）他批评当时的幼儿园不是抄袭日本就是模仿欧美，生搬外国的教材、教法，全然不顾中国国情。同时，他积极地推进为中国平民服务的、培养民族的新生一代的幼儿教育。(1分)

(2) 反对死教育，提倡活教育。陈鹤琴先生的活教育体系的主要要点如下：

① 教育观：必须"以自动代替被动"，必须是"自动的学习、自发的学习"，教师必须尊重幼儿的自主性。(1分)

② 教育目的：幼儿园教育目标是育人，培养国家民族所需要的新生一代，陈鹤琴把教育目的划分为依次递进的三个层次。(1分)

③ 教育方法："做中学，做中教，做中求进步"。(1分)

④ 教育内容：以大自然、大社会为活教材，与实际紧密地结合。(1分)

⑤ 教育原则：陈鹤琴先生提出的活教育的17条原则，体现了尊重幼儿的主体性。(1分)

(3) 提倡综合的、联系实际的幼儿园课程。(3分)

① 课程的中心：陈鹤琴先生反对幼儿园课程脱离实际，主张根据儿童的环境——自然环境和社会环境作为幼稚园课程系统的中心。

② 课程的结构：陈鹤琴把课程内容划分为：健康活动、社会活动、科学活动、艺术活动、文学活动五项，被称为"五指活动"。

③ 课程的实施：强调以幼儿经验、身心发展特点和社会发展需要作为选择教材的标准；反对实行分科教学，提倡综合的单元教学，以社会自然为中心的"整个教学法"；主张游戏式教学。

(4) 重视幼儿园与家庭的合作。(2分)陈鹤琴先生十分重视家庭对幼儿的影响，他认为，儿童早期所接受的家庭教育关系着人一生的发展，具有积极的奠基作用。因此他强调必须创设良好的家庭教养环境，同时，幼儿园与家庭必须合作起来教育幼儿，才会有大的教育效果。

六、分析题(共18分)

38. 这种现象是错误的认识。(2分)

幼儿园教育是在幼儿园(幼儿公育的专门教育机构)实施的教育。幼儿园教育在我国归属于学校教育系统，是我国的基础教育的一部分。(2分)

幼儿园教育优于家庭教育、社会教育的特点：由专业、专职的幼教人员实施的，具有其他形式的幼儿教育所不具备的专业性；(2分)有目的、有计划地进行的，可控性强、有效性高等。(2分)而家庭教育和社会教育对人的影响则较零散、不系统、不规范，因此其效果有很大的偶然性、不确定性。(2分)

幼儿园教育具有自身的不同于中小学教育的特殊性。(2分)幼儿园教育的对象是3—6岁年龄阶段的幼儿，在教育形式、内容、方法等与小学完全不同，它具有保教结合、以游戏为基本活动、与家庭社区紧密配合、重视一日生活等特点。(2分)

幼儿园教育属于正规幼儿教育形式，(2分)在我国，幼儿园教育在整个幼儿教育系统中居于核心地位，具有导向、辐射作用，最能体现国家意志和社会要求，对其他各种形式的幼儿教育具有示范、指导、聚合的功能，对提高我国幼教的整体质量起着举足轻重的作用。(2分)

第二章　我国幼儿园教育目标、任务和原则

【学习导航】

识记：教育目的、幼儿园教育目标、教育原则的概念，幼儿园的双重任务。

理解：幼儿园教育目标的结构；新时期幼儿园实现自身任务所面临的挑战；幼儿园教育的一般原则和特殊原则；幼儿园教育目标的分解层次。

应用：在教育活动中如何践行“热爱儿童、尊重儿童的人格尊严和合法权益的原则”；“保教合一的原则”；“以游戏为基本活动的原则”。

【重中之重】

幼儿园教育目标；幼儿园的双重任务；幼儿园教育的特殊原则。

【应知应会】

第一节　幼儿园教育的目标

一、我国的教育目的

1. 教育目的的概念

教育目的是指一个国家、民族通过教育，把受教育者培养成为什么样的人。

2. 我国的教育目的的内容

根据《中华人民共和国教育法》(1995 年) 的规定，我国的教育目的是：教育必须为社会主义现代化建设服务，必须与生产劳动相结合，培养德、智、体等方面全面发展的社会主义事业的建设者和接班人。

二、我国幼儿园教育的目标

1. 幼儿园教育目标的内涵

(1) 含义：幼儿园教育目标是教育目的在幼儿园教育这一阶段的具体化，是国家对幼儿园提出的培养人的规格和要求，是我国所有幼儿教育必须要遵循的。

(2) 内容：我国幼儿园教育的目标是，实施德、体、智、美等方面全面发展的教育，促进幼儿身心和谐发展，为幼儿后继学习和终身发展奠定良好的基础。

2. 制订幼儿园教育目标的依据

(1) 教育目的。幼儿园教育目标是根据我国教育目的并结合幼儿园教育的性质和任务提出来的。

(2) 幼儿身心发展的特点和可能性。幼儿的发展有一定的年龄特征和规律，是一个按照一定顺序、不断地从低级到高级的渐进发展的过程。教育目标的制订必须适应幼儿身心发展的规律与年龄特征。

3. 幼儿园教育目标的结构

幼儿园教育目标是宏观层次的目标。目标的层层分解就形成了幼儿园教育目标的金字塔结构。

(1) 教育目的。它是我国各级各类教育的总目标，是金字塔的顶端。

(2) 幼儿园教育的目标，即幼儿教育阶段目标。《幼儿园工作规程》所表述的幼儿园保育、教育目标就属于这一层次。

(3) 各个幼儿园具体的教育目标。幼儿园的具体教育目标是每个幼儿园根据国家对幼儿教育的要求，结合本园的具体情况制订的。

4. 制订幼儿园具体教育目标时应注意的问题

(1) 教育目标分解的方法要恰当

① 如果按时间的范围划分，那么，幼儿园具体教育目标可分为四个层次：

第一层次：学年教育目标；

第二层次：学期教育目标；

第三层次：一个月或一周的教育目标，也可以是单元活动目标；

第四层次：幼儿园一日活动、一个活动或一节作业课的教育目标。

② 如果从教育目标指导的范围来划分，则幼儿园具体教育目标可分为这样四个层次：

第一层次：指导本园的教育目标；

第二层次：指导一个班级的教育目标；

第三层次：指导不同活动小组的教育目标；

第四层次：指导每个个体的教育目标，即根据每个幼儿发展情况确定目标。

(2) 教育目标的涵盖面要全面

将幼儿园的教育目标层层具体化的过程，实际上是将教育目标的内容逐步具体化的过程。每一个层次内容的涵盖面一定要全面，即包括幼儿全面发展的各个方面和每个方面的全部内容。

(3) 教育目标要有连续性和一致性

教育目标的实现是一个长期的持续的过程，它由若干不同的阶段来完成。每个阶段性目标之间要互相衔接，体现幼儿心理发展的渐进性和连续性，体现实现教育效果的连续性和一致性。

5. 幼儿园教师是实现教育目标的重要保证

幼儿园教师是按照国家的要求去促进幼儿发展的，是将教育目标落实为幼儿发展的设计师与践行者。这就要求教师首先必须正确、清楚、全面地理解和把握幼儿园教育目标的内涵，并将这种“外在”的教育目标转化为“内在”的正确的教育观念，并用以指导自己的教育行为；其次，必须掌握将教育目标转化为幼儿发展的技术；最后，在教育过程中，必须依据幼儿的实际水平，选择与确定适宜的教育目标、教育模式、教育内容、活动方式、组织形式、指导方法等去促进幼儿的发展。没有教师的这种努力，幼儿园教育目标的实现是不可能的。

因此，在实现教育目标的过程中，教师必须自觉地排除一切干扰，坚定地按照教育目标来规范自己的教育行为，以保证教育目标的真正实现。

第二节　幼儿园的任务

一、幼儿园的双重任务

（1）幼儿园对幼儿实施科学的保育和教育

以幼儿园为代表的幼儿教育机构是我国对幼儿实施保育和教育的组织，幼儿园通过对幼儿实施德、智、体、美诸方面全面发展的教育，促进其身心和谐发展，来体现自身的社会价值，为社会主义建设服务。

（2）幼儿园为家长服务

幼儿园负有为在园幼儿家长服务、为社会民生服务的责任。幼儿园作为教育机构，其服务主要体现在“面向幼儿家长提供科学育儿指导”。

二、新时期幼儿园实现自身任务所面临的挑战

（1）对幼儿园保教质量提出了更高的要求

一方面，幼儿园教育作为基础教育的基础，担负着为培养人才奠基的光荣而艰巨的任务，其保教质量的高低成为事关国家兴旺的大事；另一方面，家长对幼儿园的保教质量也提出了更高的要求。他们不仅希望孩子能够进幼儿园，在幼儿园能够吃得好、长得壮，更希望孩子从小能接受优质的教育，有一个良好的人生开端。

（2）对幼儿园的服务提出了更高的要求

第一，幼儿教育机构在面对家长进行适宜的、有针对性的、有实际效果的提供科学育儿指导和教育服务。第二，社会要求幼儿教育机构，在办园形式、管理制度、收托时间、保育范围、服务方式、运作机制等各方面更灵活、更方便、更多样化，能适合家长工作、学习、生活等各方面的特点和需要。

第三节　幼儿园教育的原则

一、教育的一般原则

幼儿园教育的原则是教师在向幼儿进行教育时必须遵循的基本要求。幼儿园教育原则包括两部分：一部分是教育的一般原则，另一部分是幼儿园教育的特殊原则。

1. 教育的一般原则

（1）热爱儿童，尊重儿童的人格尊严和合法权益的原则

① 爱与尊重是教育儿童的前提；

② 保障儿童的合法权利；

③ 保证儿童作为学习主体的地位。

(2) 促进儿童全面发展的原则

① 儿童的全面发展是整体的发展而不是片面的发展；

② 儿童的全面发展应是协调的发展；

③ 儿童的全面发展是有个性的发展。

(3) 了解儿童，基于儿童的实际进行教育的原则

不了解儿童，就没有权利进行教育，也不可能正确地进行教育。为了教育儿童，必须了解儿童。

(4) 面向全体，重视个体差异的原则

① 教育要促进每一个儿童的发展；

② 因人而异，实现差异性发展。

(5) 充分利用各种教育资源的原则

教育资源可视为教育可以利用的各种条件、环境，是物质、文化、人力、财力、信息资料等各种资源的总称。必须认识到教育资源是多元的、开放的，它存在于社会与自然中，存在于儿童自身、儿童群体以及家庭中，其对儿童影响的广泛性、多样性、即时性是学校教育难以比拟的。

开发和利用教育资源的途径是多种多样的。主要包括：①有效利用来自儿童的、家长的、社区的资源。②利用师生关系和教师集体的强大教育力量。③因地制宜地利用社会的、自然的资源。

二、幼儿园教育的原则

(1) 保教合一的原则

① 保育和教育相互融合，在同一过程中实现；

② 有意识地保中施教，教中施保，促进幼儿健康发展。

(2) 以游戏为基本活动的原则

① 游戏是幼儿园的基本活动；

② 充分利用游戏组织幼儿园各类教育活动；

③ 游戏最符合幼儿身心发展的特点，最能满足幼儿的需要。

(3) 教育的活动性和活动的多样性原则

① 活动是幼儿发展的基础和源泉。幼儿必须通过活动，动用多种感官，去直接感知、实际操作、亲身体验，与人与物互动，才能逐步积累经验，获得真知。

② 幼儿园的活动不应当是单一的。因为不同的活动在幼儿发展中的作用是不一样的。另外，只有灵活多样的活动才能满足不同幼儿的不同发展需要。

(4) 发挥一日生活整体教育功能的原则

幼儿园一日生活是指幼儿在园一天的全部生活、全部经历，包括一天所有的保育、教育活动。

① 一日生活中的各种活动不可偏废。

无论是幼儿吃喝拉撒睡一类的生活活动，还是作业课、参观访问等教学活动；无论是有组织的活动，还是幼儿自主自由的活动，都各具重要的教育作用，对幼儿的发展都是不可缺少的。因此不能顾此失彼，随意削弱或取消任何一种活动。

② 各种活动必须有机地统一，发挥整体效应。

每种活动不是分离地、孤立地对幼儿发挥影响力的。一日生活中的各种活动必须统一在共同的教育目标下，形成合力，才能发挥整体教育功能。

【范例精讲】

1.（单项选择题）（　　）是我国各级各类教育的总目标，是金字塔的顶端。

A.《中华人民共和国教育法》　　B. 教育目的

C. 各个幼儿园具体的教育目标　　D. 幼儿园教育目标

【解析】答案：B　本题主要检测对幼儿园教育目标的结构的理解。教育目的是国家对各级各类教育事业培养人的统一的质量要求，但由于社会所需要的人是多层次、多规格的，教育对象的身心发展水平也各有特点，所以国家对各级各类教育提出了特殊的具体的要求，即各级各类教育的总目标，是金字塔的顶端。

2.（单项选择题）幼儿园两大方面的工作是（　　）。

A. 保育　　B. 教育

C. 保育和教育　　D. 照看孩子和保护孩子

【解析】答案：C　本题主要检测对幼儿园保教合一的原则的理解。保育和教育是幼儿园工作的两大方面。保育侧重于照料幼儿的生活，教育则侧重于发展幼儿的能力，促进幼儿的精神成长。尽管这两方面各有其主要职能，但它们是相互融合、难以截然分离的。幼儿身心发展的这一特点决定了保育中渗透着教育，教育中包含着保育，二者在同一过程中实现。

3.（多项选择题）幼儿园教育目标是根据（　　）提出来的。

A. 教育目的　　B. 幼儿园教育的性质

C. 幼儿园教育的任务　　D. 幼儿园具体的教育活动

E. 幼儿身心发展的特点和可能性

【解析】答案：ABCE　本题主要检测对制订幼儿园教育目标的依据的理解。幼儿园教育目标是根据教育目的并结合幼儿园教育的性质和任务提出来的。教育目标是否合理除了符合国家、社会的要求之外，还要看是否符合教育对象的身心发展规律。

4.（多项选择题）教育资源存在于（　　）中。

A. 社会　　B. 自然　　C. 儿童自身　　D. 儿童群体

E. 家庭

【解析】答案：ABCDE　本题主要检测充分利用各种教育资源的原则的理解。教育资源可视为教育可以利用的各种条件、环境，是物质、文化、人力、财力、信息资料等各种资源的总称。必须认识到教育资源是多元的、开放的，它存在于社会与自然中，存在于儿童自身、儿童群体以及家庭中。

5.（判断题）实施集体、小组、个别教育与面向全体、照顾个别差异不是一回事。

【解析】答案：√　本题主要检测面向全体，重视个体差异的原则的理解。在教育过程中，教育者在关注全体受教育对象的同时，还应尊重儿童的个别差异，因人施教，有针对性地采取最有效、最合理的方式促进每个儿童的发展。在教育中灵活地使用集体、小组、个别的教育组织形式。集体活动不是“面向全体”，小组和个别活动不是“照顾个别差异”。不重视个别差异的集体活动是不可能真正面向全体的。

6.(判断题)幼儿日常生活活动对应保育，作业课、游戏等活动对应教育。

【解析】答案：× 本题主要检测对发挥一日生活整体教育功能的原则和保教合一的原则的综合理解。无论是幼儿吃喝拉撒睡一类的生活活动，还是作业课、参观访问等教学活动，都各具重要的教育作用，对幼儿的发展都是不可缺少的。保育和教育，尽管它们各有其主要职能，但它们是相互融合，在同一过程中实现的。有意识地保中施教，教中施保，保教合一，共同促进幼儿健康发展。

7.(简答题)简述幼儿园教育目标的结构。

【解析】本题主要检测对幼儿园教育目标的结构的理解。

答案要点：幼儿园教育目标呈金字塔式结构，这一结构从上到下由如下几个层次构成：(1)教育目的。它是我国各级各类教育的总目标，是金字塔的顶端。(2)幼儿园教育的目标，即幼儿教育阶段目标。(3)各个幼儿园的具体教育目标。它是每个幼儿园根据国家对幼儿教育的要求，结合本园的具体情况制订的。

8.(论述题)要保证教育目标的实现，幼儿教师应注意哪些问题?

【解析】本题是检测对幼儿教师是实现教育目标的重要保证的理解。

答案要点：幼儿园教师是按照国家的要求去促进幼儿发展的，是将教育目标落实为幼儿发展的设计师与践行者。这就要求教师首先必须正确、清楚、全面地理解和把握幼儿园教育目标的内涵，并将这种“外在”的教育目标转化为“内在”的正确的教育观念，并用以指导自己的教育行为；其次，必须掌握将教育目标转化为幼儿发展的技术；最后，在教育过程中，必须依据幼儿的实际水平，选择与确定适宜的教育目标、教育模式、教育内容、活动方式、组织形式、指导方法等去促进幼儿的发展。没有教师的这种努力，幼儿园教育目标的实现是不可能的。

因此，在实现教育目标的过程中，教师必须自觉地排除一切干扰，坚定地按照教育目标来规范自己的教育行为，以保证教育目标的真正实现。

9.(案例分析题)案例：午睡时间，一名幼儿怎么也不睡，教师允许他到活动区角自己活动，并告诉他：“轻轻地，不要影响别人午睡。”

问题：你赞同这位教师的做法吗?请用相关的教育原则分析教师的做法。

【解析】本题主要检测对幼儿园教育原则的理解与应用。

参考答案：(1)赞同。因为这位老师的做法符合幼儿园教育的热爱儿童、尊重儿童的人格尊严和合法权益的原则及面向全体、重视个别差异的原则。

(2) 首先体现了“面向全体、重视个别差异”的教育原则。这条原则是指教育者在关注受教育对象的同时，还应尊重儿童的个别差异，因人施教，有针对性地采取最有效、最合理的方式促进每个儿童的发展。这名教师的做法就遵循了这一原则。首先她面向全体儿童，尊重全体儿童的休息；其次，她还照顾到个别幼儿的特殊情况，幼儿可能由于各种原因实在无法入睡，教师在要求他不影响别人午睡的前提下进行了区角活动。这样就有效、合理地保证了儿童的基本发展。

此外，教师的做法还体现了“热爱儿童、尊重儿童的人格尊严和合法权益的原则”。尊重儿童的人格尊严和合法权益，一方面是指要将儿童作为具有独立人格的人来对待，要热爱与尊重他们，而且要注意倾听他们的想法，尊重他们的意愿；另一方面教师还要保障儿童的合法权利，比如生存权、受教育权、受抚养权、发展权、参与权、休息权等。教师允许个别幼儿进行区角活动，而不是强制幼儿午睡，就体现出对幼儿发展和其人格的尊重。教师要求幼儿“轻轻地，不要影响别人午睡”则体现出对其他儿童休息权的尊重。

【小试牛刀】

一、单项选择题(选择一个正确的答案。每小题2分，共24分)

1. 关于幼儿园教育目标，不正确的说法是(　　)。
   A. 即教育目的
   B. 是教育目的在幼儿园教育这一阶段的具体化
   C. 是国家对幼儿园提出的培养人才的规格和要求
   D. 是我国所有幼儿园必须遵循的
2. 实施德、体、智、美等方面全面发展的教育，促进幼儿身心和谐发展，为幼儿后继学习和终身发展奠定良好的基础。这是(　　)。
   A. 我国的教育目的　　B. 我国幼儿园教育的目标
   C. 各个幼儿园具体的教育目标　　D. 幼儿园教育活动的目标
3.《幼儿园工作规程》所表述的幼儿园保育、教育目标属于(　　)这一层次的目标。
   A. 教育目的　　B. 幼儿园教育目标
   C. 各个幼儿园具体的教育目标　　D. 活动目标
4. 幼儿园各层次的教育目标中，最小、最具体的教育目标是(　　)。
   A. 幼儿园教育目标
   B. 幼儿园各年龄班的目标
   C. 一个月或一周教育目标
   D. 一日(一个)活动的教育目标或幼儿个体的教育目标
5. (　　)是实现教育目标的关键因素。
   A. 幼儿园　　B. 保育员　　C. 幼儿园园长　　D. 幼儿园教师
6. 尊重和保护幼儿的原则并没有明确要求(　　)。
   A. 尊重并同意幼儿的主张、决定　　B. 尊重幼儿的人格尊严
   C. 尊重幼儿的观点、意见　　D. 尊重幼儿的基本权利
7. 乌申斯基提出：“如果我们要全面地教育儿童，就需要同样全面地研究儿童。”这说明要教育儿童，必须(　　)。
   A. 热爱儿童，尊重儿童的人格尊严和合法权益
   B. 促进儿童全面发展
   C. 了解儿童，基于儿童的实际进行教育的原则
   D. 面向全体，重视个体差异
8. 教育必须面向每一个儿童，促进每一个儿童实现全面发展。这是(　　)原则的要求。
   A. 教育的活动性　　B. 尊重儿童人格尊严
   C. 以游戏为基本活动　　D. 面向全体、重视个体差异
9. (　　)是全面发展教育方针在幼儿期的具体体现，也是我国幼教实践工作的总结。

A. 保教结合　B. 整体的发展　C. 有个性的发展　D. 身心和谐发展

10. 有些教育者在教育儿童的过程中，随意呵斥或惩罚儿童，这违背了幼儿园教育的(　　)。
A. 面向全体，重视个体差异的原则
B. 了解儿童，基于儿童的实际进行教育的原则
C. 热爱儿童，尊重儿童的人格尊严和合法权益的原则
D. 保教合一的原则

11. “要知道梨子的滋味，你就得亲口尝一尝。”体现了(　　)。
A. 教育的多样性　B. 活动的实践性　C. 教育的活动性　D. 活动的多样性

12. 杜威说“幼年期主要的、几乎是唯一的教育方式。”是(　　)。
A. 游戏活动　B. 集体活动　C. 小组活动　D. 个别活动

二、多项选择题(多选、漏选、错选均不得分，每小题3分，共15分)

13. 制订幼儿园教育目标的依据有(　　)。
A. 教育目的　B. 幼儿身心发展的特点和可能性
C. 教师水平　D. 幼儿家庭成长环境
E. 幼儿园对幼儿发展的具体情况

14. 我国幼儿园教育的目标是根据(　　)的精神提出的。
A.《幼儿园工作规程》　B.《幼儿园教育指导纲要(试行)》
C.《中华人民共和国教育法》　D.《3—6岁儿童学习与发展指南》
E.《国家中长期教育改革和发展规划纲要(2010—2020年)》

15. 儿童是不同于成人的正在发展中的社会成员，他们享有不同于成人的许多特殊的权利，如(　　)。
A. 生存权　B. 受教育权　C. 受抚养权　D. 发展权
E. 参与权

16. 促进儿童全面发展的原则指的是教师在制订教育计划、设计和实施教育活动时，应当明确(　　)。
A. 儿童的发展是整体的发展　B. 儿童的发展应是协调的发展
C. 儿童的发展是均衡的发展　D. 儿童的发展是有个性的发展
E. 儿童的发展不是片面的发展

17. 开发和利用教育资源的途径(　　)。
A. 教育资源是多元的、开放的，它存在于社会与自然中
B. 存在于儿童自身、儿童群体以及家庭中
C. 有效利用来自儿童的、家长的、社区的资源
D. 利用师生关系和教师集体的强大教育力量
E. 因地制宜地利用社会的、自然的资源

三、判断题(正确的打“√”，错误的打“×”。每小题1分，共15分)

(　　)18. 幼儿的发展是有一定的身体特征和规律的，是一个按照一定顺序、不断地从

低级到高级发展的过程。

(　　)19. 目标的层层分解就形成了幼儿园教育目标的倒金字塔结构。

(　　)20. 集体活动是“面向全体”，小组和个别活动“照顾个别差异”。

(　　)21. 教育目标内容的不全面严重影响幼儿的全面发展。

(　　)22. 没有对儿童的爱与尊重，就谈不上真正的教育。

(　　)23. 保育是保育员的事，与幼儿教师无关，因而不将保育工作列为教育工作计划。

(　　)24. 儿童的发展允许根据每个儿童的特点和可能性，让不同的儿童在不同的方面能够实现自己的有特色的发展。

(　　)25. 幼儿园教育应从幼儿身心发展特点和水平出发，以活动为基础展开教育过程。

(　　)26. 不了解儿童，同样也能教育好儿童。

(　　)27. 在幼儿园不能利用季节气候、农业生产等开展教育活动。

(　　)28. 给幼儿擦鼻涕纯属于保育的简单行为。

(　　)29. 幼儿园教育目标是完成幼儿园教育任务，提高幼儿园教育质量的重要指导思想

(　　)30. 儿童享有不同于成人的许多特殊权利，例如游戏权，受抚养权等。

(　　)31. 幼儿园教育目标是教育目的在幼儿园教育这一阶段的具体化。

(　　)32. 幼儿园质量的高低成为幼儿园生存和发展的关键。

四、简答题(共 24 分)

33. 制定幼儿园具体教育目标时应注意哪些问题？(6 分)

34. 我国幼儿园的双重任务和新时期幼儿园实现自身任务所面临的挑战。(8 分)

35. 幼儿园教育的原则。(10 分)

五、论述题(每小题 12 分，共 24 分)

36. 试述如何理解发挥一日生活整体教育功能的原则。

37. 试述幼儿园教育目标的分解层次。

六、分析题(共 18 分)

案例：教师为了鼓励幼儿进步，通常每星期给每个幼儿发一朵小红花。
问题：38. 请分析教师发红花的做法是否正确？为什么？应注意什么问题？

【参考答案与计分标准】

一、单项选择题(选择一个正确的答案。每小题 2 分，共 24 分)

1. A 2. B 3. B 4. D 5. D 6. A 7. C 8. D 9. A 10. C 11. C 12. A

二、多项选择题(多选、漏选、错选均不得分，每小题 3 分，共 15 分)

13. AB 14. ABD 15. ABCDE 16. ABDE 17. CDE

三、判断题(正确的打“√”，错误的打“×”。每小题 1 分，共 15 分)

18. × 19. × 20. × 21. √ 22. √ 23. × 24. √ 25. √ 26. × 27. × 28. × 29. √ 30. √ 31. √ 32. √

四、简答题(共 24 分)

33. (1) 教育目标分解的方法要恰当；(2 分)
(2) 教育目标的涵盖面要全面；(2 分)
(3) 教育目标要有连续性和一致性。(2 分)
34. (1) 幼儿园的双重任务：
① 幼儿园对幼儿实施科学的保育和教育；(2 分)
② 幼儿园为家长服务。(2 分)
(2) 新时期幼儿园实现自身任务所面临的挑战：
① 对幼儿园保教质量提出了更高的要求；(2 分)
② 对幼儿园的服务提出了更高的要求 . (2 分)
35. 幼儿园教育原则包括两部分：一部分是教育的一般原则，另一部分是幼儿园教育的特殊原则。(1 分)
(1) 教育的一般原则：

① 热爱儿童，尊重儿童的人格尊严和合法权益的原则(1 分)
② 促进儿童全面发展的原则(1 分)
③ 了解儿童，基于儿童的实际进行教育的原则(1 分)
④ 面向全体，重视个体差异的原则(1 分)
⑤ 充分利用各种教育资源的原则(1 分)
(2) 幼儿园教育的原则
① 保教合一的原则(1 分)
② 以游戏为基本活动的原则(1 分)
③ 教育的活动性和活动的多样性原则(1 分)
④ 发挥一日生活整体教育功能的原则(1 分)

五、论述题(每小题 12 分，共 24 分)

36. 幼儿园一日生活是指幼儿在园一天的全部生活、全部经历，包括一天所有的保育、教育活动。(2 分)

(1) 一日生活中的各种活动不可偏废。(2 分)无论是幼儿吃喝拉撒睡一类的生活活动，还是作业课、参观访问等教学活动；(1 分)无论是有组织的活动，还是幼儿自主自由的活动，都各具重要的教育作用，对幼儿的发展都是不可缺少的。(1 分)因此不能顾此失彼，随意削弱或取消任何一种活动。(1 分)

(2) 各种活动必须有机地统一，发挥整体效应。(2 分)每种活动不是分离地、孤立地对幼儿发挥影响力的。(1 分)一日生活中的各种活动必须统一在共同的教育目标下，形成合力，才能发挥整体教育功能。(2 分)

37. 各个幼儿园可以根据实际情况，采用不同的分解方法。

(1) 如果按时间的范围划分，那么幼儿园具体教育目标可分为四个层次。(2 分)第一层次：学年教育目标；(1 分)第二层次：学期教育目标；(1 分)第三层次：一个月或一周的教育目标，也可以是单元活动目标；(1 分)第四层次：幼儿园一日活动、一个活动或一节作业课的教育目标。(1 分)

(2) 如果从教育目标指导的范围来划分，则幼儿园具体教育目标可分为这样四个层次。(2 分)第一层次：指导本园的教育目标；(1 分)第二层次：指导一个班级的教育目标；(1 分)第三层次：指导不同活动小组的教育目标；(1 分)第四层次：指导每个个体的教育目标，即根据每个幼儿发展情况确定目标。(1 分)

六、案例分析题(共 18 分)

38. 这种做法错误。(3 分)这种做法违反了重视个体差异性原则。(3 分)这里发小红花，是为了鼓励幼儿的进步，(2 分)但是每个幼儿都发小红花，体现不出其个体差异性，那就调动不起幼儿的积极性。因为每人得到的小红花都一样多。(3 分)

应该重视幼儿的个体差异性，制订相应的评价标准，(3 分)结合幼儿的实际表现发小红花，表现越好，得的小红花越多。(2 分)如果表现差了小红花就会减少，这样就能激励幼儿不断地努力进步。(2 分)

第三章　幼儿园全面发展教育

【学习导航】

识记：幼儿全面发展、幼儿体育、幼儿智育、幼儿德育、幼儿美育的概念；幼儿德、智、体、美四育的内容；学习品质的概念。

理解：幼儿园全面发展教育的意义；幼儿德、智、体、美四育的目标及实施中应注意的问题。

应用：发展幼儿智力的方法；幼儿学习品质的培养；指导幼儿行为的技巧；实施幼儿德、智、体、美四育应注意的问题。

【重中之重】

幼儿德、智、体、美四育的目标、内容及实施途径；实施德、智、体、美四育应注意的问题。

【应知应会】

第一节　全面发展教育与幼儿的发展

一、幼儿园全面发展教育的含义

（1）概念　幼儿园全面发展教育是指以幼儿身心发展的现实与可能为前提，以促进幼儿在德、智、体、美等方面全面和谐发展为宗旨，并以适合幼儿身心发展特点的方式、方法、手段加以实施的、着眼于培养幼儿基本素质的教育。

（2）辨析　偏重任何一个方面或忽视任何一个方面的发展都不是全面发展；全面发展并不意味着个体在德、智、体、美等方面齐头并进地、平均地发展，也不意味着个体的各个发展侧面可以各自孤立地发展。因此，幼儿园的全面发展教育在保证幼儿德、智、体、美等方面全面、和谐与协调发展的基础上，也促进幼儿富有个性地、富有特色地发展。

二、幼儿园全面发展教育的意义

1. 幼儿园全面发展教育的社会意义

幼儿园坚持践行全面发展教育，以正确的教育价值观、质量观引导社会、引导家长，促进全社会的文明与进步。一方面需要在全社会大力宣传全面发展教育的理念和观点，提高社会对教育的科学认识，另一方面需要以促进幼儿全面发展的教育实践去引导社会，引导家长。

2. 德、智、体、美四育的意义

（1）体育

① 对幼儿个体发展的重要意义：在幼儿个体发展中，生命的健康存在是幼儿一切发展的基础和前提。体育是促进幼儿正常生长发育的重要途径；体育能增强幼儿体质，提高幼儿身体素质；体育能为幼儿心理发展提供物质基础。

② 对社会的意义：幼儿体育关系着全民族身体素质的提高，从一定程度上影响着一个国家和民族的健康水平，关系到国家的未来与民族的兴旺。

（2）智育

① 对幼儿个体发展的意义：智育促进幼儿智力的发展，有目的、有计划地发展幼儿的认识能力，满足幼儿的认知需要，从而大大加速幼儿先天的认知潜能转为现实能力，为幼儿以后从事系统的、高级的智力活动奠定良好的基础。

智育在发展幼儿智力的同时，还要培养幼儿良好的学习品质。为其以后不断主动地获取新知识，建构新知识打好基础。

② 对社会的意义：智育培养具有良好智力品质的社会主义事业的建设者和接班人。

（3）德育

① 对幼儿个体发展的意义：德育帮助幼儿在个性发展的同时，对幼儿社会性的发展也具有重要的意义。从小加强德育，培养幼儿良好的个性和性格，发展幼儿的健全人格，并通过人际交往和接受环境的潜移默化，习得初步的社会行为规范，形成初步的道德认识、道德情感和道德行为，不断提高适应社会生活的能力，为其将来成为合格的社会公民奠定基础。

② 对社会的意义：加强德育，让所有的幼儿身心健康地快乐地成长，不仅是对幼儿及其家庭、也对全社会具有重要的意义。

（4）美育

① 对幼儿个体发展的意义：美育通过美的事物，引导幼儿在感受美、发现美的同时，萌发出美好的情绪体验，受到潜移默化的熏陶和感染，并进而产生美的情感、美的心灵、美的品德，为形成完整和谐的人格打下基础。美育以美的事物激起幼儿的兴趣、情感，促使幼儿感知觉、形象思维、想象力、创造力活跃和发展起来。

② 对社会的意义：对幼儿实施美育，培育幼儿美好的心灵与人格，即为提高全民族的素质打下基础，为建立美好和谐的社会打下了基础。因此，幼儿美育是社会精神文明建设的重要组成部分，是实现美好的中国梦的重要奠基。

3. 德、智、体、美四育的关系

对幼儿实施德、智、体、美全面发展的教育必须正确认识四者的关系。

德、智、体、美四育在幼儿的发展中具有各自独特的作用，具有各自不同的价值，不能相互取代。这是因为：

首先，德、智、体、美诸方面的发展是统一于幼儿个体的身心结构之中的。德、智、体、美任何一方面的发展都与其他方面的发展相互渗透、相互制约，不可分割；任何一方面都不能忽视或偏废，否则将影响其他方面的发展。因此，德、智、体、美四育融汇在一起，只有四育形成整体性教育力量，才能适应幼儿的发展特点，有效地达到促进幼儿全面和谐发展之目的。

其次，德、智、体、美四育是你中有我，我中有你，在任何一个教育活动中都是整体地发挥作用的。

第二节 幼儿体育

一、幼儿体育的概念

广义的体育是整个文化教育的重要组成部分，是提高人民健康水平，增强人民体质，丰富社会文化生活，提高生活生产力的重要手段。狭义的体育仅指学校体育。

幼儿体育是指幼儿园进行的、遵循幼儿身体生长发育的规律，运用科学的方法，以增强幼儿的体质，促进幼儿身心健康地成长为目的的一系列教育活动。

二、幼儿体育的目标与内容

1. 幼儿体育的目标

幼儿体育的根本目标是促进幼儿的身心健康。具体是：促进幼儿身体正常发育和机能协调发展，增强体质，增进健康，培养良好的生活、卫生习惯和基本的生活能力，培养参加体育活动的兴趣和习惯。

2. 幼儿体育的内容

(1) 促进幼儿健康成长；

(2) 发展幼儿的基本动作；

(3) 开展健康教育，培养良好习惯。

三、幼儿体育的实施

1. 实施幼儿体育的途径

(1) 创设良好的生活环境

幼儿园应充分利用各种条件，因地制宜地为幼儿的健康成长创设良好的物质环境和心理环境，为幼儿身心的健康发展提供良好的条件。

(2) 各种体育活动和日常生活相结合

幼儿园体育活动是体育的重要组成部分，增强幼儿体质，强体健身的有效途径，体育活动的形式多样，如有广播体操、专门组织的体育课、可自由选择的体育活动、体育游戏、运动会等。

2. 实施幼儿体育应注意的问题

(1) 树立正确的幼儿体育观

要正确地实施幼儿体育，首先要有正确的观念指引。《刚要》指出：“幼儿园必须把保护幼儿的生命和促进幼儿的健康放在工作的首位。在重视幼儿身体健康的同时，要高度重视幼儿的心理健康。”

幼儿体育的真谛是“树人”，是培养强健、阳光的幼儿。

(2) 实施幼儿体育必须发挥幼儿的自主性、主动性在实施体育的过程中，注意发挥幼儿的自主性、主动性，遵循幼儿的身心发展规律与特点，以游戏为基本活动形式，开展丰富有趣、形式多样、难度适宜的体育活动，吸引幼儿主动、积极、创造性地参与。可以说，幼儿园实施体育的主要形式是幼儿的运动性游戏。

(3) 教师的指导应随体育活动的变化而变化

幼儿园体育活动的形式是多样的。在不同的体育活动中，教育的重点、教师与幼儿相互作用的方式都不尽相同，所以，教师的指导方式要灵活地变化，而不能千篇一律。

第三节　幼儿智育

一、幼儿智育的概念

智育是指有目的、有计划地使受教育者掌握知识、技能，促进受教育者智力发展的教育过程。智力是人认识事物的能力，它包括观察力、注意力、记忆力、思维力、想象力和创造力等要素，其中思维力是智力的核心。

幼儿智育是有目的、有计划地让幼儿获得粗浅的知识、基本的技能，发展智力和认识能力，增进对周围环境的求知兴趣，学习“如何学习”，并形成良好学习品质的教育过程。幼儿智育区别于小学的重要特征之一是把培养感知能力、动手能力作为基本的重要内容。

二、幼儿智育的目标与内容

1. 幼儿智育的目标

幼儿智育的目标主要是：培养幼儿的求知欲望和学习兴趣，发展幼儿智力以及运用多种感官和语言与环境互动的能力，让幼儿获得关于外部世界的粗浅知识。

2. 幼儿智育的内容

(1) 培养幼儿的求知欲望、学习兴趣等良好学习品质

强烈的求知欲、学习兴趣以及注意力、坚持力、任务意识、克服困难的毅力等学习品质对幼儿获取知识、发展智力至关重要，因此，培养学习品质是幼儿智育不可或缺的内容。

(2) 发展幼儿的认知能力、探究能力，促进幼儿与外部世界积极互动

① 发展感知能力、动手能力、思维能力。

② 引导幼儿学习并尝试使用一些初步的智力活动的方法与技能。

③ 引导幼儿动手动脑，尝试发现周围事物之间的一些关系与联系，学习探究与解决生活中的问题。

④ 创设人际互动、交流学习的机会，支持幼儿与他人讨论问题、分享经验、交流想法等，通过发展幼儿运用语言的能力，促进其智力发展。

(3) 引导幼儿学习必要的粗浅的知识和概念

幼儿学习的知识是与其生活密切相关的、幼儿能够理解的生活常识、社会常识、自然常识、科学技术常识等；幼儿学习的概念是基于他们感性经验的浅显的初级概念，是能够帮助幼儿更好地理解、整理和运用自己知识的浅显概念。

三、幼儿智育的实施

1. 实施幼儿智育的途径

(1) 组织多种形式的丰富多彩的教育实践活动，发展幼儿智力

幼儿主动参与、亲自动手动脑的实践活动是进行智育的主要途径，阅读活动也能够帮助幼儿获得许多知识。

(2) 日常生活活动是实施智育的重要途径

智育应渗透在一日生活之中，引导幼儿在生活中去观察、发现、增进对周围环境的认识，尝试解决生活中的问题等。

(3) 积极开展符合幼儿需要与实际的集体教学活动

2. 实施幼儿智育应注意的问题

(1) 处理好智力与知识之间的关系

知识与智力是不同的概念。知识是人们在改造世界的实践中获得的认识和经验的总和。获得了知识不等于发展了智力。但是，知识和智力有着密切的关系，智力的发展离不开知识。知识、技能是智力发展的基础，智力发展又是获得知识与技能必备的条件。知识的贫乏与浅薄不利于智力的发展，而智力的高低决定着掌握知识的深度以及运用知识的灵活程度。

(2) 重视培养幼儿的学习品质

学习品质主要指学习态度、行为习惯、方法等与学习密切相关的基本素质，是在幼儿期开始出现与发展，并对幼儿现在与将来的学习都具有重要影响的基本素质。它既包括“非智力因素”，也包括一些直接参与认识过程的智力因素，如反思、学习方法等。

(3) 提高集体教学活动的有效性

集体教学活动只有符合幼儿的需要和发展实际，才能发挥促进幼儿智力发展的积极作用。

要提高集体教学在发展幼儿智力方面的有效性，需要注意以下两点：

第一，必须充分了解幼儿学习与发展的特点、规律，了解幼儿的知识基础、认知水平、个体差异，而不能只是教师凭借教师的意志；紧密结合幼儿的生活，结合幼儿已有的知识，恰当地选择与确定教学内容，在教学过程中运用多种方式有效地与幼儿互动，吸引幼儿主动地学习。

第二，集体教学不能成为一种形式，每天严格按照所谓“课表”的规定进行，应该在需要的时候开展。

(4) 重视幼儿知识的结构化

幼儿的“结构”“概念”都是建立在感性经验基础上的表象层次的概念，与中小学那种学科知识体系有本质的不同。

第四节　幼儿德育

一、幼儿德育的概念

德育即道德教育，“德育实为完全人格之本”(蔡元培)。道德是在一定社会条件下形成

与发展起来的人们共同生活的行为准则的总和，也是评价人们行为的标准。社会道德在个体身上的再现为道德品质，德育实质上就是社会道德个体化的过程。

幼儿德育是道德教育的起始阶段，促进幼儿社会性情感以及适应社会生活能力的发展，培养幼儿基本的社会行为规范和良好习惯，为其良好个性的形成和未来健全人格的发展打好基础的教育。

二、幼儿德育的目标与内容

1. 幼儿德育的目标

幼儿德育的目标是：萌发幼儿爱家乡、爱祖国、爱集体、爱劳动、爱科学的情感，发展其初步的社会适应能力，培养基本的社会行为规范和良好习惯，以及活泼、开朗、友善的性格。

2. 幼儿德育的内容

幼儿德育内容主要包括发展幼儿的社会性和发展幼儿的个性两个方面。

（1）发展幼儿的社会性

幼儿社会性发展是通过其自身的社会化过程实现的。幼儿德育实质上是帮助幼儿完成其社会化过程。幼儿的社会化内容在很大程度上反映为社会对幼儿在社会适应与人际交往方面的要求。

① 萌发幼儿爱的情感。幼儿只有在自己被爱，体验到爱的基础上，才能产生指向外部世界的爱。

② 培养幼儿的社会适应能力。培养幼儿的社会适应能力主要从三方面着手，培养幼儿：喜欢并适应群体生活；遵守基本的行为规范；具有初步的归属感。

③ 培养基本的社会行为规范和良好习惯。幼儿应养成的社会行为规范主要有：文明礼貌，遵守活动或游戏规则，讲卫生，爱护玩具、物品和公物，爱护身边的环境，节约粮食、水电资源等。良好行为习惯包括幼儿对己、对人、对事的习惯，这些行为规范与行为习惯是幼儿日后适应社会的根本。

④ 发展幼儿的人际交往能力。为了让幼儿能适应集体生活、社会生活，必须发展他们的人际交往能力，帮助幼儿在与他人交往的过程中，学习如何处理与同伴、教师、父母和其他人的关系。

（2）发展幼儿的个性

幼儿期是人的个性初步形成的时期。所以民间流传着“三岁看大，七岁看老”的说法。因此，幼儿德育必须重视培养幼儿良好的个性品质。

三、幼儿德育的实施

1. 实施幼儿德育的途径

（1）日常生活和游戏是实施幼儿德育最基本、最重要的途径

日常生活和游戏中实施德育既符合幼儿社会学习的特点与方式，又符合幼儿德育的规律。

（2）专门的德育活动是实施幼儿德育的有效手段

这里所谓的“专门德育活动”是指教师根据幼儿的实际，主要针对社会性方面的某个目

标，有目的、有意识地进行的教育活动。这种活动可以是集体教学形式，也可以是小组的、个别的形式；可以是单一的活动，也可以是连续地较长时间开展的活动；可以是侧重某一领域的活动，也可以是多领域的综合主题活动。

2. 实施幼儿德育应注意的问题

(1) 热爱与尊重幼儿，充分发挥幼儿的主体性功能

对幼儿进行德育，首先要热爱与尊重幼儿。尊重幼儿首先要尊重幼儿的人格、自尊心。尊重幼儿必须尊重幼儿的主体性，尊重幼儿的自我教育力量。

(2) 遵循德育的规律

① 挖掘生活、游戏中的教育价值，从情感入手、重在行为改变。

② 直观、生动、形象，避免概念化。

③ 重视体验学习，切忌说教。

④ 注意个体差异。

(3) 重视指导幼儿行为的技巧

常用的技巧主要有以下几种：

① 强化行为的技巧。强化有利于形成、巩固幼儿正确的行为。

② 预估行为的技巧。预先估计到幼儿行为的发生而提前干预，有利于激发幼儿的积极行为、避免消极行为。

③ 转移行为的技巧。转移是指把幼儿的注意力从当前的活动转到另一项活动上去，以引导幼儿行为向积极方向发展。

④ 让幼儿理解行为后果的技巧。幼儿的一些错误行为是因为不能预见到自己行为的后果，不理解规则而造成的。

⑤ 引导幼儿解决冲突的技巧。引导得好，冲突就会成为幼儿体验平等、公正、诚信、友善等核心价值的极好机会，成为发展他们的自主反思，倾听理解、协商妥协等人际交往能力的极好契机。

第五节 幼儿美育

一、幼儿美育的概念

幼儿美育是美育的一部分，它是根据幼儿身心特点，利用美的事物和丰富的审美活动来培养幼儿感受美、欣赏美、表现美、创造美的情趣和能力的教育。

幼儿美育特点：①以培养幼儿审美的兴趣、积极的情感体验为主；②以发展幼儿表现美的主动性、想象力、创造力为主；③通过活动，用具体鲜明的形象去引导幼儿直接感受美；④渗透在幼儿的生活中、游戏中，与幼儿及其生活的需要结合起来，引导幼儿发现、感受生活中的美，并在生活中去自由自发地表现与创造美。

二、幼儿美育的目标与内容

1. 幼儿美育的目标

幼儿美育的目标是培养幼儿感受与欣赏美、表现与创造美的情趣和初步能力。

2. 幼儿美育的内容

(1) 培养幼儿的审美情感

美育是最能深入人的灵魂，触动人的情感的教育。通过美育来培养高尚的情感，使人不仅仅热爱美，而且要为美好的事物、为人类美好的理想而奋斗。只要给幼儿提供美的事物，让他们能够理解美的形式所包含的美的意义，就能激发他们的情感体验，就能让他们从直觉开始，产生最初的审美情感，并将此情感一直贯穿于他们整个的审美活动。

(2) 培养幼儿的审美感知

审美感知是审美活动的开端和基础。培育幼儿的审美感知就是积极引导幼儿去亲身感受和体验现实生活和周围自然环境中的美，使其对美变得敏感起来，能在平常的事物中、生活中发现美、感受美。

幼儿的审美感知具有表面性，还带有行动性。

(3) 培养幼儿的审美想象和创造

幼儿表现美的核心是幼儿的想象和创造，即幼儿以自己的方式、带着自己的特点，表现自己对美的独特体验和理解，创造出新的形象、新的想法。

三、幼儿美育的实施

1. 实施幼儿美育的途径

(1) 艺术教育是幼儿美育的主要途径

幼儿园的艺术教育主要通过音乐活动、绘画活动、手工制作、文学作品欣赏、表演活动等来实施。

(2) 幼儿的日常生活是美育的重要途径

幼儿审美教育应当贯穿在幼儿的整个生活中，与幼儿的生活密切结合在一起，应注意引导幼儿发现、认识周围生活中平凡的人和事物的美。

(3) 大自然、大社会是幼儿美育的广阔天地

自然界是幼儿美育内容的天然宝库，它为幼儿提供的审美对象是丰富多彩、千变万化的。自然界的美是真实的美，它具体、直观、生动形象，很容易为幼儿所感知。引导幼儿观察和感受大自然的美是幼儿美育的重要途径。

2. 实施幼儿美育应注意的问题

(1) 幼儿园美育是面向全体幼儿的

幼儿园美育的目的是培养每一个幼儿美的情感、美的心灵，促进每一个幼儿人格的健全发展。在美育中必须贯彻面向全体，注意个体差异的原则。

(2) 重视通过美育培养幼儿健全的人格

幼儿美育应当着眼于引导幼儿人格向积极方面发展，特别是幼儿情感的发展，这本来也是美育最重要的一种价值。

(3) 重视培养幼儿的想象力和创造力

美育中幼儿表现美的灵魂是幼儿的自由想象和创造，而绝不仅仅是依样画葫芦似的模仿。培养幼儿艺术创造的主动性是美育的重要目标。

【范例精讲】

1.(单项选择题)(　　)是我国幼儿教育的目标，也是我国幼儿教育法规所规定的幼儿教育的任务。

A. 对幼儿实施全面发展教育　　B. 对幼儿开发智力教育

C. 保护幼儿健康成长　　D. 对幼儿进行道德教育

【解析】答案：A　本题主要检测幼儿园全面发展教育的含义的理解。幼儿园全面发展教育是指以幼儿身心发展的现实与可能为前提，以促进幼儿在德、智、体、美等方面全面和谐发展为宗旨，并以适合幼儿身心发展特点的方式、方法、手段加以实施的、着眼于培养幼儿基本素质的教育。对幼儿实施全面发展教育是我国幼儿教育的目标，也是我国幼儿教育法规所规定的幼儿教育的任务。

2.(单项选择题)培养幼儿的求知欲望、学习兴趣等良好学习品质是(　　)的内容之一。

A. 幼儿体育　　B. 幼儿智育　　C. 幼儿德育　　D. 幼儿美育

【解析】答案：B　本题主要检测对幼儿智育的内容的理解。好奇心是幼儿求知兴趣和欲望的最初表现。保护幼儿的好奇心，并将之进一步发展为学习的兴趣和欲望是幼儿智育的重要内容。

3.(单项选择题)幼儿园美育的重点在于培养幼儿(　　)。

A. 美学知识

B. 感受与欣赏美、表现与创造的美情趣和能力

C. 表现美的技能

D. 审美技巧

【解析】答案：B　本题主要检测对幼儿美育的目标的理解。幼儿期是感知觉发展的关键时期，因此培养幼儿对美的感受性是符合幼儿的发展规律的。萌发幼儿感受与欣赏美、表现与创造美的情趣主要是培养他们对美的健康的兴趣和爱好，这是幼儿接受美育的最重要的前提条件。

4.(多项选择题)一个人是否健康，是从(　　)等几方面的表现来综合考察与评价的。

A. 体格　　B. 体能　　C. 适应能力　　D. 心理因素

【解析】答案：ABCD　本题主要检测考查对体育的概念的理解。体质即人体的质量，是人体在体格、体能、适应能力和心理因素等各方面表现出来的相对稳定的特征，是身体发展状况的综合表现。一个人是否健康，是从体格、体能、适应能力和心理因素等方面的表现来综合考察与评价的。健康的人不但没有身体的缺陷和疾病，还应具有良好的生理、心理状态和社会适应能力。

5.(多项选择题)人的每一种品德都由(　　)几个基本要素组成。

A. 道德认识　　B. 道德情感　　C. 道德意志　　D. 道德行为

【解析】答案：ABCD　本题主要检测对德育内涵的理解。人的每一种品德都由道德认识、道德情感、道德意志、道德行为四要素构成。在幼儿的品德形成过程中，各要素的发展不是同步的。幼儿的道德认识、道德意志等发展较晚，但情感易受感染、产生共鸣。

6.(判断题)幼儿美育不仅仅指艺术教育。

【解析】答案：√　本题主要检测对实施幼儿美育的途径的理解。

艺术教育是幼儿美育的主要手段，幼儿美育的实施不仅仅局限在艺术活动方面，还有日常生活，大自然，社会生活等。因为幼儿最初的美感是从日常生活开始的，是幼儿最接近、最熟悉、最容易感知的美育教育；自然界是幼儿美育内容的天然宝库，它为幼儿提供的审美对象是真实的美，具体、直观、生动形象；社会生活的美育是引导幼儿去认识、感受、观赏社会中的美好事物，激发幼儿对生活的热爱和追求。

7.(简答题)简述幼儿美育的特点。

【解析】本题主要检测对幼儿美育的概念的理解。

答案要点：幼儿美育的特点是，(1)以培养幼儿审美的兴趣、积极的情感体验为主；(2)以发展幼儿表现美的主动性、想象力、创造力为主；(3)通过活动，用具体鲜明的形象去引导幼儿直接感受美；(4)渗透在幼儿的生活中、游戏中，与幼儿及其生活的需要结合起来，引导幼儿发现、感受生活中的美，并在生活中去自由自发地表现与创造美。

8.(简答题)如何理解重视培养幼儿的学习品质。

【解析】本题主要检测对实施幼儿智育应注意的问题的理解。

答案要点：(1)学习品质主要指学习态度、行为习惯、方法等与学习密切相关的基本素质，是在幼儿期开始出现与发展，并对幼儿现在与将来的学习都具有重要影响的基本素质。它既包括“非智力因素”，也包括一些直接参与认识过程的智力因素，如反思、学习方法等。

(2)《指南》中明确指出了幼儿期重要的学习品质，如“幼儿在活动过程中表现出的积极态度和良好行为倾向”“幼儿好奇心和学习兴趣”“积极主动、认真专注、不怕困难、敢于探究和尝试、乐于想象和创造”等，还多处提出了幼儿的学习态度、学习行为与习惯以及学习方法等方面的学习品质。

(3)学习品质的好坏决定了幼儿现在和今后的学习和发展质量，其重要性丝毫不亚于学业知识、技能，甚至可以说比知识、技能的学习有着更加深刻而长远的意义。

(4)由于学习品质不是孤立存在的，并不存在一种脱离具体学习领域或学习内容的抽象的学习品质，它在幼儿的所有学习活动中显露出来，因此，学习品质一定要在幼儿实际的生活、游戏中，在幼儿所有学习活动中进行长期培养。

9.(论述题)为什么说幼儿园全面发展教育的各个方面是相互促进、相互渗透、不可分割的？

【解析】本题是检测对幼儿园全面发展教育的含义和四育关系的辨析的理解。

答案要点：幼儿园全面发展教育的各个方面是相互促进、相互渗透、不可分割的关系，因为：(1)全面发展是针对片面发展而言的，偏重任何一个方面或忽视任何一个方面的发展都不是全面发展；全面发展并不意味着个体在德、智、体、美等方面齐头并进地、平均地发展，也不意味着个体的各个发展侧面可以各自孤立地发展。因此，幼儿园的全面发展教育在保证幼儿德、智、体、美等方面全面、和谐与协调发展的基础上，也促进幼儿富有个性地、富有特色地发展。

(2)对幼儿实施德、智、体、美全面发展的教育必须正确认识四者的关系。德、智、体、美四育在幼儿的发展中具有各自独特的作用，具有各自不同的价值，不能相互取代。这是因为：

首先，德、智、体、美诸方面的发展是统一于幼儿个体的身心结构之中的。德、智、体、美任何一方面的发展都与其他方面的发展相互渗透、相互制约，不可分割；任何一方面都不能忽视或偏废，否则将影响其他方面的发展。因此，德、智、体、美四育融汇在一起，只有四育形成整体性教育力量，才能适应幼儿的发展特点，有效地达到促进幼儿全面和谐发展之目的。

其次，德、智、体、美四育是你中有我，我中有你，在任何一个教育活动中都是整体地发挥作用的。

10. (案例分析题)案例：妈妈带着 3 岁的女儿在逛街，迎面过来一位留着长发的叔叔，女儿害怕地告诉妈妈说："妈妈，那个人肯定是个坏人，咱们小心点儿。"

看了这个片段后请你完成下面问题：

(1) 对这个现象进行分析。

(2) 提出教育建议。

【解析】本题主要检测对遵循的德育规律的理解。

参考答案：应从幼儿道德认识的发展特点及道德认识的形成与培养方面入手去分析。

(1) ①幼儿道德认识的发展水平较低，认识肤浅；概括能力差，往往和自己的直接经验或者和具体事物联系，从直觉的、具体的、表面的、个别的方面去理解和辨别是非，理解很片面，如上例中"一位留着长发的叔叔，那个人肯定是个坏人。"

② 幼儿道德是非观念处于不稳定状态，缺乏道德认识的一致性；

③ 幼儿道德评价活动带有很大的情绪性和受暗示性。

(2) 道德认识的形成与培养应采用以下措施：

① 教给幼儿相应的道德认识。

② 要选择符合幼儿心理特点的、能感染人的、生动的内容，将道德渗透到有趣的故事、童话、图片等文学艺术作品中，提高他们的道德认识。

③ 对幼儿行为应及时提出要求并进行评价。

【小试牛刀】

一、单项选择题(每题只有一个答案，每小题 2 分，共 24 分)

1. (　　)能为幼儿的心理发展提供物质基础。

A. 体育　　B. 智育　　C. 德育　　D. 美育

2. 幼儿园体育的根本目标是(　　)。

A. 培养良好的生活、卫生习惯

B. 培养培养幼儿基本的生活能力

C. 培养幼儿参加体育活动的兴趣和习惯

D. 促进幼儿的身心健康

3. 幼儿园户外体育活动时间要求每天不少于(　　)。

A. 1 小时　　B. 1 小时半　　C. 2 小时　　D. 3 小时

4. 开展健康教育，培养良好习惯是(　　)的内容。

A. 幼儿德育　　B. 幼儿智育　　C. 幼儿体育　　D. 幼儿美育

5. 实施幼儿智育的主要途径是(　　)。
   A. 日常生活活动
   B. 幼儿主动参与、亲自动手动脑的实践活动
   C. 集体教学活动
   D. 重视培养幼儿的学习品质
6. 教师鼓励幼儿大胆、清楚地表达自己的想法和感受，尝试说明、描述简单的事物或过程，这是幼儿智育目标中(　　)。
   A. 培养幼儿的求知欲望和学习兴趣
   B. 发展幼儿智力
   C. 发展幼儿运用多种感官和语言与环境互动的能力
   D. 让幼儿获得关于外部世界的粗浅知识
7. 幼儿的“结构”“概念”都是建立在(　　)基础上的表象层次的概念，与中小学的学科体系有着本质的区别。
   A. 教师讲授的知识　　B. 感性经验
   C. 成人潜移默化的影响　　D. 自己摸索
8. 下列不属于幼儿的学习品质(　　)。
   A. 观察力和思维力　　B. 学习态度
   C. 学习行为和习惯　　D. 学习方法
9. 民间流传着“三岁看大，七岁看老”的说法，这说明必须重视(　　)。
   A. 培养幼儿良好的学习品质　　B. 萌发幼儿爱的情感
   C. 培养幼儿良好的个性品质　　D. 培养幼儿的社会适应能力
10. 专门的德育活动是实施幼儿德育的有效手段。下面不是专门的德育活动是(　　)。
   A. 在“妇女节”或“母亲节”时，进行“我爱妈妈”的侧重德育目标的活动
   B. 到铅笔厂参观工人叔叔制造铅笔的过程，教育幼儿珍惜资源、珍惜劳动果实
   C. 到农庄了解农作物的生长过程，懂得餐桌上的一切来之不易，不能浪费
   D. 利用远足、郊游、到农村参观等活动，尽可能地创造幼儿与自然接触的机会
11. “以陶养感情为目的者也”，“以图德育之完成者也”(蔡元培)，这就是(　　)。
   A. 德育　　B. 智育　　C. 体育　　D. 美育
12. 引导幼儿欣赏日出日落，云彩变化等自然风光，这是幼儿美育内容中的(　　)。
   A. 培养幼儿的审美情感　　B. 培养幼儿的审美感知
   C. 培养幼儿的审美想象　　D. 培养幼儿的审美创造

二、多项选择题(多选、漏选、错选均不得分，每小题 3 分，共 15 分)

13. 为了促进幼儿的健康成长，需要(　　)。
   A. 创设良好的生活环境，特别是心理环境
   B. 制定、执行合理的生活制度和卫生保健制度
   C. 提供合理均衡的膳食，培养良好的饮食习惯
   D. 坚持体育锻炼，积极发展幼儿的身体
   E. 开展丰富适宜的体育活动，锻炼幼儿身体，增强幼儿体质，提高环境适应能力

14. 实施幼儿智育应注意的问题(　　)。
A. 创设适宜的学习环境，提供多种多样的学习材料
B. 处理好智力与知识之间的关系
C. 重视培养幼儿的学习品质
D. 提高集体教学活动的有效性
E. 重视幼儿知识的结构化

15. 实施幼儿德育的途径(　　)。
A. 日常生活是实施幼儿德育最基本、最重要的途径
B. 专门的德育活动是实施幼儿德育的有效手段
C. 组织多种形式的丰富多彩的教育实践活动是实施德育的有效途径
D. 游戏是实施幼儿德育最基本、最重要的途径
E. 艺术教育是实施幼儿德育最主要的途径

16. 幼儿美育的目标是培养幼儿(　　)的情趣和初步能力。
A. 感受美　　B. 欣赏美　　C. 想象美　　D. 表现美
E. 创造美

17. 处理好智力与知识之间的关系，理解正确的是(　　)。
A. 获得了知识不等于就发展了智力
B. 智力的发展离不开知识
C. 知识、技能是智力发展的基础
D. 智力的发展又是获得知识与技能必备的条件
E. 智力的高低决定着掌握知识的深度和运用知识的灵活程度

三、判断题(正确的打“√”，错误的打“×”。每小题1分，共15分)

(　　)18. 促进幼儿全面发展教育是根据《指南》而确立的我国幼儿教育的方向与目标。

(　　)19. 幼儿的健康水平从一定程度上影响着一个国家和民族的健康水平。

(　　)20. 鉴于美育的特点，不少教育家把美育看作一种“情感教育”，是“动之以情”的“德育”。

(　　)21. 幼儿的卫生习惯包括个人卫生习惯、在公共场所应有的卫生习惯及良好的饮食、睡眠、排泄的习惯。

(　　)22. 幼儿体育的真谛“树人”，是培养强健、阳光的幼儿。

(　　)23. 幼儿健康教育的出发点和归宿从根本上来说是提高幼儿期的生活乃至生命的质量。

(　　)24. 动手操作、亲身体验、直接经验，是幼儿获取知识、发展智力的主要途径。

(　　)25. 集体教学活动是幼儿园实施智育的主要途径。

(　　)26. 学习品质的好坏决定不了幼儿现在和今后的学习和发展质量。

(　　)27. 在幼儿的品德形成过程中，道德认识、道德情感、道德意志、道德行为等各要素的发展是同步的。

(　　)28. 幼儿表现美的核心是幼儿的感受和欣赏，培养审美情感。

(　　)29. 全面发展意味着个体在体、智、德、美诸方面齐头并进地、平均地发展。

(　　)30. 幼儿适应环境和抗疾病能力的强弱是体质好坏的主要标志。
(　　)31. 幼儿教育的全部意义就在于开发幼儿智力。
(　　)32. 幼儿美育就是指幼儿艺术教育。

四、简答题(共 24 分)

33. 简答德、智、体、美四育的关系。(8 分)

34. 简答幼儿体育的实施。(10 分)

35. 简答幼儿德育的内容。(6 分)

五、论述题(每小题 12 分，共 24 分)

36. 试述德、智、体、美四育对幼儿个体发展的意义。

37. 试述实施幼儿德育时应注意的问题。

六、分析题(18分)

案例：目前，我国由于升大学竞争和就业竞争的现实性矛盾，学校教育陷入应试教育的模式中，而这种竞争也影响到学前教育阶段，如社会上风行的“零岁方案”、“神童方案”。一些家长和幼教机构难以摆脱这种短视的教育做法，表现为重知识灌输轻能力培养、重智力培养轻人格因素培养等错误倾向。一些幼儿园迫于家长压力或经济利益的驱动，办起了各式各样的兴趣班、特长班。

问题：38. 请你从如何正确理解我国学前教育目标这一角度分析以上现象。

【参考答案与计分标准】

一、单项选择题(每题只有一个答案，每小题2分，共24分)

1. A　2. D　3. C　4. C　5. B　6. C　7. B　8. A　9. C　10. D　11. D　12. B

二、多项选择题(多选、漏选、错选均不得分，每小题3分，共15分)

13. ABCE　14. BCDE　15. ABD　16. ABDE　17. ABCDE

三、判断题(正确的打“√”，错误的打“×”。每小题1分，共15分)

18. ×　19. √　20. √　21. ×　22. √　23. √　24. √　25. ×　26. ×　27. ×　28. ×　29. ×　30. √　31. ×　32. ×

四、简答题(共24分)

33. (1)对幼儿实施德、智、体、美全面发展的教育必须正确认识四者的关系。(1分)

(2)德、智、体、美四育在幼儿的发展中具有各自独特的作用，具有各自不同的价值，不能相互取代。(1分)这是因为：

(3)首先，德、智、体、美诸方面的发展是统一于幼儿个体的身心结构之中的。(1分)德、智、体、美任何一方面的发展都与其他方面的发展相互渗透、相互制约，不可分割；(1分)任何一方面都不能忽视或偏废，否则将影响其他方面的发展。(1分)因此，德、智、体、美四育融汇在一起，形成整体性教育力量，才能适应幼儿的发展特点，有效地达到促进幼儿全面和谐发展之目的。(1分)

(4)其次，德、智、体、美四育是你中有我，我中有你，在任何一个教育活动中都是整

体地发挥作用的。(2分)

34. (1)实施幼儿体育的途径

① 创设良好的生活环境；(2分)

② 各种体育活动和日常生活相结合。(2分)

(2) 实施幼儿体育应注意的问题

① 树立正确的幼儿体育观；(2分)

② 实施幼儿体育必须发挥幼儿的自主性、主动性；(2分)

③ 教师的指导应随体育活动的变化而变化；(2分)

35. 幼儿德育的内容主要包括发展幼儿的社会性和发展幼儿的个性两个方面。

(1) 发展幼儿的社会性(1分)

① 萌发幼儿爱的情感；(1分)

② 培养幼儿的社会适应能力；(1分)

③ 培养基本的社会行为规范和良好习惯；(1分)

④ 发展幼儿的人际交往能力。(1分)

(2) 发展幼儿的个性。幼儿期是人的个性初步形成的时期，幼儿德育必须重视培养幼儿良好的个性品质。(1分)

五、论述题(每小题12分，共24分)

36. (1)体育对幼儿个体发展的重要意义：在幼儿个体发展中，生命的健康存在是幼儿一切发展的基础和前提。(1分)体育是促进幼儿正常生长发育的重要途径；体育能增强幼儿体质，提高幼儿身体素质；体育能为幼儿的心理发展提供物质基础。(2分)

(2) 智育对幼儿个体发展的意义：智育促进幼儿智力的发展，有目的、有计划地发展幼儿的认识能力，满足幼儿的认知需要，从而大大加速幼儿先天的认知潜能转为现实能力，为幼儿以后从事系统的、高级的智力活动奠定良好的基础。(2分)智育在发展幼儿智力的同时，还要培养幼儿良好的学习品质。(1分)

(3) 德育对幼儿个体发展的意义：从小加强德育，培养幼儿良好的个性和性格，发展幼儿的健全人格，(1分)并通过人际交往和接受环境的潜移默化，习得初步的社会行为规范，形成初步的道德认识、道德情感和道德行为，不断提高适应社会生活的能力，为其将来成为合格的社会公民奠定基础。(2分)

(4) 美育对幼儿个体发展的意义：美育通过美的事物，特别是艺术形象的魅力，引导幼儿在感受美、发现美的同时，萌发出美好的情绪体验，受到潜移默化的熏陶和感染，并进而产生美的情感、美的心灵、美的品德，为形成完整和谐的人格打下基础。(2分)美育以美的事物激起幼儿的兴趣、情感，促使幼儿感知觉、形象思维、想象力、创造力活跃和发展起来。(1分)

37. (1)热爱与尊重幼儿，充分发挥幼儿的主体性功能

对幼儿进行德育，首先要热爱与尊重幼儿。(1分)尊重幼儿首先要尊重幼儿的人格、自尊心。(1分)尊重幼儿必须尊重幼儿的主体性，尊重幼儿的自我教育力量。(1分)

(2) 遵循德育的规律

① 挖掘生活、游戏中的教育价值，情感入手、重在行为改变；(1分)

② 直观、生动、形象，避免概念化；(1 分)

③ 重视体验学习，切忌说教；(1 分)

④ 注意个体差异。(1 分)

(3) 重视指导幼儿行为的技巧。常用的技巧主要有：

① 强化行为的技巧。强化有利于形成、巩固幼儿正确的行为。(1 分)

② 预估行为的技巧。预先估计到幼儿行为的发生而提前干预，有利于激发幼儿的积极行为、避免消极行为。(1 分)

③ 转移行为的技巧。转移是指把幼儿的注意力从当前的活动转到另一项活动上去，以引导幼儿行为向积极方向发展。(1 分)

④ 让幼儿理解行为后果的技巧。幼儿的一些错误行为是因为不能预见到自己行为的后果，不理解规则而造成的。(1 分)

⑤ 引导幼儿解决冲突的技巧。(1 分)

六、案例分析

38. (1) 我国幼儿园教育的目标是“对幼儿实施德、智、体、美等方面全面发展的教育，促进其身心和谐发展，为幼儿后继学习和终身发展奠定良好基础”。(2 分) 这一目标是完成幼儿园教育任务、提高幼儿园教育质量的重要指导思想，国家通过这一目标对全国幼儿园教育进行领导和管理。(2 分)

(2) 幼儿园教育目标是根据教育目的并结合幼儿园教育的性质和任务提出来的。(2 分) 我国幼儿园教育的目标是培养全面发展的幼儿，它体现了我国教育目的的要求，体现了各相关教育法规的基本精神，符合国家与社会对幼儿园教育的要求。(2 分)

(3) 教育从根本上说就是培养人，所以教育目标是否合理除了符合国家、社会要求之外，还要看是否符合教育对象的身心发展规律。因此，教育目标的制订必须适应幼儿身心发展的规律与年龄特征。(2 分)

(4) 上述案例中提到的“神童方案”、“零岁方案”和兴趣班、特长班，这些都是当前家庭乃至全社会都十分关心然而并不十分清楚的问题，一味地追求某个方面发展，忽视幼儿的全面发展，可能严重损伤儿童生长发育的自然进程，损伤儿童潜能发育，造成儿童期、青少年期乃至成人期体力、心智、能力、性格和气质发展迟缓、压抑和伤害。(2 分) 由于对这些问题认识模糊，加之商业大潮的干扰和冲击，给我国幼儿教育造成了一定程度的混乱，教育的人文精神和科学精神出现了严重的缺失。(2 分) 幼儿园坚持践行全面发展教育，以正确的教育价值观、质量观引导社会、引导家长，促进全社会的文明与进步。(2 分) 一方面需要在全社会大力宣传全面发展教育的理念和观点，提高社会对教育的科学认识，另一方面需要以促进幼儿全面发展的教育实践去引导社会，引导家长。(2 分)

《幼儿园教育的基础知识》测试卷

一、单项选择题(每题选一个正确答案，每小题2分，共24分)

1. (　　)是有目的、有意识地“直面人的生命、通过人的生命、为了人的生命质量的提高而进行的社会活动。”

A. 广义的教育　　B. 狭义的教育
C. 广义的幼儿教育　　D. 狭义的幼儿教育

2. 我国自己创办的第一所幼儿教育机构是1903年的(　　)。

A. 乡村儿童团　　B. 湖北幼稚园
C. 北平香山慈幼院　　D. 南京鼓楼幼稚园

3. 在教育实践中，陶行知先生创立了(　　)。

A. 适合国情的中国化幼儿教育　　B. “最近发展区”理论
C. 生活教育理论　　D. “活教育”理论

4. (　　)制作的玩具取名为“恩物”，意为“神恩赐之物”，是供幼儿在游戏时的一系列玩具和材料。

A. 福禄贝尔　　B. 蒙台梭利　　C. 维果茨基　　D. 杜威

5. “拨乱反正，步入规范化、法制化轨道”是(　　)特点。

A. 旧中国的幼儿教育　　B. 新中国幼儿教育的发展
C. 新时期幼儿园教育的发展　　D. 资本主义社会幼儿教育

6. 通过食物让幼儿学到有关蔬菜、水果、营养的知识，还能了解季节变化和农作物的关系等，在这里实施幼儿智育的途径是(　　)。

A. 教育活动　　B. 户外活动　　C. 艺术教育活动　　D. 日常生活活动

7. 下列不属于“学习品质”概念范畴的是(　　)。

A. 学习态度　　B. 学习方法
C. 学习行为与习惯　　D. 学习内容

8. 在幼儿个体发展中，(　　)是幼儿一切发展的基础和前提。

A. 幼儿的智力开发　　B. 生命的健康存在
C. 良好的个性品质　　D. 幼儿的情绪体验

9. (　　)包括幼儿对己、对人、对事的习惯，如爱亲敬长、团结友善、诚实不说谎、做事认真等。

A. 社会适应能力　B. 社会行为规范　　C. 良好行为习惯　　D. 人际交往能力

10. 幼儿园体育活动的形式是多样的，在不同的体育活动中，教师的指导方式应不尽相同，在体育游戏中教师(　　)。

A. 示范很重要
B. 调动幼儿参与的积极性，以适合幼儿特点的方式来实现活动目标
C. 要充分保证幼儿的自主活动
D. 要保证幼儿的自由选择、安全地活动

11. 如果从教育目标指导的范围来划分，幼儿园具体教育目标分解不正确的是(　　)。

A. 指导本园的教育目标　　B. 指导一个班级的教育目标

C. 单元活动目标　　D. 指导每个个体的教育目标

12. (　　)是实施幼儿智育、幼儿美育的重要途径，也是实施幼儿德育的最基本、最重要的途径。

A. 艺术教育活动　B. 游戏活动　C. 日常生活活动　D. 体育活动

二、多项选择题(多选、漏选、错选均不得分。每小题3分，共15分)

13. 学习幼儿教育学需要(　　)。

A. 独立思考、切磋讨论　　B. 认真读书，勤于思考

C. 联系幼儿教育实际　　D. 联系相邻学科和相关知识、信息

E. 联系有关社会现象和问题

14. 对"教育"理解正确的是(　　)。

A. 教育就是学校教育

B. 离开了教育，我们只能长大，而不能成人

C. 教育都是有目的的，都是为一定的政治服务的

D. 教育必须依靠社会主义建设

E. 教育的发展影响着社会各方面的发展

15. 制定幼儿园具体教育目标时应注意的问题(　　)。

A. 教育目标分解的方法要恰当　　B. 教育目标制订的形式要多样

C. 教育目标的涵盖面要全面　　D. 教育目标要有连续性

E. 教育目标要有一致性

16. 下列是幼儿园体育的目标(　　)。

A. 促进幼儿身体正常发育和机能协调发展

B. 增强体质，增进健康

C. 培养幼儿的学习兴趣和求知欲望

D. 培养参加体育活动兴趣和习惯

E. 培养良好的生活、卫生习惯和基本的生活能力

17. 下列是幼儿园智育的内容(　　)。

A. 培养基本的社会行为规范和良好习惯

B. 培养幼儿的求知欲望、学习兴趣等良好学习品质

C. 发展幼儿的认知能力、探究能力，促进幼儿与外部世界积极互动

D. 引导幼儿学习必要的粗浅的知识和概念

E. 培养幼儿的审美想象和创造

三、判断题(正确的打"√"，错误的打"×"。每小题1分，共15分)

(　　)18. 幼儿教师只要能唱会跳，能弹会画就够了，学不学幼儿教育学没关系。

(　　)19. 教育学根据研究的范围不同，有学校教育学、社会教育学、普通教育学等。

(　　)20. 新中国幼儿教育的发展经历了"历史的转折"和"曲折起伏的前进"两个阶段。

(　　)21.《教育规划纲要》第一次确立“以幼儿发展为本”为我国幼儿教育的一个基本价值取向。

(　　)22. 幼儿教育与人类社会一起产生和发展。

(　　)23. 幼儿教育机构是近代大工业生产的产物。

(　　)24. 幼儿教育学是教育学的一个分支，它专门研究 0—6 岁幼儿的教育，探索其特点和规律。

(　　)25.《幼儿园工作规程》于 1996 年 6 月由国家教委正式颁布并施行的。

(　　)26. 集体活动是“面向全体”，小组和个别活动“照顾个别差异”，这是不对的。

(　　)27. 教育目的，即各级各类教育的目标。

(　　)28. 在幼儿期，动手能力是一种最基本最重要的学习能力、认知能力。

(　　)29. 获得了知识就等于发展了智力，智力的发展与获得知识无关。

(　　)30. 幼儿园为家长服务主要体现在“面向幼儿家长提供生活活动服务”。

(　　)31. 幼儿园具体教育目标由抽象到具体，由统一到多样的层次组成了幼儿园教育目标的金字塔结构。

(　　)32. 维果茨基认为 3—6 岁儿童的教学处于过渡位置，是自发—反应型，但更趋向于反应型。

四、简答题(共 24 分)

33. 世界幼儿教育机构的发展。(6 分)

34. 幼儿园教育的原则。(9 分)

35. 杜威对幼儿教育具有重要意义的理论。(4 分)

36. 幼儿体育的实施。(5 分)

五、论述题(共 24 分)

37. 体、智、德、美四育对社会的意义。(8 分)

38. 实施幼儿德育应注意的问题。(16 分)

六、分析题(共18分)

阅读下列三则材料，回答问题。

材料A：幼儿园是人的艺术才能开始显露的时期，为了尽早发现和培养幼儿的特殊才能，幼儿园开办了各种类型的技能、技巧培训班，对幼儿的艺术技能进行训练。

材料B：在幼儿园绘画活动中，有个幼儿将汽车车轮画成了两只脚，并在车身上画上翅膀。老师说："汽车上面哪有翅膀？你再仔细看看汽车，想想该怎么办？"结果幼儿将翅膀去掉，画了一辆普通的汽车。

材料C：日本著名的小提琴教育家铃木镇一曾说过，他的教学不是培养了不起的人物，而是要使孩子成为一个品德高尚的人，一个具有更加美好心灵的人。

问题：39. 请结合有关幼儿园全面发展教育理论综合分析上述三则材料。(9分)

40. 结合实际谈谈幼儿园应该如何实施美育。(9分)

【参考答案与计分标准】

一、单项选择题(每小题2分，共24分)

1. A　2. B　3. C　4. A　5. C　6. D　7. D　8. B　9. C　10. C　11. C　12. C

二、多项选择题(多选、漏选、错选均不得分。每小题3分，共15分)

13. ABCDE　14. BCE　15. ACDE　16. ABDE　17. BCD

三、判断题(每小题1分，共15分)

18. ×　19. ×　20. √　21. ×　22. √　23. √　24. ×　25. ×
26. √　27. √　28. √　29. ×　30. ×　31. ×　32. ×

四、简答题(共24分)

33. 世界各国的幼儿教育机构发展呈现出共同的趋势，主要表现在以下几方面：
(1) 保障幼儿权利的民主化趋势；(1分)
(2) 幼教机构多样化；(1分)
(3) 教育目标谋求幼儿全面、和谐的发展；(1分)
(4) 重视幼儿的生活、游戏与直接经验；(1分)
(5) 重视提高幼教机构的专业素质；(1分)
(6) 重视幼教机构与家庭、社区的合作。(1分)

34. 幼儿园教育原则包括两部分：教育的一般原则、幼儿园教育的特殊原则。

（1）教育的一般原则：
① 热爱儿童，尊重儿童的人格尊严和合法权益的原则；（1 分）
② 促进儿童全面发展的原则；（1 分）
③ 了解儿童，基于儿童的实际进行教育的原则；（1 分）
④ 面向全体，重视个体差异的原则；（1 分）
⑤ 充分利用各种教育资源的原则。（1 分）
（2）幼儿园教育的原则
① 保教合一的原则；（1 分）
② 以游戏为基本活动的原则；（1 分）
③ 教育的活动性和活动的多样性原则；（1 分）
④ 发挥一日生活整体教育功能的原则。（1 分）
35. 杜威对幼儿教育具有重要意义的理论主要有：
（1）儿童中心论；（1 分）
（2）生活教育理论；（1 分）
（3）正确对待儿童的兴趣；（1 分）
（4）重视经验，倡导做中学。（1 分）
36.（1）实施幼儿体育的途径
① 创设良好的生活环境；（1 分）
② 各种体育活动和日常生活相结合。（1 分）
（2）实施幼儿体育应注意的问题
① 树立正确的幼儿体育观；（1 分）
② 实施幼儿体育必须发挥幼儿的自主性、主动性；（1 分）
③ 教师的指导应随体育活动的变化而变化。（1 分）

五、论述题（共 24 分）

37.（1）体育对社会的意义：幼儿体育关系着全民族身体素质的提高，从一定程度上影响着一个国家和民族的健康水平，关系到国家的未来与民族的兴旺。（2 分）

（2）智育对社会的意义：智育培养具有良好智力品质的社会主义事业的建设者和接班人。（2 分）

（3）德育对社会的意义：加强德育，让所有的幼儿身心健康地快乐地成长，不仅是对幼儿及其家庭、也对全社会具有重要的意义。（2 分）

（4）美育对社会的意义：对幼儿实施美育，培育幼儿美好的心灵与人格，即为提高全民族的素质打下基础，为建立文明、美好和谐的社会打下了基础。（2 分）

38.（1）实施幼儿德育的途径

① 日常生活和游戏是实施幼儿德育最基本、最重要的途径。因为日常生活和游戏中实施德育既符合幼儿社会学习的特点与方式，又符合幼儿德育的规律。（2 分）

② 专门的德育活动是实施幼儿德育的有效手段。这里所谓的“专门德育活动”是指教师根据幼儿的实际，主要针对社会性方面的某个目标，有目的、有意识地进行的教育活动。（2 分）

(2) 实施幼儿德育应注意的问题：

① 热爱与尊重幼儿，充分发挥幼儿的主体性功能。对幼儿进行德育，首先要热爱与尊重幼儿。尊重幼儿首先要尊重幼儿的人格、自尊心。尊重幼儿必须尊重幼儿的主体性，尊重幼儿的自我教育力量。(4 分)

② 遵循德育的规律。挖掘生活、游戏中的教育价值，从情感入手、重在行为改变；直观、生动、形象，避免概念化；重视体验学习，切忌说教；注意个体差异。(4 分)

③ 重视指导幼儿行为的技巧。常用的技巧主要有：强化行为的技巧；预估行为的技巧；转移行为的技巧；让幼儿理解行为后果的技巧；引导幼儿解决冲突的技巧。(4 分)

六、案例分析题(18 分)

39. (1) 幼儿园美育是面向全体幼儿的。(1 分) 幼儿园美育的目的是培养每一个幼儿美的情感、美的心灵，促进每一个幼儿人格的健全发展，而不是为了培养艺术家，不是为了培养极少数艺术小天才。由于幼儿在艺术天赋上的个别差异，有的幼儿的某些艺术潜能需要早期发现与培养，但这不应该是单纯的技能训练，更不能以牺牲幼儿其他方面应有的发展为代价。(2 分)

(2) 重视通过美育培养幼儿健全的人格。(1 分) 幼儿美育应当着眼于引导幼儿人格向积极方面发展，特别是幼儿情感的发展，这本来也是美育最重要的一种价值。有的幼儿园把美育搞成了特长教育，把美育仅仅当作艺术特长或技能技巧的训练来施行，这是认识上的误区，既不利于全面提高幼儿的素质，又违背了美育自身的规律和宗旨。(2 分)

(3) 重视培养幼儿的想象力和创造力。(1 分) 美育中幼儿表现美的灵魂是幼儿的自由想象和创造，而绝不仅仅是依样画葫芦似地模仿。培养幼儿艺术创造的主动性是美育的重要目标。对幼儿画的汽车有翅膀进行纠正，这是不尊重幼儿的想象和创造，这不仅损伤幼儿的积极性，而且会让幼儿认为，只能用一种“正确”的方法来表达一个事物或现象。(2 分)

40. (1) 实施的途径：①艺术教育是幼儿美育的主要途径。(1 分) 因为艺术是人类审美实践的集中体现，所以艺术教育是美育的主要手段。幼儿园的艺术教育主要通过音乐活动、绘画活动、手工制作、文学作品欣赏、表演活动的来实施。(2 分)

② 幼儿的日常生活是美育的重要途径。(1 分) 美育的实施不应仅仅局限在艺术活动方面，日常生活是向幼儿进行美育的极好机会。因此，幼儿审美教育应当贯穿在幼儿的整个生活中，与幼儿的生活密切结合在一起，应注意引导幼儿发现、认识周围生活中平凡的人和事物的美。如与老师、同伴交往过程中的言语美、行为美、仪表美等。(2 分)

③ 大自然、大社会是幼儿美育的广阔天地。(1 分) 美育不仅仅局限于幼儿自己的生活，美育的主要题材可以远远超越幼儿直接实践活动的狭隘范围。自然界是幼儿美育内容的天然宝库，它为幼儿提供的审美对象是丰富多彩、千变万化的。自然界的美是真实的美，它具体、直观、生动形象，很容易为幼儿所感知。引导幼儿观察和感受大自然的美是幼儿美育的重要途径。如山川大地、蓝天白云、花鸟草虫、红花绿叶，都是自然美；社会中的美好事物，劳动者的劳动美，劳动成果美，如金色的稻田、雄伟的建筑、多彩的服装等，精神文明美，新型人际关系和社会成员的行为美、语言美、仪表美等。(2 分)

第二部分　幼儿园教育的基本要素

第四章　教师和幼儿

【学习导航】

识记：幼儿教师与幼儿沟通互动的方式；儿童观的概念；兴趣的概念；幼儿学习、“发现学习”、“接受学习”的概念；幼儿与教师的相互作用的含义；影响幼儿学习的内外因素；幼儿园“教”原则与方式的含义。

理解：幼儿教师的地位、权利和义务；幼儿园教师的专业素质；教育学视野下幼儿的特性；幼儿教师与幼儿关系；幼儿发展的个体因素与环境因素的相互作用；幼儿的实践活动及其指导；当今我国幼儿发展中的主要特点与问题；教师直接“教”与间接“教”的优缺点；促进教师与幼儿相互作用的策略。

应用：为什么幼儿教师必须学会观察；幼儿学习的特点；幼儿教师指导幼儿分组及小组活动的能力。

【重中之重】

幼儿教师与幼儿及家长沟通的技巧；幼儿教师的多方面能力素质；幼儿发展的个体因素与环境因素的相互作用；教师直接“教”与间接“教”的优缺点；幼儿教师指导幼儿分组及小组活动的能力。

【应知应会】

第一节　幼儿园教师

在幼儿园教育实践中，教师和幼儿是最重要、最关键的人的要素，教育也主要在教师和幼儿之间展开，通过二者的相互作用来进行。

一、关于教师职业的界定

何谓教师？《中华人民共和国教师法》规定，教师是履行教育教学职责的专业人员，承担教书育人，培养社会主义事业建设者和接班人、提高民族素质的使命。幼儿园教育是一个专业，幼儿园教师必须由具有专业素养的人员来承担，而决不是谁都能够胜任的一般职业。

二、幼儿教师的地位、权利和义务

《中华人民共和国教育法》(以下简称《教育法》)和《中华人民共和国教师法》(以下简称教师法)为我国幼儿园教师的社会地位提供了基本的法律依据和充分的法律保障。

1. 我国幼儿园教师的权利

(1) 进行保育教育活动，开展保育教育改革和实验的权利；

(2) 从事科学研究、学术交流，参加专业的学术团体，在学术活动中充分发表意见的权利；

(3) 指导幼儿的学习和发展，评定幼儿成长发展的权利；

(4) 按时获取工资报酬，享受国家规定的福利待遇以及寒暑假带薪休假的权利；

(5) 参与幼儿园民主管理的权利；

(6) 参加进修或者其他方式的培训的权利。

2. 我国幼儿教师的义务

(1) 遵守宪法、法律和职业道德，为人师表；

(2) 贯彻国家教育方针，遵守规章制度，执行幼儿园保教计划，履行聘约，完成工作任务；

(3) 按国家规定的保教目标，组织、带领幼儿开展有目的、有计划的教育活动；

(4) 关心、爱护全体幼儿，尊重幼儿人格，促进幼儿的全面发展；

(5) 制止有害于幼儿的行为或其他侵犯幼儿合法权益的行为，批评和抵制有害于幼儿健康成长的现象；

(6) 不断提高思想政治觉悟和教育教学业务水平。

三、幼儿园教师的专业素质

2012年2月，我国首次颁布了《幼儿园教师专业标准(试行)》(以下简称《专业标准》)，这是国家对合格幼儿园教师专业素质的基本要求，是幼儿园教师实施教育教学行为的基本规范，是引领幼儿园教师专业发展的基本准则，也是幼儿园教师培养、准入、培训、考核等工作的重要依据。《专业标准》秉持“师德为先、幼儿为本、能力为重、终生学习”的理念，从专业理念与师德、专业知识和专业能力三方面，对幼儿园教师的专业素质提出了一系列基本要求。

1. 幼儿园教师的专业理念与师德

幼儿园教师的专业理念与师德在幼儿园教师的专业素养中处于核心地位，是教师专业发展的重要标志和关键维度。

幼儿园教师的**专业理念**是指教师对保教工作本质的理解与认识，并在此基础上所形成的教育的观念和理性认识；**师德**，即指教师的职业道德，是教师思想觉悟、道德品质和精神面貌的集中体现，侧重教师对幼儿、对保教工作的态度等。

2. 幼儿园教师的专业知识

专业知识是幼儿园教师从事保教工作必须具备的知识。主要是关于幼儿发展的知识、保教的知识和一定的通识性知识。

3. 幼儿园教师的专业能力

（1）幼儿园教师的专业能力是多方面的

《专业标准》正是基于幼儿园教师的实际需要，从环境的创设与利用、一日生活的组织与保育、游戏的支持与引导、教育活动的计划与实施、激励与评价、沟通与合作、反思与发展七个方面，提出了一系列能力要求。

如果把《专业标准》中“专业知识”与“专业能力”对幼儿园教师的要求作一归纳的话，可将之概括为了解幼儿、保教幼儿、教师自我发展三方面的知识与能力。

（2）幼儿园教师的专业能力的转型

在《专业标准》中被强调的教师能力是：“与理论相结合的保教实践能力”“研究幼儿的专业能力”“反思提高的自我发展能力”，这三项能力共同的基础是“幼儿为本”的幼儿教育实践，是与理论密切结合的非盲目的实践，是基于研究幼儿与教育规律的专业化实践，是由理性思考所推动的不断进步与升华的实践。这三项能力共同的指向是教师的学习、研究、创新以及个人专业发展。即学习能力、研究能力、创新能力、自我规划与发展能力。

第二节　幼　　儿

一、教育学视野下的幼儿

如果说生理学、心理学是从自然科学的角度揭示幼儿的自然属性的话，那么，教育学则是从人文科学的角度揭示幼儿的社会属性。在教育学的视野下，幼儿是怎样的社会存在呢?

1. 幼儿是具有独立人格的个体

幼儿决不是任何人(包括其亲生父母在内)的附属品，他们年龄虽小，是“未成年人”，但却是与成人完全平等的人，具有人全部的尊严，拥有自己的权利与社会地位。幼儿是受教育的“人”，是自己学习的主人，是自己的思想、知识的积极建构者，而不是成人可以任意书写的一张白纸。

2. 幼儿是人类社会极有价值的存在

首先，在社会发展中，幼儿有幼儿的地位，如同成人有成人的地位一样。

其次，在现实的社会生活中，作为与成人共同生活的伙伴，幼儿同样有着不可替代的存在价值。

最后，成人通过教育幼儿的过程，表达出自身对未来社会的希望与理想，并通过影响幼儿的成长而获得了一种可能性。在这个意义上可以说，幼儿是成人实现人生价值的重要存在。

3. 幼儿是社会的弱者

幼儿无论在生理上还是心理上都处在发育阶段，是一个未成熟者、脆弱者，需要成人特别的保护和细心的培育，需要全社会呵护其身心的成长。1989 年联合国大会一致通过了《儿童权利公约》，呼吁全世界来维护儿童生存与发展的权利，保护这一社会的弱势群体的健康成长。

二、儿童观

1. 什么是儿童观

儿童观是指对儿童的认识与理解以及与此有关的一系列观念之总和。

2. 儿童观的变化及其对幼儿教育的影响

儿童观随着时代与社会的变化在不断发展，而不同时期的幼儿教育与当时儿童观的水平有着密切的关系。

在欧洲古代和我国漫长的封建社会中，儿童被视为父母的隶属品，没有独立的人格，可以被随意地杀戮、抛弃、打骂，体罚是那时教育的特点。

文艺复兴运动后，儿童观出现了大转折。如 17 世纪英国教育家洛克提出的“白板论”儿童观——儿童并非生而有罪，而是一块纯真无瑕的白板，因此有巨大可塑性的存在；18 世纪法国卢梭确立的“自然论”的儿童观——儿童不是可以任意塑造的“白板”，而是有其内在规律的自然的存在。

进入 20 世纪后，儿童观的发展出现了重大的飞跃，儿童开始被视为教育的中心。美国著名教育家杜威的儿童中心教育，对全世界产生了重大影响。

1989 年 11 月 20 日第 44 届联合国大会通过的《儿童权利公约》(以下简称《公约》)，以前所未有的法律约束力使儿童权利保护实现了从理想向现实的飞跃，成为儿童观发展史上一座新的里程碑。《公约》规定了儿童的“生存权”“发展权”“受保护权”“参与权”等。由《公约》所代表的现代儿童观认为：儿童是人，是享有与成人平等的普遍人权的人。社会应尊重他们的人格尊严和权利；儿童是权利的主体，是权利的享有者。社会应保障他们的一切权利；儿童是儿童，他们有自己独特的精神世界和生活世界，社会应尊重他们的发展特点和规律，尊重他们需要和愿望，尊重他们的独特性。

三、幼儿的发展

1. 幼儿的发展是个体因素与环境相互作用的结果

幼儿发展的个体因素包括个体自身条件中的先天因素与后天因素。先天因素主要指遗传素质。但一般来说，幼儿的遗传素质差异并不是很大，对幼儿的发展也不起决定作用。

后天因素是幼儿自身的全部先天因素与环境相互作用的产物，与遗传素质相比，后天因素具有极大的可塑性。

环境因素是影响幼儿发展的不可缺少的外部因素。它包括幼儿所在的环境中一切影响其发展的外部条件，如家庭条件、幼儿园教育质量、幼儿的生活环境状况，等等。

环境因素对发展的影响不是一个常量而是一个变量。从纵向来看，环境因素在人生初期的影响比以后各阶段都大，从横向来看，环境对幼儿个体发展各方面的影响是不同的。幼儿的发展是幼儿积极主动与环境相互作用的结果。

2. 幼儿与环境的相互作用是在活动中实现的

(1) 活动是幼儿发展的基础和源泉

幼儿是在与环境积极地相互作用过程中实现自身的发展的，这一相互作用过程就是“活动”。家庭、幼儿园里每天进行的各种活动，都是幼儿与环境中的不同对象进行相互作用的过程，没有这些活动幼儿是不可能发展的。正是在活动中，幼儿的个体因素才可能与环境因素相接触，相互作用才得以发生。正是活动使幼儿的发展成为现实，没有活动就没有幼儿的发展，活动是幼儿发展的基础和源泉。

(2) 幼儿的活动

幼儿的活动大致可分为内部活动和外部活动两类。内部活动是指不可见的幼儿的生理、心理活动，外部活动指可见的幼儿的实践活动。

① 幼儿的生理活动。幼儿的生理活动是满足身体的发展需要的最基本的活动，它无时无刻不在幼儿的身体内部进行着。

② 幼儿的心理活动。幼儿的心理活动带着鲜明的个体特征，如幼儿的性格多种多样，兴趣各不相同。

以上两种幼儿的内部活动不是彼此分离而是密切相关的，它们在幼儿内部是作为一个整体进行的。生理活动是心理活动的必不可少的基础，生理方面的任何变化、障碍都会对心理发展产生影响。只有身心两方面的活动都处于正常的状态，幼儿才能积极地与外部世界相互作用，实现自身的发展。

③ 幼儿的实践活动。幼儿的实践活动主要指幼儿与周围环境中的人或物直接相互作用的外部活动，它是与幼儿的生理、心理活动交融为一体、统合进行的最富有发展价值的综合性活动。

幼儿的实践活动大致可分为两类，一是操作实际物体的活动，二是人际交往活动。

A. 实物操作活动是幼儿摆弄和操作实际物体与物体相互作用的活动。实物操作活动对幼儿发展有极其重要的意义：

第一，幼儿在实物操作活动中发展自我意识。幼儿操作实物活动有利于幼儿发展对自身的认识，发展其主体能动性。

第二，幼儿在实物操作活动中发展思维能力。幼儿尚处在行动思维阶段，他们的思维与操作实物的动作分不开。因此，为了进行思维，幼儿需要面前有容易操作的物体，实物操作活动正好能满足他们的这个需要。幼儿的思维就在活动中发展起来的。

第三，实物操作活动是获取知识的重要源泉。实物操作活动能发展幼儿的思维能力，而思维能力总是和思维的内容不可分割的，即实物操作活动在发展幼儿认知结构的同时，也成为其获取知识的源泉。

B. 人际交往活动是指幼儿与成人(主要是教师和家长)和幼儿同伴之间相互作用，建立起某种关系与联系的社会性活动。

幼儿社会性发展主要有两方面的内容：一是发展幼儿对集体、对他人、对自己的正确态度和人际关系；二是帮助幼儿理解、适应社会的思想观念、文化习俗、行为规范等，并积极参与社会生活，获得有关的知识、技能等。

人际交往活动的作用表现在：

第一，让幼儿体验社会角色。在家庭或幼儿园中，幼儿与教师、家长、其他幼儿等结成各种不同性质的社会关系，幼儿的社会角色也随之变化，这种变化使幼儿初步认识到社会角色的多重性，意识到自己与他人的区别和相互关系，逐步了解各种角色相应的责任、态度、行为准则，逐步学会在与人交往时调节控制自己的情绪和行为等。

第二，是幼儿重要的信息源。幼儿的社会知识是通过与人交往而获得的。社会的信息主要通过家长或教师的过滤再传递给幼儿，幼儿与同伴的相互交往也是信息的一个重要来源。

第三，是幼儿实际的社会生活。家庭、幼儿园是幼儿的小社会，幼儿在其中既是实在地生活，又为未来的社会生活做情感的、知识技能的、态度的准备，为一生的生活打下基础。

3. 当今我国幼儿发展中的主要特点与问题

(1) 幼儿身体发展方面的特点与问题

由于家庭生活水平的提高，营养条件的改善，对幼儿保育的重视，幼儿身体的生长、发育速度加快。

但令人不安的是，我国幼儿中肥胖儿、“豆芽儿”的数量在持续地增加。

究其原因：第一，食品结构不合理、运动不足、饮食习惯不良；第二，幼儿体重增加，体能下降、耐力减低、肌肉力量不足、容易疲劳、适应环境变化的能力差等现象更加频发。

针对现今幼儿身体发展方面的特点与问题，幼儿教育必须高度重视转变保育理念，培养幼儿良好的生活习惯与饮食习惯，重视幼儿身体素质的全面发展。

(2) 幼儿心理发展方面的特点与问题

① 幼儿的精神发展

改革开放激发了全社会的活力，国家更加富强，国际地位不断提高，以实现民族复兴为目标的“中国梦”让每一个中国人的民族自豪感倍增，爱国热情高涨，社会更加和谐、进步。在这样的总体氛围中，主流价值观形成了强大的推动社会发展的精神力量，给幼儿的精神成长创造了良好的环境，并通过家庭、社区、幼教机构等明确地规引着幼儿的发展方向，让幼儿从小学做有爱心的、诚实友善的、有责任感的人。

社会中急功近利、金钱崇拜、物质享受、浮躁虚荣等不健康的价值观也沉渣泛起，并通过成人的言行、电视、广告等，让幼儿过早地接触到一些小小年龄本不该接触的东西，潜移默化地侵蚀幼儿的心灵。同时，社会上过度竞争、对高学历的过分追求，成人的盲目攀比、望子成龙等，给幼儿的精神造成了重压，使其情感、社会性等方面的发展受阻或被扭曲，有的幼儿甚至出现了焦虑、抑郁、表现异常等过去比较少有的心理与行为问题。

由于特殊的家庭结构，幼儿一方面获得了更好的生活、学习条件，获得了成人更多的爱、关注、教育，他们一般身体健康、聪明自信，自我意识比较强，个性特点、兴趣、特长等比较鲜明；但另一方面，还由于成人的过度娇惯、溺爱以及不当的教育方式，给幼儿的发展造成了一些消极的影响。所谓的“421综合征”，如自我中心、任性、独立性差、自理能力弱等。

② 幼儿的智力发展

科学技术的突飞猛进，电子产品的迅速普及，多媒体的广泛运用，生活于这一信息社会中的幼儿较之过去的幼儿见多识广，知识量更大，对幼儿智力的发展具有积极的影响。但是，随着电视在家庭生活中占据的时间越来越长，户外游戏活动的时间越来越少，离大自然越来越远，使幼儿直接经验、直接体验、动手操作的机会大大减少，动脑筋解决实际问题的能力明显减弱。家长与幼儿的对话、交往、游戏时间减少了，明显地影响了幼儿语言能力、社会技能等的发展，翻阅图书的兴趣越来越小等。

③ 幼儿交往能力的发展

现今幼儿的人际交往能力，特别是同伴交往能力普遍较差。其主要原因，一是我国家庭结构的发展趋向简单化、小型化。二是家庭居住环境随着经济发展与家庭小型化而变化。三是电视的影响使幼儿过多地与电视做伴，进一步造成了人际交往能力的兴趣减弱、能力弱化。

(3) 关于流动幼儿与留守幼儿的发展问题

流动幼儿与留守幼儿是我国社会转型中出现的特殊群体。

流动幼儿是指随务工父母到户籍所在地以外生活学习半年以上的3—6岁儿童。流动幼儿面临的主要问题是生活护理差、教育弱化、安全保护问题严重等。

留守幼儿是指父母双方或一方从原居住地流动到其他地区，孩子被留在户籍所在地，并因此不能和父母双方共同生活在一起的3—6岁儿童。

留守幼儿面临的主要问题是亲情缺失、教育弱化、安全保护问题严重。

流动幼儿与留守幼儿虽然生活环境不同，但是其心理发展上的问题比较相似，主要是：情感方面比较内向、羞怯、敏感、有孤独感；行为方面比较孤僻、不喜欢交往、不愿意与他人说话、胆小、任性；认知方面知识面窄、思维能力较弱、缺乏早期阅读体验和科学方面的启蒙；生活习惯方面比较差，缺乏有规律的生活和基本卫生知识，等等。

流动幼儿与留守幼儿是我国儿童群体中两个特别需要关注的弱势群体，针对流动幼儿与留守幼儿的问题，有学者提出了从家庭、幼儿园、政府和社会四个层面解决问题的建议，一是家庭应高度重视其育人功能；二是幼儿园要结合自身实际，建设农村家庭教育支持体系；三是政府应采取积极措施，加大对流动幼儿与农村留守幼儿的支持力度；四是社会各界进一步关注和重视流动幼儿在所在地的入园问题和农村留守幼儿的教育问题，为他们的健康成长创造良好的环境。

第三节　幼儿和教师的相互关系与相互作用

一、幼儿和教师的相互关系

1. 幼儿和教师的相互关系的性质

幼儿和教师的相互关系的性质可以从以下两个侧面来理解。

一个侧面从社会大范围来看，幼儿和教师都是社会的基本成员，其相互关系是一种社会关系，是平等的社会成员关系，是人与人的关系。

另一个侧面从幼儿园小范围来看，幼儿和教师的关系又不同于一般的社会关系，而是属于一定教育结构中的特殊的关系，即教育工作关系中的“师生关系”。

上述教师与幼儿关系的两个侧面是对立统一的，前一个侧面要求教师尊重幼儿；后一个侧面则要求教师必须义不容辞地担负起教育幼儿的责任。

2. 良好的师幼关系的意义

师幼关系是幼儿园教育中最重要的人际关系，这一关系的质量直接关系着幼儿园教育的质量，关系着每一个幼儿的发展，具有极其重要的意义。

在幼儿园中，教师是与幼儿关系最密切的成人，师幼关系在教育过程中建立和发展，是构成幼儿园教育的核心要素，是影响幼儿园教育质量的最重要的因素。师幼关系是一种带有明显情感性特征的“教育关系”，这一关系的质量不仅对幼儿学习的动机、态度、积极性等情感因素具有重大影响，还与幼儿学习的内容、过程、结果等关系密切。师幼关系对幼儿的社会性发展也具有很大影响。不同的师幼关系将直接影响幼儿入园后对新环境的适应程度，师幼关系对幼儿的行为、个性等有明显影响。

3. 良好的师幼关系的特征

师幼关系一般分为积极的与消极的两类。两类关系的区别主要体现在以下三方面：

(1) 教师与幼儿的地位和角色

积极的师幼关系：教师与幼儿的人格是平等的。教师作为幼儿的支持者、合作者、指导者，关爱每一个幼儿，尊重幼儿的主体性、主动性、差异性，积极地鼓励和激发幼儿自身的积极性。

消极的师幼关系：教师与幼儿如同提线人与木偶，教师是强制性的主宰者、命令者、监管者，幼儿则是不被尊重的被管控者、被动的接受者与行动者。

(2) 幼儿的感受

积极的师幼关系幼儿感受到的是温暖、安全、被关爱、被尊重、被理解、被接纳、被鼓励，能够愉快地自由自在地活动，毫无被压制感、受控感。

消极的师幼关系幼儿没有安全感、主动性，总是看教师的面孔行动，常常担心被批评或被惩罚，感到被冷落、压抑、不被尊重与接纳。

(3) 教师的行为

积极的师幼关系：教师往往通过倾听、对话、交流以及让幼儿感到温暖的身体接触等，与幼儿同感、同乐；给幼儿提供尽可能多的自主选择、决定的机会，激励幼儿自由、自发地活动，宽容地对待幼儿的错误，根据幼儿的需要、兴趣进行引导。

消极的师幼关系：教师往往是以权威的面孔出现，过多地发号施令、监督控制、包办代替，无视幼儿的需要与感受。

4. 怎么才能建立起良好的师幼关系

建立良好的师幼关系的关键一方在教师，第一推动力来自教师。

首先，教师必须树立正确的儿童观、教育观。只有具备正确的儿童观，教师才可能爱幼儿、尊重幼儿，这是双方建立良好的相互关系的前提；只有具备正确的教育观，教师才可能摆正位置、定准角色、正确地规范自己的行为，这是建立良好的师幼关系的必要条件。

其次，教师必须深入地了解幼儿、理解幼儿、信任幼儿。影响幼儿与教师的关系的第一位因素是幼儿自身所具有的特征。“信任”是良好师幼关系的必要条件。

最后，教师必须具有科学的教育知识与方法。在了解幼儿的基础上，教师必须根据幼儿的兴趣、需要、经历、个性特点等，采取恰当的措施与方法，按照幼儿身心发展的规律与个别差异原则，科学地与幼儿开展互动，这是建立良好的师幼关系的保障。

二、幼儿和教师的相互作用

1. 幼儿与教师相互作用的含义与影响因素

(1) 幼儿与教师相互作用的含义与类型

幼儿与教师的相互作用是指在幼儿园教育中，幼儿与教师之间发生的一切相互影响的双向互动过程、方式及其所导致的双方心理与行为上的改变。

幼儿与教师的相互作用的类型有多种。有的从教师对幼儿的态度角度，划分为积极、消极、中性三个类型；有的从师幼互动的特点出发，划分为温暖型、参与型、支持型、冲突型、控制型；有的按互动的情感特征，分为安全型、依赖型、积极调适型与消极调适型；等等。

(2) 幼儿与教师相互作用的影响因素

影响幼儿与教师相互作用的因素很多。主要来自教师与幼儿两方面。

教师方面：教师的观念、了解幼儿的深度、教育方法技能的掌握程度等，还有教师的专业水平、教育行为以及人格、情感等因素，也有教师与幼儿相处的稳定性、与幼儿互动时间的长短、对教育过程的反思自觉性等。

幼儿方面：幼儿早期的人际关系经历，如家庭中亲子关系的体验、与父母之间的情感依恋状况，在托儿班时师幼关系中的情感体验、经历等。

(3) 师幼互动中要特别注意发挥幼儿的主体性

在师幼互动中，幼儿是否具有主体性地位，是否具有主动积极的态度，是决定师幼互动质量的一个关键问题。

2. 教师必备的与幼儿相互作用的能力

(1) 观察能力

① 为什么幼儿园教师必须学会观察

幼儿园教育的对象是幼儿，了解幼儿是教育的基础与前提。由于幼儿用语言表达自己的能力很弱，对其自身状态的把握能力也很弱，这使教师很难主要靠语言去准确地了解他们，特别是了解他们的内心世界。因此，幼儿的特点决定了观察对幼儿教育具有特殊重要性，幼儿园教师必须具有观察能力。

② 幼儿园教师的观察是为了幼儿的发展

理解幼儿是教育的前提，观察则是理解幼儿、打开幼儿心扉的钥匙，任何有效的教育都离不开观察。幼儿园教师为了促进幼儿的发展，必须在教育实践中进行随机的自然观察或有计划的观察。

在随机的自然观察中，教师凭借自身的经验与直觉，仔细观察幼儿，尤其在幼儿没有注意到教师的目光时，去了解他们的情绪、想法、行为习惯以及动作、语言、认知、社会性等各方面的发展水平与状况等，捕捉幼儿发出各方面的信息。

幼儿园教师正是凭借敏锐的随机观察，抓住那些“可教育的瞬间”，及时而正确地介入到幼儿的活动中去，大大提高教育的有效性。

在有计划的观察中，教师根据教育的需要而预先拟定出观察项目，列出观察要点，然后在实际的教育过程中，选择有代表性的场景进行观察。

可见，有效地促进幼儿发展的教育是以教师认真细致的、耐心的观察为基础的。

为了确保幼儿园教师以观察促发展，还需要特别注意两点：

一是要重视提高观察的实际效果，避免形式主义，不要让过多的形式占用了教师的实际观察的时间和精力。

二是正确定位幼儿园教师的观察。幼儿园教师长期的持续的观察积累，是全面地真实地了解幼儿、教育幼儿的极其重要的、宝贵的资源，也是正确地评价幼儿发展的可靠依据。

③ 观察要全面、真实地了解幼儿

为了提高观察的正确性、准确性，以更全面、真实地了解幼儿，必须注意：第一，在正确的教育观、儿童观的指导下进行观察；第二，不戴有色眼镜看待任何一个幼儿；第三，严谨地多角度地分析观察结果，不妄下结论。

④ 利用《指南》发展观察能力

《指南》提供了各年龄段幼儿各发展领域目标下的典型表现，为教师全面地观察和了解幼儿提供了一个可参考的清晰框架，可作为教师学习观察、提高观察能力的好帮手。

(2) 与幼儿沟通互动的能力

没有沟通就没有相互作用。沟通需要相互了解、理解、彼此接纳，从而在双向交流中互相协调、互相影响。沟通互动是实施教育的重要途径与手段，也是丰富多彩的教育过程。在我国的《幼儿园教师专业标准(试行)》中，“沟通与合作能力”被列为教师的七大专业能力之一。

下面简述几种教师与幼儿的沟通互动方式。不论哪种方式都需要一个安全、温暖、可信赖、无拘束的交流环境，都需要教师在尊重、了解幼儿的基础上以主动、平等、信任的态度与幼儿交往。

① 教师与幼儿非言语的沟通互动

在幼儿园教育中，非言语的沟通互动方式之所以重要，其主要原因，一是对幼儿来说，动作比语言容易理解。二是幼儿非常需要教师直接的身体接触。三是幼儿语言的发展尚不充分，非言语信息是他们表达的重要手段。

此外，教师参与到幼儿的活动中去也是沟通互动的重要途径。在与幼儿一起活动的过程中，教师往往能与幼儿的心情和感受产生切实的共鸣，获得真实的、具体的体验。

② 教师与幼儿的言语沟通互动

教师与幼儿的交谈，特别是个别或小组中的对话，是与幼儿沟通情感、心灵交汇的重要途径，是师幼沟通互动的重要手段。言语的沟通互动需要教师在抓住机会、选择话题、引发和延续对话、激发和保持幼儿对话的兴趣和积极性等环节上，具有丰富的经验技巧、灵活机智的策略。

在幼儿园中，在师幼的言语沟通互动方面通常存在下列问题：

一是教师一般习惯于自己讲幼儿听，很少有真正的双向交流。

二是教师缺乏倾听的耐心与对幼儿的尊重。

三是教师对幼儿不甚了解，妨碍对话的开展。

四是在教师对幼儿的对话内容中，往往批评、否定多于表扬、肯定，中性的指令或任务布置等多于情感、经验的交流和分享。

五是不少教师缺乏与幼儿言语沟通互动的技能。

六是师幼对话多在集体活动场合进行，日常生活中随机地有意识地进行的对话很少，师幼之间的个别沟通互动也不多。

要提高与幼儿言语沟通互动的质量，最根本的是教师从权威的、教师中心的地位转到与幼儿平等交流、分享的地位，真正地尊重幼儿，面向全体幼儿，对所有的幼儿一视同仁，提高与幼儿言语沟通的技能，这是幼儿园教师专业成长的十分重要的内容。关于与幼儿对话沟通的技能主要有：

一是引发交谈的技能。如能够及时发现幼儿个体或群体的感兴趣的适宜话题，善于敏锐地抓住时机、创造气氛，激发幼儿交谈的欲望，鼓励幼儿主动地说自己想说的事。

二是倾听的技能。用恰当的言语或非言语方式，热情地接纳和鼓励幼儿谈话、提问，让幼儿产生喜悦感和自信心。

三是扩展和维持对话的技能。如在对话中适当地向幼儿提供必要的信息或提出问题，既扩展谈话的内容，又不让幼儿跟着老师转；给幼儿的谈话提示或补充必要的词汇、事件或问题，支持和引导幼儿把谈话延续下去，等等。

四是面向全体、注意差异、有针对性地与幼儿个别沟通互动的技能。如善于倾听、理解各种不同特点幼儿的谈话，并能有针对性地选择不同的话题、方式、词汇、语速等，有效地与幼儿个别沟通。在集体性谈话活动中，既能面向全体，让爱说、会说的幼儿得到表现，又能给幼儿语言发展不佳的幼儿提供表达的机会，给予他们鼓励与肯定。

五是结束交谈的技能。如能适时地结束谈话，既不影响其他活动，又让幼儿心情愉快、获得满足感。

③ 促进幼儿之间的沟通互动

教师的沟通过互动能力不仅表现在直接与幼儿沟通互动上，同时也表现在促进幼儿之间的交流沟通上。

幼儿之间的沟通互动对幼儿的发展非常重要，而这一沟通互动水平受到幼儿的社会性发展、认知发展、语言发展等方面的制约，特别是口语交流能力的制约。口语交流对幼儿的发展具有非常重要的意义。幼儿之间口语交流能极大地促进幼儿的社会性、智力、语言、交往等方面能力的发展。因此，促进幼儿之间的沟通互动可重点促进幼儿之间的口语交流。

幼儿的口语交流活动多发生在日常生活中、游戏中，既有自发的，也有教师预设的或间接引发的，或教师与幼儿共同发起的。促进幼儿之间的口语沟通是教师沟通能力发展的重要指向。为此，教师需要重新认识幼儿口语沟通的意义，特别是幼儿之间自由自发交谈的价值，切实地转变观念；对幼儿的口语交流，特别是自由自发交谈的诸多问题应进行认真的研究。同时，要提高教师有关的专业意识与技能，发展教师的反思意识与能力。

在促进幼儿之间的沟通上，如何利用幼儿之间的冲突来发展幼儿的沟通能力，是教师经常面对的棘手问题。因此，教师此时用什么样的言语和非言语方式来应对，很能反映出教师沟通互动的水平。好的教师既能较快地与冲突双方沟通，让幼儿都感到老师是理解自己的、是公平地对待自己的，又能有力地影响幼儿的认识与行为，促进冲突双方去相互理解、沟通、接纳，还能让幼儿通过冲突获得社会性、语言、交流以及认知等多方面的进步。

3. 幼儿的“学”和教师的“教”

幼儿园的“教”与“学”是幼儿园最核心也是最基本的构成，而“教”与“学”的本质就是教师与幼儿的相互作用。

(1) 幼儿的“学”

① 什么是幼儿的学习

幼儿的学习就是幼儿通过自己特有的方式(主要是游戏)与周围环境互动的过程，是幼儿主动地探索周围的社会环境、自然环境和物质世界的过程。

在幼儿园看待幼儿的学习必须持一种广义的学习观，这是幼儿的年龄特征、认知特征、所持经验的特征及其身心发展规律所决定的。幼儿园教师必须转变学习观，树立适合幼儿特点的广义学习观。

② 幼儿学习的特点

幼儿的学习不同于中小学生，有许多独特之处，主要表现在：

第一，以直接经验为基础。以直接经验为基础主要指幼儿与周围环境中的人和物接触、互动，通过多种感官实际地感知、体验，积累直接经验，对于幼儿非常必要，这不仅是幼儿现实发展的需要，也是为其后继学习打下基础。

第二，以好奇心、兴趣为主要驱动力。幼儿是天生的学习者，与生俱来的好奇心与不断增长的兴趣是幼儿学习动机中最重要的成分。幼儿园教育必须保护幼儿宝贵的好奇心，尊重他们的兴趣，让幼儿在当下的学习中获得快乐感、满足感，否则幼儿将失去学习的热情，甚至变得厌学、弃学。

第三，生活化的学习。在日常生活中学习生活，是幼儿学习的重要特点。即是说，生活既是幼儿重要的学习内容，又是幼儿重要的学习途径。凡是幼儿为生存、生活所必需的一切生活知识、技能，都应当、也必须让他们在生活中学习并掌握。

第四，玩中学。游戏是幼儿基本的学习方式，是他们充满丰富想象与创造的最有意义的学习过程。

第五，做中学。由于幼儿学习以直接经验为基础，因此动手做是幼儿重要的学习方式。幼儿主要不是通过书本或通过记忆大量抽象的符号来学习，而是通过实际操作、亲身体验，去模仿、感知、探究，逐步地建构自己的理解与认识。

第六，学习内容的启蒙性、广泛性、综合性。在学习内容上，幼儿与中小学生的最大区别在于，后者主要是学习学科知识，即围绕分科的学业知识分门别类地进行学习。而幼儿的学习内容则是广泛的、综合的，通过生活、游戏与其他活动，幼儿不仅学习初步的科学、数学知识，阅读图书或学习弹琴绘画等技能，还包括学习幼儿生存所需的吃喝拉撒睡的知识、技能、习惯。同时，还必须学习社会生活所需的各方面的技能、能力。

③ 影响幼儿学习的内外因素

A. 影响幼儿学习的外部因素

家庭条件——如家长的观念、文化程度、育儿态度与方式，家庭的经济条件、人员结构、环境状况等；

幼儿园教育水平——如幼儿园文化、风气、教师的专业水准等。而其中教师的专业水平、性格、态度、教育技能等，对幼儿学习有决定性的影响；

幼儿园的环境条件——如环境的氛围、人际关系对幼儿身心的适宜程度，物质条件、设备设施的好坏等。

B. 影响幼儿学习的内部因素

内部因素主要有两方面，即智力因素和非智力因素，二者相互联系，相互影响。

智力因素主要有：幼儿的注意、记忆、思维、理解、推理能力；表现、想象、创造能力；语言能力；知识、经验水平等。

非智力因素主要有：主动性；学习兴趣、好奇心；自信心；坚持性。

④ 关于兴趣

兴趣是动机的一种形式，是动机中最活跃的因素，是具有先天性情绪色彩的、积极探究某种事物的认识倾向。

由于兴趣在幼儿学习中占有重要的地位，因此，必须对幼儿的兴趣有全面的正确的理解与认识。

首先，兴趣是幼儿学习动机的第一要素。因此，幼儿教育必须建立在高度重视幼儿兴趣的基础上。

不过需要注意两点：一是不要把重视幼儿的兴趣与追求“兴奋”混同起来。兴奋不等于兴趣。兴奋是一种异于常态的反应或行动。二是要认识到“兴趣只是能力的信号”这一天赋资源极不稳定，必须培育其健康地发展。

其次，重视幼儿的兴趣不等于机械地固守幼儿兴趣。一要看到幼儿的兴趣是变化的、发展的，不是一成不变的。二要正确认识兴趣与学习的关系。幼儿以兴趣为学习动力，学习又会增强兴趣，并产生新兴趣。也即是说，兴趣与学习是互为因果关系的。

最后，必须正确地把握幼儿兴趣与教育目标的关系。

⑤ 关于幼儿的“接受学习”和“发现学习”

学习划分为“接受学习”和“发现学习”两种类型，幼儿的学习也不例外。

所谓“接受学习”是指学习者主要通过言语传授方式获得知识、技能、概念等的学习方式。所谓“发现学习”是指学习者通过动手操作、亲自实践、与人交往等去发现自己原来不知道的东西的学习方式。

“接受学习”对于幼儿是非常重要的，因为他们不仅需要通过成人的言语传递来学习知识，这一方式也是他们今后学校学习的主要方式。不过，“接受学习”并非都是有意义的。

“发现学习”的亲历性、实践性，使其成为比“接受学习”更适合幼儿的学习方式。这一方式特别有利于发挥幼儿的主体性，激发幼儿的学习动机，发展其分析和解决问题的能力，培养主动参与的积极态度等。

需要注意的是，正如“接受学习”不能一概而论一样，“发现学习”也未必都是有意义的。

无论是“接受学习”还是“发现学习”，是否有意义都不是绝对的，关键是看幼儿在学习中的态度与思维状态，是否主动地、积极地思考，分析解决问题，是否通过学习获得了真正的发展。

(2) 教师的“教”

① 关于“教”的内涵

幼儿园的“教”是教师通过各种直接或间接的方式对幼儿施加教育影响的过程。“教”的实质是“指导”。“指导”意为：“为了个人的幸福和社会效益，在每个人努力发现、发展各自的潜力的整个时期对其援助的过程。”

杜威把教育的一般功能分为指导、控制、疏导，把“指导”作为教育的三种功能之一，认为指导就是引导儿童沿着某一连续的道路发展。对应“指导”的三要素看幼儿园“教”的内涵的话，即是：为着幼儿快乐地学习与发展；保证幼儿主动地学习；教师是幼儿学习的支持者、帮助者。

② 幼儿园“教”的基本原则

幼儿园的“教”必须能让幼儿爱学、会学、学得快乐而有效。这要求幼儿园的“教”必须尊重幼儿“学”的特点，必须遵循教育的规律。具体是：

必须爱、尊重、信任幼儿，珍爱其好奇心和兴趣；

尊重和保障幼儿的学习权利，特别是幼儿提问、思考、探究的权利；

以幼儿的经验、实际水平、发展需要为基础；

融入到幼儿的一日生活中；

以游戏为基本活动形式；

必须创造幼儿能够亲身感知、实际体验、动手操作的环境与条件。

③ “教”的方式

幼儿园“教”的方式可以分为直接地“教”与间接地“教”两种类型。

所谓直接教的方式，是指教师直接地把教育的内容传递给幼儿；所谓间接教的方式，是指教师通过中介(如环境、幼儿同伴关系、工具材料等)迂回地达到教育目的。

A. 直接教的方式

一般来说，在以下几种情况下采用直接教的方式是比较适宜的：对幼儿进行优秀文化传统的教育；传授必要的行为规范、行动规则等；教给幼儿符合其经验或认知水平的知识或概念；某些技能、技巧；传递必要的信息。

直接教的优点：

第一，直接教方式最大的优点是，清楚明确、系统有序、省时经济，而且教有定法。

第二，幼儿能在短时间内获得许多原来不知道的东西。这种直接教的方式对幼儿的学习和发展是能起到正面的促进作用的。

直接教的缺点：直接教的方式是教师控制的，这一方式主要是依靠言语传授进行，即教师讲、幼儿听。因此，其难以避免的缺点主要有：

第一，师幼之间难以双向交流，教学易成为教师向幼儿单向灌输和说教。

第二，幼儿自主学习的机会少，其主动性、创造性难以得到发挥，学习热情易受挫，难以体验到成功感、满足感。

第三，由于幼儿缺乏知识和经验，对言语的理解能力有限，因此，对教师传授的大量间接知识难以真正理解和掌握，讲授的低效率现象并不少见。

B. 间接教的方式

在幼儿园教育中，教师除了直接地教之外，更多的是以间接方式对幼儿施加教育影响。如以适宜的物质环境、人际环境为中介与幼儿相互作用，利用环境中的成人榜样、幼儿同伴、玩具材料、幼儿关心的现象或事件等，让教育影响力通过中介而间接地作用于幼儿、引导幼儿。在这种方式中，教师从知识的直接讲授者、传递者变成活动环境的创设者、材料的提供者、幼儿活动的观察者、支持者、游戏伙伴等。

在利用物质环境方面，教师应为幼儿创设一个与教育相适应的环境，把教育目标融入到物质环境中，让教师的“教”和幼儿的“学”都通过幼儿的动手操作环境中的玩具和材料而得以实现。

在利用人际环境方面，教师应利用幼儿园丰富的人际环境来达到教育效果，特别是在发展幼儿的社会性方面。因此，教师自身的行为举止、情感态度、装束打扮等便成为极其重要的教育中介。通过幼儿与幼儿之间的相互作用，可以培养幼儿良好的行为习惯。

如果把物质环境和人际环境结合起来，会相得益彰，产生更好的教育效果，即创造“1+1>2”的效果。

间接教的优点：

第一，间接教的方式最大的优点在于能较充分地发挥幼儿的自主性，给幼儿创造很多的“自我学习”机会。

第二，这一方式适合幼儿好奇、好动、好创造的特点，给幼儿提供了大量做做、玩玩、想想的机会和条件。

第三，在这种方式中，由于教师的作用不是单一的传授知识，而是以平等的姿态参与到幼儿的游戏、活动中去，因此不但师幼交往互动的机会大大增加，而且随着教师角色的经常变化，极有利于促进幼儿社会性的发展，特别是交往能力的提高。

第四，与直接“教”的方式相比，间接教的方式由于是通过环境进行的，因此十分自然、生态化，甚至与幼儿的生活完全融合在一起，有利于幼儿情绪情感的健康发展。

间接教方式的不足之处主要表现在：

第一，幼儿在环境中获得的知识，经验容易陷入零乱、琐碎、表面、缺乏系统，有时甚至会获得错误的结论。

第二，间接指导比直接指导难度大，对幼儿活动的指导要求较高，虽然间接教的方式也有一定的规律可循，但没有一个固定、统一的模式可套，教师要掌握间接教的方式存在比较大的困难。

（3）教师与幼儿在教学过程中的地位与作用

① 教师是“教”的主体

教师是“教”的活动的计划者、主持者、组织者。在“教”的活动中，教师是“教”的主体，而幼儿则是“教”的对象，是受教育的客体。

在教育过程中，作为“教”的主体，教师是一直起主导作用的一方。这一主导作用表现在，无论是直接“教”还是间接“教”，教师都始终控制着教育过程的方向，引导幼儿向着教育目标要求的方向发展。

② 幼儿是自身学习的主体

无论是教师直接地“教”还是间接地“教”，幼儿都是自身学习的主体。

幼儿是自己学习的主人，是自己知识能动的有能力的建构者。

③ 教师的主导作用与幼儿是学习主体并不矛盾

在教育过程中，教师的主导作用是通过激发幼儿主动学习，引发和促进幼儿积极地与环境相互作用而体现出来的。这即是说，教师主导作用的表现程度正是调动幼儿主体性的程度。

衡量教师主导作用质量的指标，可以说，就看幼儿的主体性是否能够得到发挥，幼儿是否成为自己学习的主体，教与学过程是否通过创设与幼儿相适宜的环境、调动幼儿的兴趣和经验、激发幼儿内在的学习动机等，成为教师与幼儿共同构建的过程。

4. 促进教师与幼儿相互作用的策略

（1）直接教的策略

① 变单向的“教”为双向的交流

教师应采用启发式，多给幼儿发表意见、看法、提问、讨论的时间；注意敏锐地观察幼儿的反应，根据幼儿的反馈灵活地调整教育方法和教育行为。

② 变单一的言语传授为多样化的教育手段

为改变偏重言语讲授的状况，教师应重视使用非言语的身体动作、表情等，多使用简单有趣的直观教具和材料，且注意教师的演示、挂图、多媒体等。

③ 重视情感效应

幼儿的学习是很情绪化的。教师对幼儿的情感态度，是决定“教”的效果的极其重要的因素，对“教”的效果具有巨大的潜在影响力。

④ 重视幼儿的个别差异，因人施教

在幼儿园里，直接教的方式多在集体活动中进行，教师难以顾及幼儿的个别差异，这就要求教师的“教”必须要关注每个幼儿特殊的学习方式，为此，必须改变过多地使用集体活动形式的状况，引入必要的小组、个别活动形式。

⑤ 重视发展幼儿的思维

为了避免直接教的方式变成强制灌输知识，重视发展幼儿自己的活跃思维，让“教”的活动具有“智慧气质”(丽莲·凯茨)。

⑥ 重视随机地“教”

直接教的方式决不只限于在作业课上或在集体活动等所谓正规场合使用。灵活地利用一日生活中的各种机会进行自然地、有针对性地“教”，往往更切合幼儿的实际，更容易实施个别教育。

(2) 间接教的策略

① 正确定位教师的角色

在使用间接教的方式中，教师主要是幼儿活动的观察者、支持者、合作者。

② 创设适应幼儿年龄特点和个别差异的环境

间接教的方式是通过环境来实现教育功能的，如果环境不适合幼儿的需要的话，教育效果也就无从谈起。

在间接教的方式中，满足幼儿个别差异的最有效途径就是活动的形式、内容、材料的多样性、选择性和指导的个别化、个性化。

③ 重视提升幼儿的经验和形成正确的概念

认知学习理论主张进行有意义学习，这种学习最主要的标志是，学习的结果能对今后的学习发生积极的“迁移”。决定迁移的根本是幼儿经验的质量，经验质量的关键又在于经验的条理化、概括化，形成正确的概念。

(3) 直接教与间接教相结合

如前所述，直接教和间接教是幼儿园“教”的两种主要方式。而实际上，在幼儿园里，完全纯粹的直接教或间接教，几乎是不存在的，二者或多或少都是结合起来使用的。由于二者本身各有利弊，因此结合起来恰恰可让二者的优缺点互补。直接和间接“教”的方式应灵活地交替使用。总之，在教育活动中，教师不失时机地通过“教”的方式的转换来恰当地指导幼儿，既保证“教”的效果，也充分保护幼儿“学”的主动性。

【范例精讲】

1. (单项选择题) 按《专业标准》的要求，每一位幼儿教师，关爱幼儿，尊重幼儿的人格，富有爱心、责任心、(　　) 和细心为人师表，教书育人，自尊自律，做幼儿健康成长的启蒙者和引路人。

A. 童心　　B. 真心　　C. 耐心　　D. 热心

【解析】答案：C　本题主要检测对幼儿教师的专业理念与师德的理解。

师德中所要求的“耐心”，作为幼儿园教师，是不可缺少的重要的心理素质。它有利于教师克制不良情绪，更好地接纳幼儿，潜移默化地感染幼儿，保障幼儿身心健康地成长。

2. (单项选择题) 幼儿园教育最核心也是最基本的构成是(　　)。

A. 幼儿园的“教”与“学”　　B. 教师的“教”

C. 直接地“教”和间接地“教”　　　　D. 幼儿的“学”

【解析】答案：A　本题主要检测对幼儿园“教”与“学”过程的本质的理解。

幼儿园的“教”与“学”是幼儿园教育最核心也是最基本的构成，而“教”与“学”的本质就是教师与幼儿的相互作用。可以说，幼儿园教育过程是由师幼之间的每一个互动组成的，是通过师幼互动来实现的。

3.（单项选择题）上课时，个别幼儿喊口渴想喝水，老师正确的做法是（　　）。

A. 立即让该幼儿离座去喝水　　　　B. 让该幼儿坚持到下课

C. 批评后再让其喝水　　　　D. 停止教育活动，督促所有幼儿喝水

【解析】答案：A　本题主要检测对幼儿教师能力的理解。

教师在遇到个别幼儿口渴想喝水时，立即让该幼儿单独去喝水，尽量不要影响其他小朋友。如果不能立即处理，很可能引起其他幼儿的反应，将其当作榜样，嚷着要喝水。

4.（多项选择题）影响幼儿的发展因素有（　　）。

A. 心理因素　　B. 环境因素　　C. 人际关系因素　　D. 幼儿个体因素

【解析】答案：BD　本题主要检测对幼儿的发展的理解。

幼儿的发展是个体因素与环境相互作用的结果。个体因素包括个体自身条件中的先天因素（主要指遗传素质）与后天因素（幼儿自身的全部先天因素与环境相互作用的产物）；环境因素是影响幼儿发展的不可缺少的外部因素。环境因素与幼儿个体因素作为影响幼儿发展的两大要素，二者作用不同，但密不可分，缺一不可。

5.（多项选择题）幼儿园教师为了促进幼儿的发展，必须在教育实践中进行（　　），观察的结果均服务于幼儿园教育教学的改善与提升。

A. 随便的观察　　　　B. 有计划的观察

C. 随机的自然观察　　　　D. 无计划的观察

【解析】答案：BC　本题主要检测对幼儿教师观察能力的理解。

理解幼儿是教育的前提，观察则是理解幼儿、打开幼儿心扉的钥匙，任何有效的教育都离不开观察。幼儿园教师为了促进幼儿发展，必须在教育实践中进行随机的自然观察或有计划的观察，观察的结果均服务于幼儿园教育教学的改善与提升。

6.（判断题）“教师讲、幼儿听”是灌输式的机械教育。

【解析】答案：×　本题主要检测对教师的“教”的方式的理解。

“教师讲、幼儿听”不完全是灌输式的机械教育。直接教的方式是教师控制的，主要是依靠言语传授进行，即教师讲、幼儿听。在这种方式下，幼儿能在短时间内获得许多原来不知道的东西。这种直接教的方式对幼儿的学习与发展能起到正面的促进作用。

7.（简答题）简述教师的“教”和幼儿的“学”的关系。

【解析】本题主要检测对幼儿园教育活动的理解。

答案要点：幼儿园的“教”与“学”是幼儿园最核心也是最基本的构成，而“教”与“学”的本质就是教师与幼儿的相互作用。可以说，幼儿园教育过程是由师幼之间的每一个互动组成的，是通过师幼互动来实现的。

教师的“教”与幼儿的“学”是不分割地交织在一起的，因此，幼儿园教育是教师和幼儿的共同活动，必须靠二者的合作才能够顺利进行，离开了二者中的任何一方都是不行的。作为幼儿园教师，不仅要了解怎么教，还必须要了解幼儿的“学”。不了解幼儿的“学”，就不

可能有效地“教”。

8.(简答题)简述影响幼儿学习的内外因素。

【解析】本题是检测对幼儿的“学”的理解。

答案要点:(1) 影响幼儿学习的外部因素

① 家庭条件——如家长的观念、文化程度、育儿态度与方式,家庭经济条件、人员结构、环境状况等;

② 幼儿园教育水平——如幼儿园文化、风气、教师的专业水平等,而其中,教师的专业水平、性格、态度、教育技能等,对幼儿学习有决定性的影响;

③ 幼儿园的环境条件——如环境的氛围、人际关系对幼儿身心的适宜程度,物质条件、设备设施的好坏等。

(2) 影响幼儿学习的内部因素

内部因素主要有两方面,即智力因素和非智力因素,二者相互联系,相互影响。

① 智力因素主要有:幼儿的注意、记忆、思维、理解、推理能力;表现、想象、创造能力;语言能力;知识、经验水平等。

② 非智力因素主要有:主动性;学习兴趣、好奇心;自信心;坚持性。

9.(论述题)幼儿教师如何利用幼儿之间的冲突来发展幼儿的沟通能力。

【解析】本题主要检测对幼儿教师与幼儿沟通互动能力的理解。

答案要点:幼儿的冲突是其沟通不畅的最激烈的表现形式,冲突时,幼儿双方都很难倾听对方的理由或诉求。教师一方面具有灵活高超的应对能力。教师用言语和非言语方式与幼儿沟通互动,既能较快地与冲突双方沟通,让幼儿都感到老师是理解自己的、是公平地对待自己的,又能有力地影响幼儿的认识与行为,促进冲突双方去相互理解、沟通、接纳,还能让幼儿通过冲突获得社会性、语言、交流以及认知等多方面的进步。

另一方面是靠教育的长期效应发挥作用。而并非只是冲突发生后就事论事地处理调解,如他们一贯地通过日常生活或多种活动,为幼儿提供合作、分享、互相尊重的机会或模仿的榜样;让幼儿认识到他人的行为举止、爱好或情感不一定和自己是相同的,应当相互尊重;让幼儿有机会体验争执而不解决问题所造成的失败或失望,从而主动地学习简单而有用的对付冲突的办法、技能,体验“商量”“对话”的价值;等等。由此可以看到,促进幼儿之间的沟通是贯穿于教育全过程的,教师的这一专业能力需要长期多方面的历练、积累,而绝不仅是学习几招临时“应急”的技巧。

10.(案例分析题)案例:在幼儿园中,教师要学会与幼儿沟通。比如,要熟记每个幼儿的名字,这样幼儿会感到非常亲切,对教师的话作出积极反应;说话的语速和语调要恰当,最好能引发幼儿的好奇心;与幼儿交谈时,语言要简单明确,容易被幼儿接受;说话的态度要友善,比如:“我很喜欢听你的描述,相信每位小朋友都会喜欢。”“你这一次比上一次说得更清楚了。”在交流的时候,教师还要注意与幼儿的目光接触,要耐心倾听幼儿的谈话,作出积极反馈。现实生活中,有的老师能灵活运用其交流技能、有的老师则因为与幼儿缺乏有效沟通而苦恼。

问题:请你从幼儿教师需要具备的能力出发,谈谈教师如何提高与幼儿沟通互动的质量。

【解析】本题主要检测对幼儿园教师与幼儿沟通互动能力的理解。

答案要点：(1)要提高与幼儿言语沟通互动的质量，最根本的是教师从权威的、教师中心的地位转到与幼儿平等交流、分享的地位，真正地尊重幼儿，面向全体幼儿，对所有的幼儿一视同仁，提高与幼儿言语沟通的技能，这是幼儿园教师专业成长的十分重要的内容。

(2) 教师与幼儿的沟通互动主要有两个方面，非言语沟通互动与言语沟通互动。与幼儿沟通互动时，不论哪种方式都需要一个安全、温暖、可信赖、无拘束的交流环境，都需要教师在尊重、了解幼儿的基础上以主动、平等、信任的态度与幼儿交往。

① 教师与幼儿非言语的沟通互动。在幼儿园教育中，非言语的沟通互动方式之所以重要，其主要原因，一是对幼儿来说，动作比语言容易理解。二是幼儿非常需要教师直接的身体接触。三是幼儿语言的发展尚不充分，非语言信息是他们表达的重要手段。在与幼儿一起活动的过程中，教师往往能与幼儿的心情和感受产生切实的共鸣，获得真实的、具体的体验。

② 教师与幼儿的言语沟通互动。教师与幼儿的交谈，特别是个别或小组中的对话，是与幼儿沟通情感、心灵交汇的重要途径，是师幼沟通互动的重要手段。言语的沟通互动需要教师在抓住机会、选择话题、引发和延续对话、激发和保持幼儿对话的兴趣和积极性等环节上，具有丰富的经验技巧、灵活机智的策略。

(3) 关于与幼儿对话沟通的技能主要有：

① 引发交谈的技能。如能够及时发现幼儿个体或群体的感兴趣的适宜话题，善于敏锐地抓住时机、创造气氛，激发幼儿交谈的欲望，鼓励幼儿主动地说自己想说的事。

② 倾听的技能。用恰当的言语或非言语方式，热情地接纳和鼓励幼儿谈话、提问，让幼儿产生喜悦感和自信心。

③ 扩展和维持对话的技能。在对话中适当地向幼儿提供必要的信息或提出问题，既扩展谈话的内容，又不让幼儿跟着老师转；给幼儿的谈话提示或补充必要的词汇、事件或问题，支持和引导幼儿把谈话延续下去，等等。

④ 面向全体、注意差异、有针对性地与幼儿个别沟通互动的技能。善于倾听、理解各种不同特点幼儿的谈话，并能针对性地选择不同的话题、方式、词汇、语速等，有效地与幼儿个别沟通。在集体性谈话活动中，既能面向全体，让爱说、会说的幼儿得到表现，又能给幼儿语言发展不佳的幼儿提供表达的机会，给予他们鼓励与肯定。

⑤ 结束交谈的技能。能适时地结束谈话，既不影响其他活动，又让幼儿心情愉快、获得满足感。

【小试牛刀】

一、单项选择题(每题选一个正确答案，每小题 2 分，共 24 分)

1. 在幼儿园教育实践中，(　　)是最重要、最关键的人的要素，教育也主要在这二者之间展开，通过二者的相互作用来进行。

A. 幼儿和家长　B. 教师和幼儿　C. 教师和家长　D. 保育员和幼儿

2. (　　)规定“教师是履行教育教学职责的专业人员，承担教书育人，培养社会主义事业建设者和接班人、提高民族素质的使命。”

A.《教育法》 B.《教师法》 C.《义务教育法》 D.《专业标准》

3. 幼儿园教师的(　　)在幼儿园教师的专业素养中处于核心地位，是教师专业发展的重要标志和关键维度。

A. 专业理念与师德 B. 专业知识

C. 专业能力 D. 良好的心理素质

4. 在《专业标准》中，(　　)被定位为幼儿园教师所必须秉持的一个基本理念。

A. 素养至上 B. 能力为重 C. 观念正确 D. 知识广泛

5. 曾有人将幼儿比喻为一部摆在教师面前的难读的作品，理解它很不容易，而(　　)就是读懂这部作品的必由之路。

A. 交谈 B. 沟通 C. 观察 D. 分析

6. 教师的微笑、点头、抚摸、搂抱、蹲下与幼儿交流、看着幼儿的眼睛倾听他们说话的态度与行为等，这是教师与幼儿(　　)方式。

A. 动作的沟通互动 B. 言语的沟通互动

C. 手语的沟通互动 D. 非言语的沟通互动

7. 1989年联合国大会通过的(　　)，使儿童的权利得到了法律的保护，成为儿童观发展史上一座新的里程碑。

A.《儿童权利宣言》 B.《儿童权利公约》

C.《儿童工作规程》 D.《未成年人保护法》

8. 在教育学的视野下，幼儿是怎样的社会存在呢？理解不正确的是(　　)。

A. 幼儿是具有独立人格的个体

B. 幼儿是人类社会极有价值的存在

C. 幼儿是社会的弱者

D. 幼儿是被受教育的“人”，是社会生活的主人

9. (　　)是动机的一种形式，是动机中最活跃的因素，是具有先天性情绪色彩的、积极探究某种事物的认识倾向。

A. 兴奋 B. 坚持 C. 兴趣 D. 主动

10. 所谓的“421综合征”就是指处在家庭中心位置上的幼儿所表现出的一些不良个性缺点和习惯。这种现象是当今我国幼儿的(　　)发展上出现的问题。

A. 身体 B. 智力 C. 精神 D. 交往能力

11. 幼儿是否听教师的话，是否专心上课，在很大程度上取决于(　　)。

A. 教师“教”的方式 B. 幼儿“学”方式

C. 幼儿对教师的情感态度 D. 重视随机的“教”

12. 在教师间接教的时候，幼儿的学习方式主要是(　　)。

A.“被动学习” B.“主动学习” C.“接受学习” D.“发现学习”

二、多项选择题(多选、少选、错选均不得分，每小题3分，共15分)

13. 下列属于幼儿园教师的专业能力的是(　　)。

A. 环境的创设与利用的能力 B. 一日生活的组织与保育的能力

C. 游戏的支持与引导的能力 D. 教育活动的计划与实施的能力

E. 反思与发展的能力

14. 师幼互动的质量直接影响着(　　)。

A. 幼儿发展的质量　　B. 教师发展的质量

C. 幼儿园教育的质量　　D. 家园合作的质量

E. 师幼的相互关系

15. “发现学习”的亲历性、实践性，使其成为比“接受学习”更适合幼儿的学习方式。这一方式的特点有(　　)。

A. 有利于发挥幼儿的主体性　　B. 发展幼儿分析和解决问题的能力

C. 激发幼儿的学习动机　　D. 培养幼儿主动参与的积极态度

E. 容易获取原本不知道的知识与技能

16. 幼儿的人际交往活动的作用表现在(　　)。

A. 让幼儿体验社会角色　　B. 是幼儿重要的信息源

C. 发展幼儿的自我意识　　D. 是幼儿实际的社会生活

E. 发展幼儿的思维能力

17. 动手做是幼儿重要的学习方式。强调幼儿学习“做中学”的特点的教育家有(　　)。

A. 维果茨基　　B. 杜威　　C. 陶行知　　D. 陈鹤琴

E. 本吉圆子

三、判断题(正确的打“√”，错误的打“×”，每小题1分，共15分)

(　　)18. 教师主导作用的表现程度是调动幼儿主体性的程度。

(　　)19. 幼儿之间的交谈是瞎扯，影响活动，浪费时间，没什么意义。

(　　)20. 在社会发展中，幼儿有幼儿的地位，如同成人有成人的地位一样。

(　　)21. 儿童观对教育观、教学观、发展观等没有影响。

(　　)22. 幼儿和教师的相互关系是对立统一的，是民主平等的师幼关系。

(　　)23. 在欧洲古代和我国漫长的封建社会中，儿童都有独立的人格。

(　　)24. 环境因素对发展的影响不是一个变量而是一个常量。

(　　)25. 心理活动是生理活动的必不可少的基础，生理方面的任何变化、障碍都会对心理发展产生影响。

(　　)26. 在“教”的活动中，幼儿是教师“教”的对象，是受教育的主体。

(　　)27. 幼儿的学习是否有意义，关键是教师能否激发幼儿的主动性，而不在于用哪种学习方式。

(　　)28. 幼儿园教育的对象是幼儿，理解幼儿是教育的基础与前提。

(　　)29. 读书、写字、做作业、听课等学业活动就是幼儿的学习。

(　　)30. 对幼儿来说，“从做中学要比从听中学更是一种较好的方法。”

(　　)31. 尊重幼儿兴趣的教育决不是以“幼儿为本”的教育。

(　　)32. 幼儿园教育的目标不仅仅限于满足他们的兴趣。

四、简答题(共24分)

33. 怎么才能建立良好的师幼关系。(6分)

34. 幼儿园教师的观察是为了幼儿的发展。(8分)

35. 幼儿园教师间接教的优点和缺点。(10分)

五、论述题(每小题12分，共24分)

36. 试述幼儿学习的特点。

37. 试述幼儿园教师直接教的策略。

六、案例分析(共18分)

案例：妙妙是个内向、胆小的孩子，早晨来园总哭丧着脸，恋恋不舍地看着妈妈离去的背影。"老师早"的问候声细小得几乎听不到，然后无可奈何、一言不发地坐到座位上。我建议她参加小朋友们的活动，她总是固执地摇摇头。在班级中她是个极为平静的孩子，上课发言没有她，游戏时也看不到她愉快的笑脸，顽皮捣蛋更是找不到她。应该说，她是个让人省心省力的好孩子。可是，我感到茫然，我们要教的不是一群小兔子，也不是一群小羊。我们要教的是孩子。孩子的本性应该是天真的、活泼的，该让她在对周围世界的探索中慢慢成长，而不是长期蜷缩在自己的小角落里。

问题：38. 假如你是这位老师，你将如何看待和解决妙妙的问题？运用相关教育学原理进行分析。

【参考答案与计分标准】

一、单项选择题(每题选一个正确答案，每小题2分，共24分)

1. B 2. B 3. A 4. B 5. C 6. D 7. B 8. D 9. C 10. C 11. C 12. D

二、多项选择题(多选、少选、错选均不得分，每小题3分，共15分)

13. ABCDE　14. AC　15. ABCD　16. ABD　17. BCDE

三、判断题(正确的打"√"，错误的打"×"，每小题1分，共15分)

18. √　19. ×　20. √　21. ×　22. ×　23. ×　24. ×　25. ×
26. ×　27. √　28. ×　29. ×　30. √　31. ×　32. √

四、简答题(共24分)

33. 建立良好的师幼关系的关键一方在教师，第一推动力来自教师。

首先，教师必须树立正确的儿童观、教育观。只有具备正确的儿童观，教师才可能爱幼儿，尊重幼儿，这是双方建立良好的相互关系的前提；只有具备正确的教育观，教师才可能摆正位置、定准角色、正确地规范自己的行为，这是建立良好的师幼关系的必要条件。(2分)

其次，教师必须深入地了解幼儿、理解幼儿、信任幼儿。影响幼儿与教师的关系的第一位因素是幼儿自身所具有的特征。"信任"是良好师幼关系的必要条件。(2分)

最后，教师必须具有科学的教育知识与方法。在了解幼儿的基础上，教师必须根据幼儿的兴趣、需要、经历、个性特点等，采取恰当的措施与方法，按照幼儿身心发展的规律与个别差异原则，科学地与幼儿开展互动，这是建立良好的师幼关系的保障。(2分)

34. 幼儿园教师为了促进幼儿的发展，必须在教育实践中进行随机的自然观察或有计划的观察。观察则是理解幼儿、打开幼儿心扉的钥匙，任何有效的教育都离不开观察。

在随机的自然观察中，教师凭借自身的经验与直觉，仔细观察幼儿，尤其在幼儿没有注意到教师的目光时，去了解他们的情绪、想法、行为习惯以及动作、语言、认知、社会性等各方面的发展水平与状况等，捕捉幼儿发出各方面的信息。幼儿园教师正是凭借敏锐的随机观察，抓住那些"可教育的瞬间"，及时而正确地介入到幼儿的活动中去，大大提高教育的有效性。(2分)

在有计划的观察中，教师根据教育的需要而预先拟定出观察项目，列出观察要点，然后在实际的教育过程中，选择有代表性的场景进行观察。

有效地促进幼儿发展的教育是以教师认真细致的、耐心的观察为基础的。(2分)

为了确保幼儿园教师以观察促发展，还需要特别注意两点：

一是要重视提高观察的实际效果，避免形式主义，不要让过多的形式占用了教师的实际观察的时间和精力。(2分)

二是正确定位幼儿园教师的观察。幼儿园教师长期的持续的观察积累，是全面地真实地了解幼儿、教育幼儿的极其重要的、宝贵的资源，也是正确地评价幼儿发展的可靠依据。(2分)

35. (1)间接"教"的优点：

① 间接教的方式最大的优点是能较充分地发挥幼儿的自主性，给幼儿创造很多的"自我学习"机会。(2分)

② 这一方式适合幼儿好奇、好动、好创造的特点，给幼儿提供了大量做做、玩玩、想想的机会和条件。(2分)

③ 采用这种方式，由于教师的作用是以平等的姿态参与到幼儿的游戏、活动中去，这样不但师幼交往互动的机会大大增加，而且随着教师角色的经常变化，有利于促进幼儿社会性的发展，特别是交往能力的提高。与直接“教”的方式相比，间接“教”的方式是通过环境进行的，因此十分自然、生态化，甚至与幼儿的生活完全融合在一起，有利于幼儿情绪情感的健康发展。(2分)

(2) 间接“教”方式的不足之处主要表现在：

① 幼儿在环境中获得的知识，经验容易陷入零乱、琐碎、表面、缺乏系统，有时甚至会获得错误的结论。(2分)

② 间接指导比直接指导难度大，对幼儿活动的指导要求较高，虽然间接教的方式也有一定的规律可循，但没有一个固定、统一的模式可套，教师要掌握间接教的方式存在比较大的困难。(2分)

五、论述题(共24分)

36. 幼儿的学习不同于中小学生，有许多独特之处，主要表现在：

第一，以直接经验为基础。主要指幼儿与周围环境中的人和物接触、互动，通过多种感官实际地感知、体验，积累直接经验，对于幼儿非常必要，这不仅是幼儿现实发展的需要，也是为其后继学习打下基础。(2分)

第二，以好奇心、兴趣为主要驱动力。幼儿是天生的学习者，与生俱来的好奇心与不断增长的兴趣是幼儿学习动机中最重要的成分。幼儿园教育必须保护幼儿宝贵的好奇心，尊重他们的兴趣，让幼儿在当下的学习中获得快乐感、满足感，否则幼儿将失去学习的热情，甚至变得厌学、弃学。(2分)

第三，生活化的学习。在日常生活中学习生活，是幼儿学习的重要特点。即是说，生活既是幼儿重要的学习内容，又是幼儿重要的学习途径。凡是幼儿为生存、生活所必需的一切生活知识、技能，都应当、也必须让他们在生活中学习并掌握。(2分)

第四，玩中学。游戏是幼儿基本的学习方式，是他们充满丰富想象与创造的最有意义的学习过程。(2分)

第五，做中学。由于幼儿学习以直接经验为基础，因此动手做是幼儿重要的学习方式。幼儿主要不是通过书本或通过记忆大量抽象的符号来学习，而是通过实际操作、亲身体验，去模仿、感知、探究，逐步地建构自己的理解与认识。(2分)

第六，学习内容的启蒙性、广泛性、综合性。与中小学生相比，幼儿的学习内容是广泛的、综合的，通过生活、游戏与其他活动，幼儿不仅学习初步的科学、数学知识，阅读图书或学习弹琴绘画等技能，还包括学习幼儿生存所需的吃喝拉撒睡的知识、技能、习惯。同时，还必须学习社会生活所需的各方面的技能、能力。(2分)

37. (1) 变单向的“教”为双向的交流。教师应采用启发式，多给幼儿发表意见、看法、提问、讨论的时间；注意敏锐地观察幼儿的反应，根据幼儿的反馈灵活地调整教育方法和教育行为。(2分)

(2) 变单一的言语传授为多样化的教育手段。为改变偏重言语讲授的状况，教师应重视使用非言语的身体动作、表情等，多使用简单有趣的直观教具和材料，且注意教师的演示、挂图、多媒体等。(2分)

(3) 重视情感效应。幼儿的学习是很情绪化的。教师对幼儿的情感态度，是决定“教”的效果的极其重要的因素，对“教”的效果具有巨大的潜在影响力。(2 分)

(4) 重视幼儿的个别差异，因人施教。在幼儿园里，直接教的方式多在集体活动中进行，教师难以顾及幼儿的个别差异，这就要求教师的“教”必须要关注每个幼儿特殊的学习方式，为此，必须改变过多地使用集体活动形式的状况，引入必要的小组、个别活动形式。(2 分)

(5) 重视发展幼儿的思维。为了避免直接教的方式变成强制灌输知识，重视发展幼儿自己的活跃思维，让“教”的活动具有“智慧气质”。(2 分)

(6) 重视随机地“教”。直接教的方式决不只限于在作业课上或在集体活动等所谓正规场合使用。灵活地利用一日生活中的各种机会进行自然地、有针对性地“教”，往往更切合幼儿的实际，更容易实施个别教育。(2 分)

六、案例分析题(共 18 分)

38. 通过与家长的交流，再根据妙妙小朋友的情况，做以下三个方面的分析：

(1) 社会因素。妙妙从小与父母接触，从她自己小小的世界来到幼儿园，看不到熟悉的亲人，身处完全陌生的环境，孩子的心理上产生忧伤、紧张不安等情绪是很自然的。(3 分)

(2) 自身因素。妙妙从小缺乏言语锻炼，更没有什么主动交往能力。因此，幼儿接受外界的信息较少，得不到各方面的培养。来到幼儿园后，一下子要和那么多的同龄孩子相处，缺乏交往经验的她更是又害怕又无所适从。(3 分)

(3) 家庭因素。在妙妙的家庭生活中，接触外面的世界、能让孩子自己做主或表达自己想法的机会较少，加上家长对幼儿早期教育缺乏科学的认识，她比较顺从，活动能力较差，不善于交往，胆怯，缺乏独立精神。因此妙妙的家庭环境和父母的教育观念对她的个性形成有着非常重要的影响。(3 分)

可以尝试以下做法：

措施一，给孩子一个能感受爱和关怀的环境

具体的做法是多接触、多关心。早晨来园时拉着她的手进活动室，讲几句热情的话；父母接迟了，我就说：“我认识你家，等小朋友都走了，我就送你回家。”这一切使他感到老师喜欢她，她就会和老师之间产生亲切友好的感情。从而也培养起自信心，使她能够大胆地、愉快地去探索周围的世界。

措施二，培养孩子的交往与合作能力

对于语言能力弱的孩子，最好的办法就是与他们多聊天，不仅是老师和她聊，还要带动其他孩子和她聊，使他们熟悉起来，或者拿出一些玩具或需要合作的活动项目让他们完成，让他们在玩和说的过程中交上朋友。

措施三，让孩子感受到交往所带来的快乐

要让孩子感受到交往所带来的快乐，游戏是一个不错的方法。

措施四，家长的配合必不可少

幼儿良好的心理素质的形成，需要幼儿园和家庭的配合。家长是孩子的第一交往对象，家长要和孩子多相处。最重要的是，要给孩子找几个同龄的玩伴一起玩，和同伴分享玩耍。家长还要尽可能多地带孩子看看外面的世界，增长见识。

第五章　幼儿园环境

【学习导航】

识记：幼儿园环境的概念及分类；发展适宜性原则、幼儿参与性原则、开放性原则、经济性原则的概念。幼儿园与家庭、社区合作的意义。

理解：幼儿园环境的特点及影响因素；幼儿园环境创设的原则；幼儿园教师在环境创设中的作用。幼儿园与家庭、社区合作的必要性、方法及存在的问题。

应用：幼儿园教师调控幼儿园环境的能力；幼儿教师在创设幼儿园环境时应注意的问题。幼儿教师利用家庭、社区教育资源的能力。

【重中之重】

幼儿园环境的特点及影响因素；幼儿园环境创设的原则；幼儿园教师调控幼儿园环境的能力。

幼儿园与家庭、社区合作的必要性；幼儿园与社区合作的意义；幼儿园与家庭合作的内容及方法。

【应知应会】

第一节　幼儿园环境的概述

一、幼儿园环境的含义

1. 广义的幼儿园环境观

环境，泛指生物有机体生存空间内各种条件的总和。对人来说，环境就是人周围的影响于人的、包罗一切事物的客观世界。

对于幼儿园教育而言，广义的幼儿园环境是指幼儿园教育赖以进行的、对幼儿身心发展产生影响的一切条件的总和。它包括幼儿园的内部环境，家庭、社区以及自然和社会等外部环境；狭义的幼儿园环境仅指幼儿园内部环境。

幼儿园教育的环境观必须是广义的。

一是由于幼儿的健康成长绝不仅仅是靠幼儿园教育能够实现的，家庭对幼儿成长具有相当大的，甚至可以说是第一位的影响力。

二是当今幼儿园教育已成为社会公共服务体系的一个有机组成部分。

三是世界教育发展到如今的终身教育阶段，教育已经绝不仅仅是学校的事了。

四是时代的发展证明，脱离社会大环境而独善其身的教育是不可能适应社会需要的。

综上所述，幼儿园环境是一个包括内部与外部两部分环境的大环境含义，是指一个包括幼儿园、家庭、社区在内的，与大社会大自然相联系的大环境。

2. 幼儿园环境的分类

幼儿园环境按其性质可分为物质环境和精神环境两类。

广义的物质环境指对幼儿园教育产生影响的一切天然环境与人工环境中物的要素的总和，包括自然风光、城市建筑、社区设施、家庭物质条件、居室空间安排、室内装潢设计等。

狭义的物质环境指幼儿园内对幼儿发展有影响的各种物质要素的总和，包括园舍建筑、园内装饰、场所布置、各种设施设备以及空间的设计与利用、各种材料的选择与搭配等。

广义的精神环境泛指对幼儿园教育产生影响的整个社会的精神因素的总和，主要包括社会关系、社会的文化、教育、风俗习惯、生活方式、道德风气等。

狭义的精神环境指幼儿园内对幼儿发展产生影响的一切精神因素的总和，主要指幼儿园的文化氛围、道德风貌、人际关系，特别是师幼关系等。

(1) 幼儿园内的物质环境

物质环境是幼儿园教育赖以进行的物质基础，与教育质量的关系密切。为什么物质环境对幼儿如此重要呢?

这主要是因为幼儿的年龄小、知识经验少、对探索周围有着极大的兴趣与好奇心，其活动欲求、情绪、注意力等都极易受外部物质环境的影响。另外，由于幼儿对物质环境的依赖性大，提供什么样的物质条件，就可能引起幼儿什么样的活动，缺少一定的物质条件，幼儿的某些行为、活动就很难出现。

(2) 幼儿园内的精神环境

幼儿园在具备了基本的物质条件后，必须高度重视对幼儿发展起决定作用的幼儿园精神环境。

一是因为幼儿年龄小，特别需要得到关心与爱护，特别需要温暖、安全的人际关系，否则其幼小的心灵很容易受到伤害。

二是因为幼儿模仿力强、可塑性大，幼儿园内环境的氛围、精神风貌、人际关系、文化特色等，会潜移默化地影响幼儿的行为习惯、气质品质等。

在影响幼儿园内精神环境的各种因素中，教师与幼儿园文化的作用尤其巨大。

① 教师的要素

在创设幼儿园精神环境中，教师是最重要的因素之一。

如前所述，教师的思想、态度、情感、教育行为，甚至个人衣着服饰、言谈举止等，都影响着幼儿园精神环境的质量。教师不仅对幼儿的教养方式、幼儿学习与发展的质量有决定性的影响，还影响着幼儿与教师之间、幼儿与幼儿之间、教师与教师之间的人际关系的质量以及幼儿园和家庭、社区之间的关系。

② 幼儿园文化

所谓幼儿园文化，是指幼儿园在发展的过程中，基于全园共同的价值观、教育信念、道德准则、习惯传统等，长期地逐步地积淀而成的精神财富的总和。

幼儿园文化对幼儿园精神环境的作用表现在以下两方面：

一是幼儿园文化影响着幼儿园的精神风貌，对全园的成人、幼儿的精神发展具有潜移默化的重大作用。

二是由于幼儿园文化具有潜在的、内在的决定性，能够制约教师的价值观、思维方式、感觉偏好、评价和行动等，从而影响教师的教育价值取向，决定了他主张什么，反对什么，喜欢什么，讨厌什么，从而决定他对教育目标的理解、对教育内容的选择、对活动方向的把握等。

二、幼儿园内物质与精神环境的特点

1. 环境的教育性

幼儿园内无论是物质环境还是精神环境，都是根据幼儿园教育目标有目的、有计划、有系统地设计的，是根据幼儿学习与发展的特点科学地创设的，因此，较之其他环境，幼儿园内的环境更具教育性。表现在：它更适宜于幼儿长期地利用、持续地发展，而不是仅仅提供短暂的教育经验或者一时的兴奋；它更有利于促进幼儿全面和谐地发展，而不只是某些方面的发展；它的教育影响更具目的性与有效性，能较好地克服环境教育的自发性、偶然性、零散性等带来的负面影响。

幼儿园教育是通过环境实现的，特别是以间接教的方式进行教育时更是这样。教育者出于实现教育目标的考虑，常常把教育意图隐含在环境中，让环境去暗示、去说话、去引发、强化幼儿应有的行为，让环境成为实现教育目标的中介。

幼儿园环境的教育性决不是忽视幼儿的兴趣与需要。

2. 环境的可控性

幼儿园内环境与外界其他环境相比具有可控性，这一特性具体表现在两个方面：一是对进入幼儿园的供幼儿使用的各种产品进行必要的把控，以防止对幼儿身心产生不利影响。幼儿园以有利于幼儿发展为选择标准，会进行精心的筛选甄别。二是表现在教师对幼儿的活动环境进行有效地调控上。

如上所述，幼儿园内的环境具有较强的教育性和可控性。环境的教育性与可控性之间是相互联系的。环境的教育性使可控性具有明确的标准和方向，可控性又保证了教育性的实现，二者具有相互依存、相互制约的关系。

第二节　幼儿园环境创设的理念与原则

一、幼儿园环境创设的理念

环境创设的理念是教师在创设幼儿园环境时的导向性、价值性取向，它指引着幼儿园环境创设的方向。

幼儿园环境创设应秉持的基本理念是：

首先，幼儿园环境创设是以幼儿为本的，是创设一个适合幼儿的需要与特点的、能有效地促进他们学习与发展的天地。

其次，幼儿园环境的创设是一个幼儿展示自信、力量与智慧，体验自己的权利与责任的过程；是一个通过与成人、同伴合作，更好地认识并尝试改变外部世界的实践过程。

二、幼儿园环境创设的原则

幼儿园环境创设的原则是教师在创设幼儿园环境时应遵循的基本要求。

1. 教育性原则

创设具有教育性的幼儿园环境需要加强目标意识。在创设环境之始，就应考虑环境的整体功能是否有利于全面实现教育目标，而不是与教育目标相悖；是否有利于幼儿德、智、体、美诸方面的全面发展，而不是过分偏重某一个方面。

此外，环境的教育性要求，对于一切干扰或者违背幼儿园教育目标的因素，无论来自何方，都要坚决反对。

2. 适宜性原则

适宜性原则的含义就是以幼儿发展为本，创设适合幼儿的环境，让幼儿园环境符合幼儿的年龄特征、兴趣与需要，照顾到个体差异等，从而能够增加环境的吸引力，并能够激发、推动、扩展幼儿的活动。

从年龄特征来看，小、中、大班幼儿在身心发展特点上的差异是非常明显的，其身心发展所需要的环境也不尽相同。教师要对幼儿的年龄特征有充分的认识和了解，才能根据幼儿不同的年龄特征，为其提供适宜的发展环境。

适合幼儿兴趣与需要的环境，可以说就是幼儿喜欢的、他们在其中能够快乐地学习与发展的环境。

每个幼儿都是一个独立的个体，在兴趣、经验、能力、性格等方面都存在差异，甚至在学习方式上也有所不同。适合幼儿的环境必须尊重差异，让不同幼儿能以自己喜欢的方式进行学习。

3. 参与性原则

幼儿参与性原则是指幼儿园环境应是幼儿与教师，幼儿园与家庭、社区共同合作、共同参与创设的。

（1）幼儿的参与能够：第一，培养幼儿的主体意识和主动性。第二，培养幼儿的责任感。第三，培养幼儿的合作精神。

（2）贯彻这一原则需要教师转变观念，应当看到：

① 幼儿的参与是他们的权利，不是简单地让他们“帮忙”。

② 幼儿是在行动中发展的，如果他们永远只是旁观者的话，就永远不会变得能干起来。

③ 教师对“环境美观”的认识也要克服成人中心，不能完全用成人的审美标准来衡量环境创设的好坏。

幼儿园环境创设的参与性原则除幼儿的参与之外，家庭与社区的参与、社会力量的参与也是十分重要的。

4. 发展性原则

幼儿园环境的发展性可以说就是有效性，它主要表现在创设的环境能多大程度被幼儿利用，发挥促进幼儿发展的功能，而不是徒劳无益甚至阻碍幼儿的全面发展。

一是在深入了解幼儿的基础上创设环境；二是注意观察幼儿在怎么使用这个环境；三是让环境始终保持在动态的变化之中，而不是固定不变。

5. 低成本原则

低成本原则是指幼儿园环境创设必须按照科学发展观的要求，因地制宜、因陋就简，充分利用一切可以利用的教育资源，促进幼儿有质量地发展。

低成本原则绝不应当仅仅被视为一个经济问题，也不能认为这一原则仅仅适用于贫困地区的幼儿园，它是我国所有幼儿园必须遵循的原则，是一个事关遵循科学发展观，建立符合国情的、有中国特色的幼儿教育的大问题。

在因地制宜、就地取材、废物利用、一物多用，充分发挥自然材料的功效，创设低成本有质量、低成本高质量的环境方面，我国幼教工作者已经积累了许多很好的经验。

在低成本创设环境时，除了做到少花钱多办事之外，还应当注意把钱花在刀刃上，花在实实在在有利于幼儿发展的事情上，而不能不顾本地区、本园的实际情况，盲目攀比，追求形式。

第三节　幼儿园室内外空间环境创设的注意事项

一、活动室的设计

1. 重要性

活动室是幼儿一天中利用时间最长的室内空间。活动室的材料、活动情景丰富多样，活动室的布置有指向并能灵活变化，可为幼儿通过各种感官与环境中的物体、材料和人进行互动，提供必要的适宜环境和条件，对幼儿的学习和成长有举足轻重的作用。

2. 设计的基本原则

(1) 舒适愉悦

这一原则主要指满足幼儿的感知觉特点和情绪情感的需要。

(2) 功能合理

活动室环境从各种角度来看都应具有合理性，能满足幼儿的特点和多种活动的需要。

(3) 激励参与和学习

幼儿是活动室的主人，是主动参与设计、利用的人；活动室环境应有趣味性，能吸引幼儿，激发幼儿的活动欲望，有利于幼儿自由选择、开展活动、发展思考、同伴互动、形成良好习惯、发展美感等。

(4) 相对稳定

活动室空间里固定区域的安排、空间布局不要经常性地发生变化，让幼儿难以适应。

(5) 安全整洁

活动室里不能存在任何安全隐患，应干净卫生，所有的物品摆放整齐有序。

3. 大中小班活动室环境创设的注意点

小班：亲情，有趣，明确，动手。

中班：有趣，明确，操作，交往。

大班：有趣，明确，探索，合作。

4. 活动室空间的环境创设

(1) 活动室的空间划分原则

① 方便：活动室空间布局要方便幼儿活动时取拿材料、移动、交流和操作等。

② 合理：空间布置能够传递教师想要传递的信息，减少幼儿之间的相互干扰或行为问题，有利于促进集体、小组、个别各种活动开展。

③ 可变：活动室空间的设置不是一劳永逸的，应具有动态性，可随幼儿年龄、活动、季节、天气、节日、事件等变化而有所调整。

(2) 活动室内生活区域的设计

室内生活区域的设计包括卧室、厕所、走廊、楼梯的地面、空间、墙面等的设计。

(3) 活动室内活动区的设计

活动区是让幼儿通过和区角中的环境与材料进行互动来学习的室内区域。活动具有多样性、丰富性、操作性等特点，所以它是幼儿最喜欢的活动场所之一。

一般常用的活动区有建构区、科学区、娃娃家区、美工区、表演区、益智区、阅读区、私密区，等等。

活动区设置中常见的问题是，活动目标不明确；忽略幼儿主体性，教师包办、规定太多；材料投放不合理；活动区空间设置不合理；材料摆放的位置不当，材料取拿太远，幼儿走动太多；教师的指导方法不适宜；活动区有的流于形式，低效甚至成为摆设，等等。

二、室外活动环境的创设

室外活动环境在幼儿园是不可缺少的，它主要供幼儿开展体育活动、户外游戏、各种公共活动，以及种植、饲养等必须在室外进行的活动。为了满足幼儿的需求，幼儿园必须提供必要的设施、设备、玩具、场地等。

室外环境的创设遵循环境创设的共同原则，但必须更加强调安全，强调因地、因园制宜。

第四节　教师在幼儿园环境中的作用

一、准备环境

准备一个与教育相适宜的环境是教师的职责。教师在准备环境时的作用主要表现在以下方面：

1. 把教育目标蕴含在环境中

教师必须带着明确的目标意识来准备环境，将周围的人际因素和物质条件精心地加以组织、规划，并计划安排必要的幼儿乐于参与的活动，让幼儿能在环境中向着正确的方向行动、发展。

2. 心中装着幼儿

教师在准备环境时心中装着幼儿，充分考虑他们的兴趣、需要、经验水平的现状与发展可能性，让环境能引导、促进幼儿发展。

3. 和幼儿一起共同准备环境

引导幼儿参与环境的准备可以有多种形式，主要是引导幼儿动脑和动手。

动脑——教师预想的各种计划、打算、设计等，只要是幼儿能够理解和参与的，都尽可能地将之巧妙地转变成幼儿的“决定”过程。

动手——为活动准备材料、玩具时，只要是幼儿能做的事，就让他们做，或教师与幼儿一起做。

二、调控环境

教师调控环境的作用是指教师能利用环境来激发和保持幼儿的活动积极性，能帮助幼儿利用环境来发展自己。

1. 调控环境的若干环节

调控环境大致的几个环节：诱导幼儿进入活动；帮助幼儿展开活动；指导幼儿解决纷争、困难或情绪等问题；帮助幼儿结束活动。

以下问题可以在教师调控环境时，作为观察的重点、抓手或新的教育切入点：

(1) 幼儿如何选定活动区或材料；

(2) 幼儿如何使用材料；

(3) 幼儿如何与他人互动。

2. 调控环境的主要方法

(1) 诱导幼儿进入活动

教师要善于对幼儿进行观察；诱导幼儿投入活动。

(2) 帮助幼儿展开活动

在幼儿进行活动时，教师的指导是以间接方式为主的。首先要观察；其次有针对性地指导；再次积极的应答式、启发式交谈；最后提供辅助材料，扩展活动。

(3) 帮助幼儿解决困难和问题

在活动的过程中，幼儿会碰到困难。需要凭借教师的观察和对幼儿的了解，灵活机智地处理。幼儿的纷争也是难免的，纷争是幼儿之间相互作用的一种特殊形式，教师必须在准备环境时就考虑到如何防止幼儿冲突的产生。在活动过程中如果幼儿发生了纷争，教师要坚决地执行事先所制定的规则，但这决不是代替幼儿解决问题，而是让幼儿实际地学习如何解决问题。

(4) 帮助幼儿结束活动

活动结束时，一是要组织好玩具或材料等的收拾整理；二是教师要对幼儿的活动进行总结，画龙点睛地为幼儿提升经验，并直接地表述对幼儿的评价。

三、改善环境

环境不是凝固的、僵化的、一成不变的，它必须随着幼儿的兴趣、需要、能力的变化，以及教育目标、客观条件的变化而不断变化。不断改善环境，使它保持适合幼儿发展的最佳状态，是教师的重要作用。

改善环境主要是根据幼儿在环境中的活动状况，发现环境的问题，及时地进行调整，以增强环境的选择性、挑战性、多样性、差异性等，通过保持环境的动态变化，来保持环境的发展性。

准备环境、调控环境、不断改善环境，这是教师在幼儿园环境创设中的重要作用。教师是环境的命脉，环境中的物质材料、人际因素以及它们与幼儿的关系和相互作用都是由教师来调控的，幼儿在环境中的活动也是由教师直接或间接引导的，没有教师的主导作用，幼儿在环境中的发展是不可能实现的。

第五节　幼儿园与家庭、社区的合作

一、幼儿园为什么要与家庭、社区合作

1. 幼儿园教育离不开家庭

(1) 家庭是幼儿成长最自然的生态环境

幼儿身心尚未成熟，他们需要社会特殊的保护和照料。家庭是社会最基本的单元，也是幼儿成长最自然的生态环境，担负着养育幼儿的重大责任。对于幼儿来说，与父母共同生活是最重要的需要。家庭这个以血缘关系组成的、人一出生就生活在其中的社会群体是幼儿最重要的安全基地。“母亲的照料之爱为孩子创造了一个值得信赖的、可靠的、纯洁的空间。”(博尔诺夫)

(2) 家庭是人的第一所学校

父母对孩子的态度给幼儿以后对社会的态度奠定了基础。“在个性、社会性、智力发展和文化特征方面，父母是孩子的第一个和最重要的环境影响因素。”(瑞典·贝肯罗斯博士)

(3) 家长是幼儿园教育的重要力量

家长作为重要的教育力量表现在：

① 家长的参与极有利于幼儿的发展。

② 家长是教师最好的合作者，家长是教师了解幼儿的最好的信息源。

③ 家长与教师的配合使教育计划的可行性、幼儿园课程的适宜性、教育的连续性和有效性等都能更好地得到保证。

④ 家长本身是幼儿园宝贵的教育资源。

2. 幼儿园教育需要与社区合作

(1) 社区的概念

“社区”这个词是近些年才在我国出现的。所谓“社区”是指比较完善的社会生活小区。

幼儿园与社区合作是指幼儿园与其所处的社区、与幼儿家庭所处的社区密切结合，共同为幼儿的健康成长服务。幼儿园作为社区的一个组成部分，是社区的小环境。社区是社会大环境中与幼儿园关系最密切、对幼儿影响最大的那一部分。

(2) 社会发展的要求，幼儿教育发展的必然

社会的发展、时代的进步，使社会对教育的影响越来越大，也使教育与社会的关系越来越密切。幼儿园已经不是幼儿学习的唯一地方，教师也不是幼儿信息的唯一的、甚至不是主要的源泉。加之社会价值观的多元化，为在教育中立于不败之地，幼儿园教育必须改革，通过与社会的(包括家庭)积极配合，构建新的幼儿教育发展模式。

(3) 社区对幼儿园教育的意义

① 社区环境对幼儿园教育的意义

社区的自然环境、人文环境在幼儿的成长中，特别是精神成长中有着特殊的意义。同时，社区作为一个生产功能、生活功能、文化功能兼备的社会小区，能在人力、物力、教育

资源与教育机会等多方面给幼儿园提供支持。幼儿园教育如果扩展到社区，就能充分利用社区富有教育意义的自然和人文景观、各种机构设施、人际交往活动等，大大扩展教育的广度和深度，使教育更加丰富，更加富有时代气息。

② 社区文化对幼儿园教育的意义

优秀的社区文化作为宝贵的资源，无形地影响着幼儿园教育。幼儿园在课程中将社区的历史、风俗、革命传统等作为资源来利用，使教育内容丰富而有特色；有意识地在教育中渗透这些独特的本土文化和浓郁的地域特色，为幼儿营造一个感受本土文化气息和学习传统文化的环境，形成了幼儿园鲜明的教育特色，还培育出了爱家乡、爱自己民族文化的幼儿。

二、幼儿园怎样与家庭、社区合作

1. 幼儿园怎样与家庭合作

(1) 家园形成教育合力

家长与幼儿园教育之间的合力的大小取决于二者之间的关系，二者完全一致时合力最大。

一般来说，幼儿园方面对家园合力的大小和质量有较大的影响。要推动家园合作，首先需要幼儿园按照《纲要》的要求，视家庭为幼儿园重要的合作伙伴，重视家长的作用，关注家长的需要；需要每一位教师转变观念，调整角色定位，把与家长的合作视为自己分内的本职工作，拓宽合作的途径与方式，“本着尊重、平等、合作的原则，争取家长的理解、支持和主动参与，并积极支持、帮助家长提高教育能力。”

从家长一方来看，家长的认识、态度、行为等方面也存在妨碍合作的因素。主要是，存在“孩子在幼儿园就是归老师管”的片面认识；缺乏主人翁意识、责任意识、参与意识；普遍认为自己不懂教育，不知道怎么参与，加之幼儿园方面提供的机会不多，所以难以产生主动参与的热情与积极性；因为工作忙，不少家长很难抽出时间来参与幼儿园教育活动；等等。

开展家园合作需要教师与家长的共同努力，缺少任何一方都不可能成功。因此，必须双方都转变观念、达成共识，摆正角色、改变行为，相互配合、优势互补，才可能形成真正有效的合作关系。

(2) 家园合作的主要内容

家园合作的主要包括两方面的内容：

一是幼儿园方面：

① 教师不断学习幼教的新理念、新观念，不断提高对家园合作的认识，坚定发展家园合作的信心，拓展合作的方法与途径，提高与家长合作的能力。

② 坚持向家长传递正确的教育观、儿童观，引导家长积极地参与幼儿园活动过程，“帮助家长创设良好的家庭环境，向家长宣传科学保育、教育幼儿的知识”，改善家长的教育行为、教育方法，“积极支持、帮助家长提高教育能力。”(《纲要》)

二是家长方面：

① 直接或间接地、逐步深入地参与幼儿园教育活动，为共同的目标与教师形成真正的合作伙伴关系，与教师相互了解、相互支持、相互配合，让幼儿无论在幼儿园还是在家庭，都能够受到连贯一致的教育。

② 在实际的参与过程中，不断转变观念，强化“不仅是养育者，也是教育者”的意识与责任；学习参与的方式、方法，提高了解孩子、教育孩子的能力。

(3) 家园合作的主要途径与方法

① 教师与家长之间保持良好的沟通

家长作为教师的合作者加入到教育者一方，共同对受教育者——幼儿施教，极有利于提高教育的质量。

教师如何与家长沟通，需要具备什么技能、方法呢?

A. 了解家长的技能、方法

了解是沟通的前提。因为教师与家长的沟通是双向的，因此教师了解家长的同时，也必须让家长了解自己。

一般来说，教师需要了解家长的需求与希望、家长的性格类型、家长的教育观念和方法、家长的职业、文化水平、待人接物习惯等，以确定自己的工作方法和沟通策略。

了解家长的不同类型，调整沟通方式会有更好的效果。根据家长对孩子教育的态度，对幼儿园工作的态度和参与情况，将之分为四种类型：

第一类家长对孩子的教育和对幼儿园的工作都有正确的态度，沟通、合作都很容易；

第二类家长很关心自己孩子的教育，但对幼儿园的态度可能不大信任，甚至对教师可能较多指责，那么面对这类家长时，教师需要特别的冷静、理智，严于责己；

第三类家长一般信任教师，而常把教育的责任推付给幼儿园。对这种家长工作的重点是让他们关心孩子的教育，帮助他们找回对孩子教育的信心和责任感，同时辅以有效的方法指导，变消极为积极；

第四类家长常常让教师困扰，这类家长自己不尽责任，可遇到问题还全怪罪教师。对这类家长特别需要精心地、艰苦地、反复地沟通、教育、引导，动员多方面的力量共同来做家长的工作。

B. 与家长交流的方法、技巧

沟通需要交流，教师应具备与家长交流的方法、技巧。如与家长面对面交谈时的倾听技巧，以适合家长的态度、语言、表达方式以及考虑对方的观点、心情的谈话技巧，以及向不同类型的家长传达信息(口头的或书面的)、特别是描述孩子行为、提出建议或意见的技巧等，都是非常必需的，它能帮助教师与家长实现相互尊重、相互理解、相互支持。

比如，向家长谈论孩了的行为问题时，“告状式”很容易引起家长反感，而向家长清楚地描述孩子的行为，不加任何评价的话，效果就好得多。

② 家园合作的具体方法

家长直接参与的活动：家长开放日，“爸爸、妈妈老师”日，亲子游戏，夏令营活动，幼儿学习成果展览、汇报会，亲子班或亲子阅读屋。

家长间接参与的活动：家访，家园联系簿，入园离园的个别交谈，电话、电子邮件、短信、微信、QQ 群等，家园栏(班级公告栏)，家长委员会，家长座谈会，家长学校或早教讲座，家长沙龙或家长聊天室，幼儿园(班级)网站。

(4) 家园合作中常见的问题

在家园合作中，有两个问题是比较普遍的，需要引起注意。一是多数幼儿园的家园合作尚不够深入，较多地停留在表面上、浅层次上，表现为“几多几少”。二是家园合作内容与家庭教育脱节。

(5) 家园合作的实例

2. 幼儿园怎样与社区合作

(1) 发挥专业优势，为发展以社区为基础的幼儿教育提供支持

幼儿园是社区教育、文化资源中心之一。作为社会公益性资源，幼儿园应当是开放的。同时，幼儿园应发挥自身作为专门教育机构的优势，“为社区的早期教育提供服务”发挥示范、辐射作用。

(2) 为社区精神文明的发展服务，共创幼儿发展的良好社会环境

幼儿园作为社区的组成部分，首先应当提高自身的文明程度，为优化社区的文明质量做贡献。

其次，社区文化通过多种途径对幼儿园产生影响。因此，幼儿园应当积极地吸取优秀的社区文化，利用社区精神文明的成果，并将之转变为幼儿园自身的无形资产，让社区成为幼儿园精神文明建设的促进者。

幼儿园通过社区活动和园内教育活动的结合，还可以同时促进幼儿素质和社区精神文明的发展。

(3) 在幼儿园与社区结合上存在的问题

幼儿园与社区结合上存在的主要问题：

① 较多流于形式，实质性的教育效果不大；

② 结合方式的生硬，与幼儿园的节奏不相适应，打乱了幼儿园的生活常规，加重了教师和幼儿的负担；

③ 幼儿园与社区的结合孤立地进行，与幼儿园教育活动割裂开来，因此难以有效地利用社区活动来深化幼儿园教育；

④ 对与社区的结合，幼儿园方面也存在不少错误的认识，如认为自己幼儿园周围的社区环境不好，所以不能合作；认为与社区结合太麻烦，搞一次活动好费事，搞多了影响幼儿园正常日程；认为幼儿什么也不会做，不可能参与社区的活动；等等。

(4) 幼儿园与社区合作的实例

实例一：社区儿童文化周

实例二：为村里的留守孩子做一点儿事

实例三：空饮料罐箱的设置

从上述例子不难看出：首先，幼儿园与社区结合并不是要求幼儿园一定要在本职工作之外去搞什么大型活动，参与社区的活动也并不一定是增加教师与幼儿负担的额外工作，幼儿园完全能将与社区结合的活动纳入到自己的教育内容中去，二者应当、也可以有机地结合起来，相得益彰。

其次，与社区结合的活动一旦深入到幼儿园教育过程之中，将大大扩展教育的深度和广度。

再次，与社区结合的活动不仅仅对幼儿德育、社会性发展等方面有重大意义，在幼儿智力、科学素质、分析和解决问题的综合能力的培养上也有独特的作用。

最后，是否能开展与社区结合的活动，社区环境条件不是主要的，关键是教师能否敏锐地抓住问题，发现有教育价值的事情或现象，并有效地加以利用。

综上所述，幼儿园教育应当顺应社会发展的需要，在与家庭、社区的合作中不断扩展教育的天地，但是，探索出一条幼儿园、家庭、社区三方共同合作，促进幼儿教育发展的道路，是摆在我国幼儿教育工作者面前的一个艰巨而必须完成的任务。

【范例精讲】

1.（单项选择题）（　　）指幼儿园教育赖以进行的、对幼儿身心发展产生影响的一切条件的总和。

A. 广义的环境　　B. 狭义的环境

C. 广义的幼儿园环境　　D. 狭义的幼儿园环境

【解析】答案：C　本题主要检测对幼儿园环境的理解。对于幼儿园教育而言，广义的幼儿园环境是指幼儿园教育赖以进行的、对幼儿身心发展产生影响的一切条件的总和。它包括幼儿园的内部环境与家庭、社区以及自然和社会等外部环境；狭义的幼儿园环境仅指幼儿园内部环境。幼儿园教育的环境观必须是广义的。

2.（单项选择题）“在个性、社会性、智力发展和文化特征方面，（　　）是孩子的第一个和最重要的环境影响因素。”（贝肯罗斯）

A. 父母　　B. 教师　　C. 同伴　　D. 社区

【解析】答案：A　本题主要检测对家庭是人的第一所学校的理解。父母对孩子的态度给幼儿以后对社会的态度奠定了基础。“在个性、社会性、智力发展和文化特征方面，父母是孩子的第一个和最重要的环境影响因素。”（瑞典贝肯罗斯博士）幼儿入园前的生活是在家庭里度过的，家庭的影响印刻在幼儿身上，每个幼儿都从自己家庭的生活中获得不同于他人的经验、形成自己的语言、行为习惯以及对人的信任感等，并通过父母家人的中介，逐步开始认识世界和接触外界事物，“认识能力就是由此而产生的，而这种能力促使孩子对外界和世间万物的理解。”

3.（单项选择题）在家园合作中是一种日常性家长工作形式，又能双向沟通，有连续性，可保存的方法是（　　）。

A. 家访　　B. 家园栏（班级公告栏）

C. 家园联系簿　　D. 电话、短信、微信、QQ 群

【解析】答案：C　本题主要检测对家园合作的具体方法的理解。幼儿园教育离不开家庭教育，幼儿园要创设家园合作的多种渠道、搭建交流平台，吸引家长直接或间接地参与到幼儿园教育过程中，以家园双向互动共同促进幼儿的发展。其中家园联系簿是一种日常性家长工作形式，优点是能双向沟通，有连续性，可保存的方法。

4.（多项选择题）幼儿园在具备了基本的物质条件后，在影响幼儿园内精神环境的各种要素中作用最大的因素有（　　）。

A. 教师　　B. 教师和幼儿　　C. 幼儿　　D. 幼儿园文化

【解析】答案：AD　本题主要检测对影响幼儿园内精神环境的理解。在影响幼儿园内精神环境的各种因素中，教师与幼儿园文化的作用尤其巨大。在创设幼儿园精神环境中，教师是最重要的因素之一。幼儿园文化对幼儿园精神环境的作用体现在两个方面：一是幼儿园文化影响着幼儿园的精神风貌，对全园的成人、幼儿的精神发展具有潜移默化的重大作用；二

是幼儿园文化具有潜在的、内在的决定性，能够制约教师的价值观、思维方式、感觉偏好、评价和行动等，从而影响教师的教育价值取向。

5. (多项选择题)在幼儿园与社区结合上存在的问题有(　　)。

A. 合作尚不深入，较多地停留在表面上、浅层次上

B. 较多流于形式，实质性的教育效果不大

C. 合作的内容与家庭教育脱节

D. 结合的方式生硬，与幼儿园的节奏不相适应

【解析】答案：BD　本题主要检测对幼儿园与家庭、社区结合中存在的问题的理解。在家园合作中存在的问题有：一是多数幼儿园的家园合作尚不够深入，较多地停留在表面上、浅层次上，表现为“几多几少”。二是家园合作内容与家庭教育脱节。

幼儿园与社区结合上存在的主要问题有：较多流于形式，实质性的教育效果不大；结合方式的生硬，与幼儿园的节奏不相适应，打乱了幼儿园的生活常规，加重了教师和幼儿的负担；幼儿园与社区的结合孤立地进行，与幼儿园教育活动割裂开来，因此难以有效地利用社区活动来深化幼儿园教育；对与社区的结合，幼儿园方面也存在不少错误认识，如认为自己幼儿园周围的社区环境不好，所以不能合作；认为与社区结合太麻烦，搞一次活动好费事，搞多了影响幼儿园正常日程；认为幼儿什么也不会做，不可能参与社区的活动；等等。

6. (判断题)幼儿园教育已经成为社会公共服务体系的一个有机组成部分。(　　)

【解析】答案：√　本题主要检测对幼儿园环境的含义的理解。幼儿园自身的发展需要家庭、社区的参与，共同构建以社区为基础的早期教育服务网络，才能够更好地发挥幼儿园的社会职能，满足处境不同的幼儿的教育需求。

7. (判断题)家长沙龙或家长聊天室是家园合作方法中的家长直接参与的活动。(　　)

【解析】答案：×　本题主要检测对家园合作的方法的理解。家园合作的方法分为家长直接参与的活动和家长间接参与的活动，家长沙龙或家长聊天室是在幼儿园协助下，家长志愿组织的交流教育经验、心得的活动形式，是家长间接参与的活动。

8. (简答题)简述教师在幼儿园环境创设中准备环境的作用。

【解析】本题检测对教师在幼儿园环境创设中准备环境的作用的理解。

答案要点：准备一个与教育相适宜的环境是教师的职责。教师在准备环境时的作用主要表现在：

(1) 把教育目标蕴含在环境中。教师必须带着明确的目标意识来准备环境，将周围的人际因素和物质条件精心地加以组织、规划，并计划安排必要的幼儿乐于参与的活动，让幼儿能在环境中向着正确的方向行动、发展。

(2) 心中装着幼儿。教师在准备环境时心中装着幼儿，充分考虑他们的兴趣、需要、经验水平的现状与发展可能性，让环境能引导、促进幼儿发展。

(3) 和幼儿一起共同准备环境。引导幼儿参与环境的准备可以有多种形式，主要是引导幼儿动脑和动手。

9. (简答题)如何利用社区资源为幼儿园教育服务?

【解析】本题检测社区对幼儿园教育的意义的理解。

答案要点：(1) 社区环境对幼儿园教育的意义。社区的自然环境、人文环境在幼儿的成长中，特别是精神成长中有着特殊的意义。同时，社区作为一个生产功能、生活功能、文化

功能兼备的社会小区，能在人力、物力、教育资源与教育机会等多方面给幼儿园提供支持。

(2) 社区文化对幼儿园教育的意义。优秀的社区文化作为宝贵资源，无形地影响着幼儿园教育。幼儿园在课程中将社区的历史、风俗、革命传统等作为资源来利用，使教育内容丰富而有特色；有意识地在教育中渗透这些独特的本土文化和浓郁的地域特色，还培育出爱家乡、爱自己民族文化的幼儿。

10.(论述题)试述幼儿园怎样与家庭合作。

【解析】本题主要检测对幼儿园怎样与家庭合作的理解。

答案要点：(1) 家园形成教育合力

家长与幼儿园教育之间的合力的大小取决于二者之间的关系，二者完全一致时合力最大。开展家园合作需要教师与家长的共同努力，缺少任何一方都不可能成功。因此，必须双方都转变观念、达成共识，摆正角色、改变行为，相互配合、优势互补，才可能形成真正有效的合作关系。

(2) 家园合作的主要内容

幼儿园方面：①教师不断学习幼教的新理念、新观念，不断提高对家园合作的认识，坚定发展家园合作的信心，拓展合作的方法与途径，提高与家长合作的能力。②坚持向家长传递正确的教育观、儿童观，引导家长积极地参与幼儿园活动。

家长方面：①直接或间接地、逐步深入地参与幼儿园教育活动，为共同的目标与教师形成真正的合作伙伴关系。②在实际的参与过程中，不断转变观念，强化"不仅是养育者，也是教育者"的意识与责任；学习参与的方式、方法，提高了解孩子、教育孩子的能力。

(3) 家园合作的主要途径与方法

① 教师与家长之间保持良好的沟通。家长作为教师的合作者加入到教育者一方，共同对受教育者——幼儿施教，极有利于提高教育的质量。教师首先要学会与家长沟通的技能、方法；其次根据家长的不同类型，调整沟通方式会有更好的效果。

② 家园合作的具体方法。家长直接参与的活动有：家长开放日，"爸爸、妈妈老师"日，亲子游戏，夏令营活动，幼儿学习成果展览、汇报会、亲子班或亲子阅读屋；家长间接参与的活动有：家访，家园联系簿，入园离园的个别交谈，电话、电子邮件、短信、微信、QQ群等，家园栏，家长委员会，家长座谈会，家长学校或早教讲座，家长沙龙或家长聊天室，幼儿园(班级)网站

(4) 家园合作中常见的问题

在家园合作中，有两个问题是比较普遍的，需要引起注意。一是多数幼儿园的家园合作尚不够深入，较多地停留在表面上、浅层次上，表现为"几多几少"。二是家园合作内容与家庭教育脱节。

11.(案例分析题)案例：主动利用早送晚接孩子的零碎时间与家长沟通，打动家长的心。家长常常希望了解孩子一天过得怎样，吃饱了没有，是否快乐，学到了什么知识等。家长可直接通过孩子的表情，孩子的话语来了解，但如果此时此刻，老师能主动地去对家长说一说、叨一叨，效果就会好多了。家长不仅能了解孩子的一天生活，更能感受到老师对孩子的关切与爱护！有这样一个例子让我更加重视了"沟通"的价值：一个能说会道的小男孩东东，能一字不落地复述幼儿园一天的生活。在别的班时，其家长与老师之间总有扯不完的皮，告不完的状，弄得家长与老师的关系十分不和……转到我班后，我总是在东东"汇报"

之前先与家长交谈一番，告诉家长孩子的“重大表现”，不到半个月，家长与我们之间的关系十分和谐，家长一再感激地说：“还是这个班好，老师这么关心我的孩子，我无话可说，只有感激。”仔细分析，并不是其他的老师不好，而是孩子站在自己的立场上“汇报”一天的生活，家长也听信了儿子的话，日子稍久，家长便以为老师与自己的孩子“过不去”。如孩子不爱吃青菜，老师软硬兼施地劝东东吃下去，回家后带着情绪说“老师硬要他吃不好吃的东西……”这件事在我手上也一样发生，只是我抢先一步告诉家长：“孩子不爱吃青菜，我们为了他的身体发育，想办法让他吃了，他还有点不高兴呢。”时间稍久，家长理解了老师，也不再听幼儿的“一面之词”了。

问题：(1) 以上案例采用了什么方式进行家园合作？

(2) 教师与家长沟通的技巧有哪些？

【解析】本题主要检测对家园合作方法和教师与家长沟通技巧的理解。

答案提示：(1) 采用接送幼儿时的随机交流方式进行家园合作。

(2) 教师与家长沟通的技巧有：

① 用日常普通语言与家长交谈，切忌使用专业术语。

② 要用平等的身份与家长交谈。

③ 交谈时不要谈及别的幼儿。

④ 谈幼儿缺点时注意方式方法：借助儿童发展的知识来表达；先肯定幼儿的优点和进步，再婉转提出问题要求。描述时不加任何评价，反对告状式描述孩子行为。

⑤ 积极倾听。要敏感地觉察与体验到家长的情绪，以及引起这种情绪的原因。

⑥ 幼儿在场时，教师要注意谈话的内容，以免影响幼儿的自尊心和家长的威信。

【小试牛刀】

一、单项选择题(每题选一个正确答案，每小题2分，共24分)

1. 在幼儿园环境中，下列属于狭义的物质环境的是(　　)。
A. 自然风光　B. 居室空间安排　C. 园舍建筑　D. 室内装潢设计

2. 幼儿园在教室的图书角，地上铺着柔软的地毯或放上舒适的坐垫，矮架上整齐地排列着各种图书，这样的环境布置体现了环境的(　　)。
A. 教育性　B. 发展性　C. 合作性　D. 可控性

3. 同是玩娃娃家游戏区，在小班的娃娃家就需要提供(　　)。
A. 功能复杂的玩具　B. 数量较多的主题玩具
C. 富有创造性的玩具　D. 能一物多用的玩具

4. 创设适合幼儿的环境，让幼儿园环境符合幼儿的年龄特征、兴趣与需要，照顾到个体差异等。这里的含义是指(　　)。
A. 教育性原则　B. 适宜性原则　C. 参与性原则　D. 发展性原则

5. 幼儿园能否对社会文化作出正确、明智、有远见的追求与选择，理解不正确的是(　　)
A. 取决于幼儿园的管理者　B. 教师的价值观念、批判思维能力

C. 以社会主义核心价值观为准绳　　D. 跟时髦、赶潮流

6. 在幼儿园环境创设时，因地制宜、就地取材、废物利用、一物多用，充分发挥自然材料的功效，这体现了幼儿园环境创设的(　　)。

A. 教育性原则　B. 适宜性原则　C. 参与性原则　D. 低成本原则

7. 对小班活动室环境创设的注意点理解不正确的是(　　)。

A. 亲情　B. 有趣　C. 明确　D. 合作

8. 引导幼儿参与环境的准备可以有多种形式，主要是引导幼儿(　　)。

A. 思考和操作　B. 动脑和动手　C. 计划和设计　D. 师生互动

9. (　　)与幼儿园教育之间的合力的大小取决于二者之间的关系，二者完全一致时合力最大。

A. 家长　B. 社区　C. 教师　D. 社会

10. 有的幼儿园在课程中将社区的历史、风俗、革命传统等作为资源来利用，使教育内容丰富而有特色。这是利用(　　)影响着幼儿园教育。

A. 社区地域　B. 社区习俗　C. 社区环境　D. 社区文化

11. 由家长带孩子一起在幼儿园参加活动或阅读图书，教师实际地给予指导，这种家园合作的方法是(　　)。

A. 家长开放日　B. "爸爸、妈妈老师"制度

C. 幼儿学习成果展览、汇报会　D. 亲子班或亲子阅读屋

12. 我国的(　　)中明确规定"幼儿园应主动与幼儿家庭配合，共同担负教育幼儿的任务"，这是科学的、符合幼儿教育发展趋势的决策。

A.《国务院关于当前发展学前教育的若干意见》

B.《幼儿园工作规程》

C.《3—6岁儿童学习与发展指南》

D.《幼儿园教育指导纲要(试行)》

二、多项选择题(多选、少选、错选均不得分，每小题3分，共15分)

13. 幼儿园环境是指一个包括(　　)大环境。

A. 幼儿园、家庭、社区在内的　B. 内部的物质环境

C. 外部的精神环境　D. 与大社会大自然相联系的

E. 生物有机体生存的

14. 幼儿园室内设计的基本原则(　　)。

A. 舒适愉悦　B. 功能合理

C. 激励参与和学习　D. 相对稳定

E. 安全整洁

15. 幼儿园环境创设应秉持的基本理念，理解正确的有(　　)。

A. 幼儿园环境创设是以幼儿为本的

B. 适合幼儿的需要与特点的

C. 按照成人的意志创设或者服务于某种商业的、功利的目的

D. 幼儿展示自信、力量与智慧，体验自己的权利与责任的过程

E. 幼儿与成人、同伴合作，更好地认识并尝试改变外部世界的实践过程

16. 活动室内活动区设置中常见的问题(　　)。

A. 活动目标不明确　　B. 忽略幼儿主体性

C. 材料投放不合理　　D. 材料摆放的位置不当

E. 教师的指导方法不适宜

17. 家长作为重要的教育力量表现在(　　)。

A. 家长的参与极有利于幼儿的发展

B. 家长是教师最好的合作者

C. 家长是教师了解幼儿的最好的信息源

D. 家长与教师的配合使教育计划的可行性、幼儿园课程的适宜性、教育的连续性和有效性等都能更好地得到保证

E. 家长本身是幼儿园宝贵的教育资源

三、判断题(正确的打"√"，错误的打"×"，每小题1分，共15分)

(　　)18. 为促进幼儿身心的健康发展，幼儿园必须从精神方面创设良好的环境。

(　　)19. 幼儿园环境创设与其他教育机构有明显区别。

(　　)20. 在瑞吉欧幼儿园中，把人、空间、时间和材料作为幼儿园环境的四要素。

(　　)21. 创设具有教育性的幼儿园环境不需要加强目标意识。

(　　)22. 幼儿园的环境就是指幼儿园内的空间。

(　　)23. 中班活动室环境创设应注意：亲情、有趣、明确、合作等。

(　　)24. 厕所、洗手间的设计要适合幼儿的行为特点、身体状况等。

(　　)25. 教师是环境的轴心，环境中的各种因素是通过教师来调节的。

(　　)26. 室外环境的创设遵循环境创设的共同原则，强调经济、方便、耐用。

(　　)27. 幼儿园是幼儿成长最自然的生态环境。

(　　)28. 幼儿园与社区合作的目的就是要利用社区的资源。

(　　)29. 在幼儿教育活动中，社区中各行各业的人都可以成为教育者。

(　　)30. 社区作为幼儿园的一个组成部分，是幼儿园的小环境。

(　　)31. 家长座谈会是家园合作中家长直接参与的活动。

(　　)32. 是否能开展与社区结合的活动，关键在于社区环境条件。

四、简答题(每小题8分，共24分)

33. 简述幼儿园教育的环境观是广义的。

34. 怎样理解幼儿园环境创设的发展性原则。

35. 教师与家长沟通需要具备什么技能、方法。

五、论述题(共 24 分)

36. 试述教师在幼儿园环境创设中的作用。

37. 试述幼儿园怎样与社区合作。

六、分析题(共 18 分)

案例：我班的墙面拼图很有特色，拼起图来也很简单，孩子们首先把形形色色的吹塑纸剪成大大小小的方块、圆、三角或其他形状，然后在水中一浸，往墙面瓷砖上一贴，就会拼出自己想象出来的图案来。

明天就要到“开放日”了，为了给参观的同行们留下一个好印象，我决定自己亲自动手，把墙面拼图搞好。整整一个上午，我一会儿剪，一会儿贴，忙得不亦乐乎。孩子们在旁边眼巴巴地瞅着，有几个小朋友忍不住要上来帮忙，被我制止了，因为我不放心他们。一幅幅得意的作品出来了，看上去很大方，很得体，但老觉得欠缺点什么，而且拼着拼着就不知所措了，无非是用三角做房顶，方块做房身……越看越直观、越浅显。这时，孩子们开始叽叽喳喳地评论起来，小薇小朋友站起来，怯生生地说：“老师，我觉得你拼的小女孩不好看。”立刻，孩子们你一言我一语地议论开了。我转过身来，去看那拼出来的小女孩，还真是有些呆板呢，我一下子哑口无言了。孩子们说的确实有道理，这拼图活动区本来就是他们大显身手的地方，我为什么要独揽呢？

听说让他们自己干，孩子们顿时活跃起来。我在旁边不时地指点一下，鼓励那些拿不定主意的孩子想拼什么就拼什么。大家的兴致高，动作也就特别快。

不一会儿，我就能看出高楼、大树、太阳、小草，还有各种各样漂亮的小花。小薇把我拼的小女孩扯下后，自己重新拼，没想到，她用这么简单的图形拼出了这样活泼可爱的女孩形象来，小方块加上一个小三角居然那么像小辫！森森拼出一列长长的火车，我问他：“你的火车要开到哪儿？”他兴奋地说：“不是要给那些受灾的小朋友捐衣服吗？火车装衣服。”芳芳小朋友拼的图案，我感觉像汽车，又不太像，她一本正经地告诉我："这就是汽车，一辆小汽车，是给老师上班用的，你的车子太慢了，这辆车可快了！"

请回答：38. 上面这个案例教师贯彻了幼儿园环境创设中的哪个原则？教师的前后做法有什么不同？哪一种做法合理？为什么？

【参考答案与计分标准】

一、单项选择题(每题选一个正确答案，每小题2分，共24分)

1. C　2. A　3. B　4. B　5. D　6. D　7. D　8. B　9. A　10. D　11. D　12. B

二、多项选择题(多选、少选、错选均不得分，每小题3分，共15分)

13. AD　14. ABCDE　15. ABDE　16. ABCDE　17. ABCDE

三、判断题(正确的打"√"，错误的打"×"，每小题1分，共15分)

18. ×　19. √　20. √　21. ×　22. ×　23. ×　24. √　25. √
26. ×　27. ×　28. ×　29. √　30. ×　31. ×　32. ×

四、简答题(每小题8分，共24分)

33. 广义的幼儿园环境是指幼儿园教育赖以进行的、对幼儿身心发展产生影响的一切条件的总和。它包括幼儿园的内部环境，与家庭、社区以及自然和社会等外部环境。(2分)

幼儿园教育的环境观必须是广义的。

一是由于幼儿的健康成长绝不仅仅是靠幼儿园教育能够实现的，家庭对幼儿成长具有相当大的、甚至可以说第一位的影响力。(1分)

二是当今幼儿园教育已成为社会公共服务体系的一个有机组成部分。(1分)

三是世界教育发展到如今的终身教育阶段，教育已经绝不仅仅是学校的事了。(1分)

四是时代的发展证明，脱离社会大环境而独善其身的教育是不可能适应社会需要的。(1分)

综上所述，幼儿园环境是一个包括内部与外部两部分环境的大环境含义，是指一个包括幼儿园、家庭、社区在内的，与大社会大自然相联系的大环境。(2分)

34. 幼儿园环境的发展性可以说就是有效性，它主要表现在创设的环境能多大程度被幼儿利用，发挥促进幼儿发展的功能，而不是徒劳无益甚至阻碍幼儿的全面发展。(2分)

一是在深入了解幼儿的基础上创设环境；(2 分) 二是注意观察幼儿在怎么使用这个环境；(2 分) 三是让环境始终保持在动态的变化之中，而不是固定不变。(2 分)

35. (1) 了解家长的技能、方法。一般来说，教师需要了解家长的需求与希望、家长的性格类型、家长的教育观念和方法、家长的职业、文化水平、待人接物习惯等，以确定自己的工作方法和沟通策略。了解家长的不同类型，对调整沟通方式会更有效果。(2 分)

(2) 与家长交流的方法、技巧。沟通需要交流，教师应具备与家长交流的方法、技巧，如与家长面对面交谈时倾听技巧，(2 分) 以适合家长的态度、语言、表达方式以及考虑对方的观点、心情的谈话技巧，(2 分) 以及向不同类型的家长传达信息(口头的或书面的)、特别是描述孩子行为、提出建议或意见的技巧等，(2 分) 都是非常必需的，它能帮助教师与家长实现相互尊重、相互理解、相互支持。比如，向家长谈论孩子的行为问题时，“告状式”很容易引起家长反感，而向家长清楚地描述孩子的行为，不加任何评价的话，效果就好得多。

五、论述题(每小题 12 分，共 24 分)

36. (1) 准备环境。(1 分) 准备一个与教育相适宜的环境是教师的职责。教师在准备环境时的作用主要表现在以下方面：

① 把教育目标蕴含在环境中。教师必须带着明确的目标意识来准备环境，让幼儿能在环境中向着正确的方向行动、发展。(1 分)

② 心中装着幼儿。这就要求教师在准备环境时心中装着幼儿，充分考虑他们的兴趣、需要、经验水平的现状与发展可能性，让环境能引导、促进幼儿发展。(1 分)

③ 和幼儿一起共同准备环境。引导幼儿参与环境的准备可以有多种形式，主要是引导幼儿动脑与动手。(1 分)

(2) 调控环境。(1 分) 教师控制环境的作用是指教师能利用环境来激发和保持幼儿的活动积极性，能帮助幼儿利用环境来发展自己。

调控环境的若干环节和主要方法：(3 分) 诱导幼儿进入活动；帮助幼儿展开活动；指导幼儿解决纷争、困难或情绪问题；帮助幼儿结束活动。

(3) 改善环境。(1 分) 改善环境主要是根据幼儿在环境中的活动状况，发现环境的问题，及时地进行调整，以增强环境的选择性、挑战性、多样性、差异性等，通过保持环境的动态变化，来保持环境的发展性。(2 分) 不断改善环境，使它保持适合幼儿发展的最佳状态，是教师的重要作用。(1 分)

准备环境、调控环境、不断改善环境，这是教师在幼儿园环境创设中的重要作用。教师是环境的命脉，环境中的物质材料、人际因素以及它们与幼儿的关系和相互作用都是由教师来调控的，幼儿在环境中的活动也是由教师直接或间接引导的，没有教师的主导作用，幼儿在环境中的发展是不可能实现的。

37. (1) 发挥专业优势，为发展以社区为基础的幼儿教育提供支持。(2 分) 幼儿园是社区教育、文化资源中心之一。作为社会公益性资源，幼儿园应当是开放的。同时，幼儿园应发挥自身作为专门教育机构的优势，“为社区的早期教育提供服务”发挥示范、辐射作用。(2 分)

(2) 为社区精神文明的发展服务，共创幼儿发展的良好社会环境。(2 分)幼儿园作为社区的组成部分，首先应当提高自身的文明程度，为优化社区的文明质量做贡献。其次，社区文化通过多种途径在影响幼儿园。因此，幼儿园应当积极地吸取优秀的社区文化，利用社区精神文明的成果，并将之转变为幼儿园自身的无形资产，让社区成为幼儿园精神文明建设的促进者。幼儿园通过社区活动和园内教育活动的结合，还可以同时促进幼儿素质和社区精神文明的发展。(2 分)

(3) 在幼儿园与社区结合上存在的问题。(2 分)较多流于形式，实质性的教育效果不大；结合方式的生硬，与幼儿园的节奏不相适应，打乱了幼儿园的生活常规，加重了教师和幼儿的负担；幼儿园与社区的结合孤立地进行，与幼儿园教育活动割裂开来，因此难以有效地利用社区活动来深化幼儿园教育；对与社区的结合，幼儿园方面也存在不少错误的认识，如认为自己幼儿园周围的社区环境不好，所以不能合作；认为与社区结合太麻烦，搞一次活动好费事，搞多了影响幼儿园正常日程；认为幼儿什么也不会做，不可能参与社区的活动；等等。(2 分)

六、分析题(共 18 分)

38. 答案要点：贯彻幼儿参与性原则。(2 分)刚开始，教师自己独自创设环境，后来让幼儿主动参与环境的创设。(3 分)后来的做法合理。(1 分)在此过程中，教师由单纯的创设者变成了观察者、倾听者、合作者、决策者，(3 分)幼儿由单纯的倾听者变成了计划者、参与者，充分认识到了自己的能力，意识到了自己是幼儿园环境的主人，人人出谋划策、个个参与创设(主体意识和主动性)；(3 分)人人都来承担自己的一份责任(责任感)；(3 分)大家在分工合作、共同讨论和决策(合作精神)中发现、解决问题。(3 分)

《幼儿园教育的基本要素》测试卷

一、单项选择题(每小题选一个正确答案，每小题2分，共24分)

1. 下列既是教师的权利，也是其义务的是(　　)。
   A. 有按时获取工资报酬，享受国家规定的福利待遇及寒暑假期的带薪休假的权利
   B. 享有参加进修或者其他方式的培训的权利
   C. 促进幼儿的全面发展，评定幼儿成长发展的权利
   D. 享有进行幼儿园教育教学活动，开展幼儿教育改革和实验的权利
2. 幼儿园教师最基本的最重要的任务是在了解幼儿的基础上，促进每一个幼儿与周围环境中人和物积极地互动，在游戏和生活中学习，(　　)。
   A. 促进幼儿技能的发展　　B. 获得全面的和谐的发展
   C. 培养良好的行为习惯　　D. 使幼儿获得一定的知识
3. 幼儿是人类社会极有价值的存在，也是社会的弱者。这是教育学从人文科学的角度揭示幼儿的(　　)。
   A. 心理特征　　B. 人格权利　　C. 自然属性　　D. 社会属性
4. 18世纪法国(　　)确立的“自然论”儿童观，即儿童不是可以任意塑造的“白板”，而是有其内在规律的自然的存在，是具有里程碑意义的“儿童的发现”。
   A. 洛克　　B. 卢梭　　C. 杜威　　D. 福禄贝尔
5. “对于最有意义的人类特性来说，发展最快的时期出现在生命最初的五年内。”(布卢姆)这说明了(　　)。
   A. 遗传素质可能带来幼儿发展的差异
   B. 后天因素具有极大的可塑性
   C. 环境因素在人生初期的影响比以后各阶段都大
   D. 环境对幼儿个体发展各方面的影响是不同的
6. 在教育过程中建立和发展，构成幼儿园教育的核心要素，影响幼儿园教育质量的最重要的因素是(　　)。
   A. 教育目标　　B. 交往能力　　C. 环境创设　　D. 师幼关系
7. 幼儿的学习不同于中小学生，幼儿学习的最大特点之一是(　　)。
   A. 以直接经验为基础　　B. 依据教科书来学习
   C. 以作业课为主的集体活动　　D. 学习学科知识
8. 学习者通过动手操作、亲自实践、与人交往等去发现自己原来不知道的东西的学习方式是(　　)。
   A. 主动学习　　B. 发现学习　　C. 接受学习　　D. 被动学习
9. 幼儿园环境的创设一定要落实到教育效果上，而不能搞花架子，追新潮、赶时髦，好看而不好用，低效甚至无效。这体现了幼儿园环境创设的(　　)原则。
   A. 教育性　　B. 适宜性　　C. 发展性　　D. 低成本性
10. 幼儿园活动室的空间划分原则是(　　)。

A. 亲情　有趣　动手　　B. 方便　合理　可变
C. 交往　操作　明确　　D. 发展　探索　合作

11. 幼儿成长最自然的生态环境，人的第一所学校是(　　)。
A. 社区　B. 幼儿园　C. 家庭　D. 大自然

12. 帮助家长树立正确教育观念，学习教育知识与方法，发展教育能力等，这是家长间接参与的活动——(　　)。
A. 家长学校或早期讲座　　B. 家长座谈会
C. 家长沙龙或家长聊天室　　D. 幼儿园(班级)网站

二、多项选择题(多选、漏选、错选均不得分。每小题3分，共15分)

13. 现今幼儿的人际交往能力，特别是同伴交往能力普遍较差。其主要原因有(　　)。
A. 我国家庭结构的发展趋向简单化、小型化
B. 家庭生活水平的提高
C. 家庭居住环境随着经济发展与家庭小型化而变化
D. 多媒体在社会生活中被广泛地运用
E. 电视的影响造成了人际交往能力的兴趣减弱、能力弱化

14. 影响幼儿学习的非智力因素有(　　)。
A. 主动性　　B. 学习兴趣、好奇心
C. 自信心　　D. 坚持性
E. 习惯性

15. 在幼儿园教育中，间接教的优点有(　　)，
A. 清楚明确、系统有序、省时经济，而且教有定法
B. 能较充分地发挥幼儿的自主性
C. 给幼儿提供了大量做做、玩玩、想想的机会和条件
D. 教师以平等的姿态参与到幼儿的游戏、活动中去
E. 与幼儿的生活完全融合在一起

16. 幼儿园活动区设置中常见的问题有(　　)。
A. 活动目标不明确　　B. 教师的指导方法不适宜
C. 材料摆放的位置不当　　D. 活动区空间设置不合理
E. 忽略幼儿主体性，教师包办、规定太多

17. 幼儿园与社区结合上存在的主要问题有(　　)。
A. 较多流于形式，实质性的教育效果不大
B. 打乱了幼儿园的生活常规，加重了教师和幼儿的负担
C. 结合方式的生硬，与幼儿园的节奏不相适应
D. 难以有效地利用社区活动来深化幼儿园教育
E. 对与社区的结合，幼儿园方面也存在不少错误的认识

三、判断题（正确的打“√”，错误的打“×”。每小题1分，共15分）

(　　)18. 幼儿园与社区合作是幼儿园教育发展的方向。

(　　)19. 间接“教”的方式能较充分地发挥幼儿的自主性，比直接“教”的方式要好。

(　　)20. 创设幼儿园环境，主要是考虑幼儿园内环境，园外的环境可以不予考虑。

(　　)21. 幼儿园环境的可控性决定了环境的教育性，可控性又保证了教育性的实现。

(　　)22. 幼儿园经济条件差，创设环境时必须考虑低成本原则。

(　　)23. 幼儿与成人有同样的权利。

(　　)24. 教师与幼儿不仅仅是教育者与被教育者的关系。

(　　)25. 教师是环境的轴心，环境中的各种因素是通过教师来调节的。

(　　)26. 幼儿的学习是否有意义，关键是教师能否激发幼儿的主动性。

(　　)27. 教师与幼儿相互作用质量的好坏关键在教师。

(　　)28. 创设环境时，让幼儿园环境符合幼儿的年龄特征、兴趣与需要，照顾到个体差异等。

(　　)29. 教师与幼儿能否沟通，主要是技巧的问题。

(　　)30. 现代社会儿童心理发展上出现其身体的生长、发育的速度加快。

(　　)31. 教师的主导作用的表现程度并不是调动幼儿学习主体性的程度。

(　　)32. 幼儿的发展是幼儿与环境相互作用的结果。

四、简答题（共24分）

33. 促进教师与幼儿相互作用的策略。（10分）

34. “参与性原则”的教育意义和应树立的正确观念。（6分）

35. 幼儿园为什么要与家庭合作。（8分）

五、论述题(共24分)

36. 试述幼儿实践活动对幼儿发展的意义和作用。(12分)

37. 试述教师在幼儿园环境创设中的作用。(12分)

六、案例分析题(18分)

案例：在幼儿园中，教师要学会与幼儿沟通。比如，要熟记每个幼儿名字，这样幼儿会感到非常亲切，对教师的话作出积极反应；说话的语速和语调要恰当，最好能引发幼儿的好奇心；与幼儿交谈时，语言要简单明确，容易被幼儿接受；说话的态度要友善，比如："我很喜欢听到你的描述，相信每位小朋友都会喜欢。""你这一次比上一次说得更清楚了。"在交流的时候，教师还要注意与幼儿的目光接触，要耐心倾听幼儿的谈话，作出积极反馈。现实生活中，有的老师能灵活运用其交流技能，有的老师则因为与幼儿缺乏有效沟通而苦恼。

问题：38. 请你从幼儿教师需要具备的能力出发，谈谈教师如何与幼儿实现有效的沟通。

【参考答案与计分标准】

一、单项选择题（每题选一个正确答案，每小题 2 分，共 24 分）

1. C　2. B　3. D　4. B　5. C　6. D　7. A　8. B　9. D　10. B　11. C　12. A

二、多项选择题（多选、少选、错选均不得分，每小题 3 分，共 15 分）

13. ACE　14. ABCD　15. BCDE　16. ABCDE　17. ABCDE

三、判断题（正确的打“√”，错误的打“×”，每小题 1 分，共 15 分）

18. √　19. ×　20. ×　21. ×　22. ×　23. ×　24. √　25. √
26. √　27. √　28. √　29. ×　30. ×　31. √　32. ×

四、简答题（共 24 分）

33.（1）直接教的策略。①变单向的“教”为双向的交流；②变单一的言语传授为多样化的教育手段；③重视情感效应；④重视幼儿的个别差异，因人施教；⑤重视发展幼儿的思维；⑥重视随机地“教”。（6 分）

（2）间接教的策略。①正确定位教师的角色；②创设适应幼儿年龄特点和个别差异的环境；③重视提升幼儿的经验和形成正确的概念。（3 分）

（3）直接教与间接教相结合。（1 分）

34.（1）“参与性原则”的教育意义：

第一，培养幼儿的主体意识和主动性。

第二，培养幼儿的责任感。

第三，培养幼儿的合作精神。（3 分）

（2）贯彻这一原则需要教师转变观念，应当看到：

① 幼儿的参与是他们的权利，不是简单地让他们“帮忙”。

② 幼儿是在行动中发展的，如果他们永远只是旁观者的话，就永远不会变得能干起来。

③ 教师对“环境美观”的认识也要克服成人中心，不能完全用成人的审美标准来衡量环境创设的好坏。（3 分）

35.（1）家庭是幼儿成长最自然的生态环境。幼儿身心尚未成熟，他们需要社会特殊的保护和照料。家庭是社会最基本的单元，也是幼儿成长最自然的生态环境，担负着养育幼儿的重大责任。对于幼儿来说，与父母共同生活是最重要的需要。（2 分）

（2）家庭是人的第一所学校。父母对孩子的态度给幼儿以后对社会的态度奠定了基础。“在个性、社会性、智力发展和文化特征方面，父母是孩子的第一个和最重要的环境影响因素。”（2 分）

（3）家长是幼儿园教育的重要力量。主要表现在：

① 家长的参与极有利于幼儿的发展。

② 家长是教师最好的合作者，家长是教师了解幼儿的最好的信息源。

③ 家长与教师的配合使教育计划的可行性、幼儿园课程的适宜性、教育的连续性和有效性等都能更好地得到保证。

④ 家长本身是幼儿园宝贵的教育资源。(4 分)

五、论述题(共 24 分)

36. 幼儿的实践活动大致可分为两类，一是操作实际物体的活动，二是人际交往活动。

实物操作活动对幼儿发展有极其重要的意义：

第一，幼儿在实物操作活动中发展自我意识。幼儿操作实物活动有利于幼儿发展对自身的认识，发展其主体能动性。(2 分)

第二，幼儿在实物操作活动中发展思维能力。幼儿尚处在行动思维阶段，他们的思维与操作实物的动作分不开。因此，为了进行思维，幼儿需要面前有容易操作的物体，实物操作活动正好能满足他们的这个需要。幼儿的思维就在活动中发展起来的。(2 分)

第三，实物操作活动是获取知识的重要源泉。实物操作活动能发展幼儿的思维能力，而思维能力总是和思维的内容不可分割的，即实物操作活动在发展幼儿认知结构的同时，也成为其获取知识的源泉。(2 分)

人际交往活动的作用表现在：

第一，让幼儿体验社会角色。在家庭或幼儿园中，幼儿与教师、家长、其他幼儿等结成各种不同性质的社会关系，幼儿的社会角色也随之变化，这种变化使幼儿初步认识到社会角色的多重性，意识到自己与他人的区别和相互关系，逐步了解各种角色相应的责任、态度、行为准则，逐步学会在与人交往时调节控制自己的情绪和行为等。(2 分)

第二，是幼儿重要的信息源。幼儿的社会知识是通过与人交往而获得的。社会的信息主要通过家长或教师的过滤再传递给幼儿，幼儿与同伴的相互交往也是信息的一个重要来源。(2 分)

第三，是幼儿实际的社会生活。家庭、幼儿园是幼儿的小社会，幼儿在其中既是实在地生活，又为未来的社会生活做情感的、知识技能的、态度的准备，为一生的生活打下基础。(2 分)

37. (1) 准备环境。准备一个与教育相适宜的环境是教师的职责。教师在准备环境时的作用主要表现在以下方面：

① 把教育目标蕴含在环境中。教师必须带着明确的目标意识来准备环境，将周围的人际因素和物质条件精心地加以组织、规划，并计划安排必要的幼儿乐于参与的活动，让幼儿能在环境中向着正确的方向行动、发展。(2 分)

② 心中装着幼儿。教师在准备环境时心中装着幼儿，充分考虑他们的兴趣、需要、经验水平的现状与发展可能性，让环境能引导、促进幼儿发展。(2 分)

③ 和幼儿一起共同准备环境。引导幼儿参与环境的准备可以有多种形式，主要是引导幼儿动脑和动手。(2 分)

(2) 调控环境。教师控制环境的作用是指教师能利用环境来激发和保持幼儿的活动积极性，能帮助幼儿利用环境来发展自己。调控环境大致的几个环节：诱导幼儿进入活动；帮助幼儿展开活动；指导幼儿解决纷争、困难或情绪等问题；帮助幼儿结束活动。(2 分)

(3) 改善环境。环境不是凝固的、僵化的、一成不变的，它必须随着幼儿的兴趣、需要、能力的变化，以及教育目标、客观条件的变化而不断变化。不断改善环境，使它保持适合幼儿发展的最佳状态，是教师的重要作用。(2分)

准备环境、调控环境、不断改善环境，这是教师在幼儿园环境创设中的重要作用。教师是环境的命脉，环境中的物质材料、人际因素以及它们与幼儿的关系和相互作用都是由教师来调控的，幼儿在环境中的活动也是由教师直接或间接引导的，没有教师的主导作用，幼儿在环境中的发展是不可能实现的。(2分)

六、案例分析题(共18分)

38. 从这个案例可以看出，幼儿教师要实现与幼儿的有效沟通互动，需要具备相应的知识与能力，包括教育学、心理学、生理学等知识，沟通互动是实施教育的重要途径与手段，也是丰富多彩的教育过程。在我国的《幼儿园教师专业标准(试行)》中，“沟通与合作能力”被列为教师的七大专业能力之一。(2分)

教师与幼儿的沟通互动主要有两个方面，非言语沟通互动与言语沟通互动。

(1) 教师与幼儿非言语的沟通互动。在幼儿园教育中，非言语的沟通互动方式之所以重要，其主要原因，一是对幼儿来说，动作比语言容易理解。二是幼儿非常需要教师直接的身体接触。三是幼儿语言的发展尚不充分，非言语信息是他们表达的重要手段。(3分)

此外，教师参与到幼儿的活动中去也是沟通互动的重要途径。在与幼儿一起活动的过程中，教师往往能与幼儿的心情和感受产生切实的共鸣，获得真实的、具体的体验。

(2) 教师与幼儿的言语沟通互动。教师与幼儿的交谈，特别是个别或小组中的对话，是与幼儿沟通情感、心灵交汇的重要途径，是师幼沟通互动的重要手段。言语的沟通互动需要教师在抓住机会、选择话题、引发和延续对话、激发和保持幼儿对话的兴趣和积极性等环节上，具有丰富的经验技巧、灵活机智的策略。(3分)

要提高与幼儿言语沟通互动的质量，最根本的是教师从权威的、教师中心的地位转到与幼儿平等交流、分享的地位，真正地尊重幼儿，面向全体幼儿，对所有的幼儿一视同仁，提高与幼儿言语沟通的技能，这是幼儿园教师专业成长的十分重要的内容。关于与幼儿对话沟通的技能主要有：

一是引发交谈的技能。如能够及时发现幼儿个体或群体的感兴趣的适宜话题，善于敏锐地抓住时机、创造气氛，激发幼儿交谈的欲望，鼓励幼儿主动地说自己想说的事。(2分)

二是倾听的技能。用恰当的言语或非言语方式，热情地接纳和鼓励幼儿谈话、提问，让幼儿产生喜悦感和自信心。(2分)

三是扩展和维持对话的技能。如在对话中适当地向幼儿提供必要的信息或提出问题，既扩展谈话的内容，又不让幼儿跟着老师转；给幼儿的谈话提示或补充必要的词汇、事件或问题，支持和引导幼儿把谈话延续下去，等等。(2分)

四是面向全体、注意差异、有针对性地与幼儿个别沟通互动的技能。如善于倾听、理解各种不同特点幼儿的谈话，并能有针对性地选择不同的话题、方式、词汇、语速等，有效地与幼儿个别沟通。在集体性谈话活动中，既能面向全体，让爱说、会说的幼儿得到表现，又能给幼儿语言发展不佳的幼儿提供表达的机会，给予他们鼓励与肯定。(2分)

五是结束交谈的技能。如能适时地结束谈话，既不影响其他活动，又让幼儿心情愉快、获得满足感。(2分)

第三部分　幼儿园教育的实施

第六章　幼儿园课程

【学习导航】

识记：课程、幼儿园课程的概念；课程的基本模式及课程要素；幼儿园课程目标的种类、结构与表述；幼儿园课程目标的作用；幼儿园课程计划的制订；幼儿园课程评价的作用。

理解：幼儿园课程的特点；幼儿园教育目标和课程目标的关系；幼儿园课程内容的划分；选择与确定幼儿园课程内容的原则；幼儿园课程的组织形式；幼儿园课程评价的内容与方法。

应用：教案的设计；学会制订幼儿园课程计划；学会指导幼儿园教育教学活动；掌握幼儿园课程实施的手段、方法和途径；幼儿园课程评价的注意点。

【重中之重】

课程的基本模式及课程要素；幼儿园课程计划的制订；幼儿园课程的特点；教案的设计；学会制订幼儿园课程计划；学会指导幼儿园教育教学活动；掌握幼儿园课程实施的手段、方法和途径。

【应知应会】

第一节　课程与幼儿园课程

一、关于课程的概念

1. 什么是课程

(1) 课程没有统一的标准化定义

关于课程的定义，可谓众说纷纭，莫衷一是。因为不同的教育思想、教育理论或不同的教育视角与侧重点，对课程的认识与理解不同。如"学校所有学科的总和或指某一门学科"，"儿童在教师指导下所获得的一切经验"，等等。

（2）课程是一个发展着的概念

课程定义除了上述的多样化特点之外，发展性也是其重要的特点之一。随着社会的发展与进步，随着教育思想的发展和教育实践的不断深化，课程概念也随之动态地变化，不断地深化与丰富。

大多数课程研究者基本认同“课程系指在教师指导之下出现的学习者学习活动的总体”。这里的教师指导不仅包括课堂里的直接的、学业的、显性的指导，还包括课堂以外的所有间接的、道德人格的、隐形的指导。学习者的学习活动不仅包括课表上所指定的学科学习活动，还包括学生个人或群体自发的学习活动或学校组织的其他活动。

2. 课程的基本模式及其课程要素

依据不同的理论取向，形成了多种不同的课程模式。总的来说，可大致分为“目标模式”与“过程模式”两大类。

（1）目标模式

目标模式是一种应用科学管理的原则而建立的、在课程实践中产生了广泛影响的课程范式。课程的“目标模式”指以目标为课程开发的基础和核心，围绕课程目标的确定及其实现、评价而进行的课程开发模式。目标模式是课程开发的经典模式、传统模式。其主要代表是美国的拉尔夫·泰勒（RalphTyler），所以这种模式也被称作“泰勒模式”。

“目标模式”主张的四大课程要素是：目标、内容、组织与评价。

（2）过程模式

针对目标模式的种种弊端，在对目标模式批判修正的基础上，课程的“过程模式”逐步成熟起来。20 世纪 70 年代，英国课程专家斯腾豪斯倡导一种“不应以事先规定好了的结果为中心，而要以过程为中心”的课程。

“过程模式”是重视活动过程本身的价值，尊重学习者的个性化学习，鼓励学生探索知识、进行自主学习的课程模式。该模式把发展学生的主体性、创造性作为教育的广泛目标，教师的角色定位不是学生行为的主宰者、控制者，而是学生的学习伙伴和行为引导者。“过程模式”主张的四大课程要素与“目标模式”不同，主要是：教师、学生、环境、教材资源。即是说，该模式强调课程中教师和学生的交互作用，强调通过创造适宜的教育环境和充分利用一切教育资源。

二、关于幼儿园课程的概念

1. 什么是幼儿园课程

幼儿园课程是帮助幼儿通过与环境互动，获得有益的学习经验，以促进其身心全面和谐发展的各种活动的总和。

这个定义从广义课程观的角度指明，幼儿在园的一切活动都属于幼儿园课程的范畴，一日生活皆课程。即不论是教师专门组织的活动，还是幼儿自选或自发的各种游戏活动，日常生活活动等，都是幼儿园课程的组成部分。这样的幼儿园课程把幼儿园教育中的各种要素，如教师、幼儿、环境、教育资源等，按照幼儿教育的规律与原则，按照幼儿发展的规律与特点，进行了科学合理地组织，体现了幼儿教育的特点，确保幼儿能够像幼儿学习与生活。

2. 幼儿园课程的特点

幼儿园课程的主要特征表现在：

(1) 遵循幼儿生活的逻辑，而非学科知识的逻辑

遵循幼儿生活的逻辑，这是幼儿园课程设计与编制的一大特征。幼儿园课程以幼儿生活为基础，以幼儿的兴趣、需要为出发点，从幼儿生活中发掘有教育价值的事件、现象、问题等，将之转化为课程内容和有意义的课程活动，引导幼儿在生活中发展，在发展中生活。

(2) 融于幼儿园一日生活之中，而非以专门的授课为主

融于生活，这是幼儿园课程的形态特征。幼儿园课程渗透在一日生活的各个环节之中。

幼儿阶段的发展课题是养成良好的生活、卫生习惯，学习自己照顾自己，在身体、认知、情感、社会性以及沟通与创造等方面获得一定的发展。

(3) 以游戏为基本活动，而非以课堂教学为基本活动

以游戏为基本活动，是幼儿园课程的实施特征。因为幼儿需要游戏，游戏反映了幼儿的需要，是幼儿最重要的一种学习方式。所以幼儿园必须以游戏为课程的基本形式。

(4) 幼儿以获得直接经验为主，而非通过书本学间接知识为主

幼儿园课程让幼儿以获得直接经验为主，这是因为幼儿主要通过感官来认识环境中的事物，其思维方式也是具体形象思维。因此，只有通过各种感官真实地直接地接触事物、亲身体验、动手操作，幼儿才能不断地积累经验，获得真知。

(5) 课程是综合的，而非分科的

综合性，既是幼儿园课程的内容特征，也是其内容组织的特征。因为幼儿认识世界的方式是整体的、未分化的，幼儿的生活是统合的、整体的，融于幼儿生活的幼儿园课程内容必然有机结合、彼此渗透、相互促进。幼儿在整合的课程中实现身体、认知、情感、社会性、创造与想象等融为一体的全面发展。

3. 我国幼儿园课程的发展简述

在新中国成立之前的幼儿教育中就存在“课程”一词。早在20世纪30年代就已经颁布了《幼儿园课程标准》。

新中国成立初期一直到80年代初，不再使用“课程”一词。

80年代中期，幼儿园基层开始重新使用“课程”一词，并在实践中从提高作业课质量入手，探索分科课程模式，并尝试实施综合课程。

到90年代时，我国幼儿园的课程改革发展迅速，各种课程模式竞相出台。除分科课程之外，出现了多种综合课程，这些课程在目标上各有侧重。

2001年颁布的《纲要》、2016年施行的新修订的《规程》中，虽然继续使用“教育活动”来替代“课程”一词，但是在幼儿园教育的实践层面与理论界不仅广泛使用“课程”一词，关于幼儿园课程的研究也一直是幼教的热点，幼儿园课程的创新也方兴未艾。

第二节　幼儿园课程的目标

一、幼儿园教育目标与课程目标的关系

幼儿园课程目标是幼儿园教育目标在课程领域的具体化。幼儿园教育目标直接决定着幼儿园的课程目标，决定着幼儿园课程的性质和方向。幼儿园课程目标具体地体现着幼儿园课程开发与教育活动的价值取向。

二、幼儿园课程目标的结构与表述

1. 幼儿园课程目标的纵向与横向结构

(1) 幼儿园课程目标的纵向结构

幼儿园课程目标的纵向结构是指课程目标的层级结构。与教育目标可分为从宏观、中观到微观的不同层次一样，课程目标也可分为类似的不同层次，二者呈现着对应的层级关系。可以说，幼儿园教育目标——实施德、智、体、美等方面全面发展的教育，促进幼儿身心和谐发展，为幼儿后继学习和终身发展奠定良好基础——也就是我国幼儿园课程的总目标。

宏观的课程目标概括、抽象，经过逐层分解后可成为易操作的具体活动目标。不同层次的课程目标组成了如下的纵向层级结构。幼儿园课程目标从概括到具体、宏观到微观依次的层级结构为：

① 幼儿园课程总目标

② 幼儿园课程长期目标(三年的目标)

③ 幼儿园课程中期目标(各年龄班学年目标)

④ 幼儿园课程短期目标(学期目标)

⑤ 幼儿园课程月目标、周目标(或单元目标)

⑥ 幼儿园课程的一日目标

⑦ 一个具体的游戏或其他活动目标

纵向目标结构的优点在于，逻辑清晰、层层相扣、上下贯通、一目了然。

(2) 幼儿园课程目标的横向结构

幼儿园课程目标的横向结构是指目标的平行结构。这种结构往往以若干平行的幼儿学习内容领域或身心发展领域为结构框架。

幼儿园课程目标平行的领域有：健康、语言、社会、科学、艺术。这种横向的目标结构的优点在于，课程实施中，教师易于把目标与活动内容结合起来。

2. 幼儿园课程目标的表述

幼儿园课程目标的表述一般有两种形式：

一是从“教”的角度出发，表述教育的合理期望，即通过课程要让幼儿获得学习与发展的成果。常用的关键词有：激发、发展、培养、帮助等。

二是从幼儿“学”的角度出发，表述幼儿在学习以后的应知应会，或行为习惯、能力技能的变化等。常用的关键词有：学会、养成、积极主动、认识、增强等。

三、幼儿园课程目标的种类

幼儿园课程目标的种类有“行为目标”、“表现性目标”、“生成性目标”。

“行为目标”：具体课程目标是在课程之前预设的、规定的，即定下课程结束后幼儿应习得的具体行为或应知应会的统一要求。

“表现性目标”：不统一规定幼儿在学习后的具体要求，而更重视多元的个性化表现。

“生成性目标”：不是在课程前预先提出的，而是在教育情境中随着教育过程的展开而自然生成的。这类目标把课程视为一种动态变化的过程。

四、幼儿园课程目标的作用

1. 为制订课程计划提供依据

课程实施时，有不同层次的课程教学计划。教师在制订各种课程教学计划时，必须依据课程目标的要求并结合幼儿的实际发展水平来确定。

2. 为选择课程内容与教学方法提供依据

在选择课程内容时，要判断什么样的知识对于幼儿的发展是有益的、必要的，在选择教学方法时，要判断什么样的方法适合正面引导幼儿，而不会造成负面的消极影响，课程目标都是极其重要的依据之一。

3. 为课程的组织与实施提供依据

课程实施实际上是教师创造性地实现课程目标的过程。课程目标都具有明确的导向作用、调控作用。

4. 为课程与教学评价提供依据

课程与教学评价是用一种标准对课程与教学过程进行价值判断。而幼儿园课程目标正是这种价值判断的标准。幼儿园课程与教学是否达成目标、达成了什么样的目标，是评价幼儿园课程效果的一个极其重要的方面。幼儿园课程与教学的评价除了课程目标之外，课程内容的科学性、课程实施过程与教学方法是否适合幼儿实际、是否适合幼儿身心发展的规律与学习特点等，也都是评价的重要依据。

第三节　幼儿园课程的内容

一、如何理解幼儿园课程内容

1. 理解幼儿园课程内容应持的“知识观”

理解幼儿园课程内容必须持一种与幼儿的学习特点相适应的广义的、建构的知识观。

(1) 什么是广义的、建构的知识观

这一知识观是建构主义和现代认知心理学的一个基本观点。这一知识观认为，“知识是由主体与环境或思维与客体相互交换而导致的知觉建构。”(皮亚杰)

广义的、建构的“知识观”的基本观点是：

① 知识是学习者与环境互动的产物，而非外部的直接输入品；

② 知识的获得是学习者形成自己认知结构的过程，这一建构过程本身也是知识的一部分，知识和知识获得的过程是难以分离的；

③ 知识不仅是结论性的原理、事实，还包括应用能力、做事的能力、策略、智慧、价值等实践性知识。

(2) 广义的、建构的知识观对理解幼儿园课程内容的意义

这一强调过程性、实践性、建构性的广义知识观对正确地理解幼儿园课程内容具有特殊的重要意义。

首先，这一知识观有利于改变那种把幼儿园课程内容狭隘化，将之仅仅局限在传统的知识点或技能上的做法。

其次，这一知识观赋予了幼儿在课程内容建设中的主体地位，幼儿主要不是接受来自成人的现成知识，而是通过自己的筛选、组织，在班级中、在生活中，通过与同伴、教师交往，共同建构活动，相互整合经验，不断建构自己的个人知识、社会经验和同伴文化，这一切都成为幼儿园课程内容的基本构成。

最后，这一知识观使幼儿园课程内容以多形态、多类型的知识呈现，非常适合幼儿的年龄特征、认知特征、所持经验的特征以及“做中学”“玩中学”的学习特点等，极有利于让幼儿按照他们自己的方式有效地学习，并逐步学会学习；对于教学来说，知识的多样性使课程内容的教学不可能再停留在单一的知识传授上，由于不同的知识需要不同的“教”与“学”方式，因此教学形式会变得更加丰富多样。

2. 幼儿园课程内容的含义

从存在形态、内容构成、开发主体以及实施形式等，幼儿园课程内容的基本点：

（1）幼儿园课程内容不是以教科书形式存在的——即是说，幼儿园课程内容是超越书本知识的，是由多形态的、不同性质的“知识”组成的。

（2）幼儿园课程内容不是孤立于幼儿存在的——即是说，幼儿园课程内容不是把幼儿的兴趣、经验、体验、需要等排除在外，而仅仅是要灌输给幼儿的一堆“客观知识”，或仅仅是结论、结果形式的知识体系。

（3）幼儿园课程内容不是完全由成人来开发与创造的——即是说，幼儿园课程内容是成人与幼儿共同建构的，幼儿也是课程内容开发的主体，他们作为建构幼儿园课程内容的参与者、创造者的地位是不可忽视的。

（4）幼儿园课程内容不是完全预设的、静态而固定的——即是说，幼儿园课程内容既有预设性又有生成性，应当在活动过程中随机变化，动态生成。

二、幼儿园课程内容的划分

幼儿园教育内容的划分可以有多种维度、多种方式，不同的维度、方式都有其针对性或特定的适用范围，关键是看用内容来为什么服务。我国《纲要》《指南》是按幼儿学习领域来划分幼儿园教育内容，即划分为健康、语言、社会、科学、艺术五领域。有的按幼儿身心发展的各个方面来分类，将课程内容划分为健康、语言、认知、社会性与情感等；有的按幼儿发展的规律与需要来划分，如蒙台梭利的课程内容就划分为日常生活、感觉教育、数学教育、语言教育、文化教育五个方面；有的针对幼儿的发展与现实社会生活的需要，如日本的课程内容就划分为健康、人际关系、语言、环境、表现五领域。

另外，课程内容的划分不等于课程组织与实施的形式。

三、选择与确定幼儿园课程内容的原则

1. 符合幼儿园课程目标，满足幼儿全面发展的需要

课程目标事关课程内容的方向，是选定课程内容必须依据的标准。

从总体上来说，幼儿园课程内容必须遵循课程目标的方向与要求，满足幼儿身心各方面——身体、认知、语言、社会性、情感、创造力等诸方面的全面而和谐发展的需要。要做到这样几点：一是需要五领域内容平衡协调，不能够偏重其中某些领域而轻视其他，甚至出现某些领域的偏废。二是要注意每个领域中其核心要素的平衡协调。三是注意每个领域中其

基本内容范畴的平衡协调。

2. 既符合幼儿的现有水平，又有一定挑战性

这一原则要求内容必须符合幼儿的年龄特点、学习特点、经验水平、认知能力等，其难度、深度必须适宜。应基于幼儿的经验而指向其最近发展区，具有一定的挑战性。

3. 既贴近幼儿的现实需要，又有利于其长远发展

这一原则要求选择的内容必须是幼儿现实所必需的，又是其未来学习与发展必备的基础。

内容的现实必要性主要可从两个角度来判断。一是幼儿现在的生活游戏中必不可少的知识技能、态度、行为习惯等。二是必须在幼儿阶段学，以后再学就失去最佳时机的内容。

作为未来学习与发展必备的基础，不是把未来需要的东西通通都搬到幼儿阶段来超前学习，判断是否是未来必备的基础，主要可考虑以下两点：一是选择的内容是否属于幼儿阶段的“发展课题”；二是选择的内容是否是幼儿下一步发展所必需的，至少从一定的发展趋势来看，是可能性极大的需要。

为给幼儿减负减压，应努力做到：

第一，尊重幼儿、了解幼儿，坚决抵制来自外部的不合理要求，捍卫幼教的科学性，反对小学化倾向。

第二，各领域的内容要有机联系，相互渗透，注重综合，避免“多条线穿一个针眼”，加重幼儿的负担。

第三，准确把握内容要求，精选课程内容。

第四，选择的知识要尽可能是在幼儿的生活中能加以应用的。

第五，课程内容一定要突破狭隘的知识观、学习观，把幼儿的学习与他们的生活自然地融合在一起，重感知、重体验、重操作，以大自然大社会为课堂。

第四节　幼儿园课程的实施

幼儿园课程的实施环节是把幼儿园课程理念付诸实践、把教育目标变成现实、把教育期望转化为真实发展的最重要的实践环节。

一、幼儿园课程计划

幼儿园课程计划是实现幼儿园课程目标的方案。幼儿园课程计划的制订过程是依据课程目标和幼儿的实际，设计、组织、安排各类教育教学活动的过程。

1. 课程计划的制订

幼儿园的课程计划是由各层次的计划组合而成的一个整体。依据纵向与横向的课程目标，可制订不同层次的课程计划。一般来说，幼儿园需要制订学年计划、学期计划、月(周)计划、具体教育教学活动计划等。

学年计划是幼儿园比较上位的、整体性的、笼统的规划，一般根据教育目标和上级有关要求以及幼儿园的实际，由园领导组织有关教师集体拟定。学年计划的大致内容有：确定全园各年龄段的全年课程目标；规划安排全园的重大教育活动；统筹安排全园的教育资源、环境的有效利用等。

学期计划是把全年计划按学期进行划分，由班级的教师依据幼儿园的学年计划和班级幼儿的实况，拟定班级的学期目标和本学期的教育重点、大致的课程活动安排等。

月(周)计划是班级课程计划的重点，内容主要是一月(周)的课程目标，保育教育的重点，相应的资源、环境创设安排，各种教育教学活动、家园合作活动的预定等。周计划则是把具体的教育活动落实到一周的每一天，对幼儿在园一日生活作出安排。

具体教育教学活动计划是把月(周)计划中具有指向性的内容框架转化为可操作的具体教育教学活动。

具体教育教学计划往往与一日活动的设计与安排结合起来。

2. 教案的设计

为实现某一具体的教育教学活动，教师需要制订该活动开展的详细计划，这种活动指导计划俗称“教案”。

“教案”的主要内容一般应包括：

(1) 在预定的教学时间内，活动拟达到的目标。即期望通过这一活动让幼儿获得什么知识、技能，发展什么能力、态度等。

(2) 幼儿实况分析。即描述本班幼儿关于这一活动的兴趣、经验、认知水平状况，幼儿在活动中可能出现的问题、困难，这一活动中需要特别注意的幼儿，以及对应的方法或策略等。

(3) 活动准备。即所需要的环境创设、材料、教具等。

(4) 活动的程序。即活动展开的步骤，备课指导上的重点、难点、注意点，对幼儿可能出现的反应或问题作出一定的预估，并有一定的应对预案。

(5) 对活动的评价与反思。即需要教师在活动后反思自己的应对方法是否适宜，是否取得了积极的效果，原来的预设是否存在问题，问题在哪里，为什么会出现这样的问题，今后怎么改进，等等。

3. 制订课程计划应注意的问题

(1) 制订课程计划应有一定的灵活性

在课程计划中，月(周)计划、具体教育教学活动计划、教案等是属于下位的、供班级直接使用的计划。鉴于计划实施过程中的不确定性，尤其是来自幼儿的不确定性，在制订这些计划时，就需要在具体活动的预设上留有调整的空间，或有备用的预案，而不能够太固定，只有唯一的安排。

(2) 实施课程计划也必须有一定的灵活性

在实施课程计划时，各层次的计划，越是下位越需要具有灵活性，以应对充满不确定性的课程展开过程。

二、幼儿园课程的组织

幼儿园课程的组织形式主要有三种：集体活动、小组活动、个别活动。课程组织形式变化的根本目的在于提高课程有效性，以使每个幼儿获得最大的发展可能性。

1. 集体活动

集体活动一般是在教师直接指导下进行的活动。它的特点是活动过程以教师的引导和组织为主，全班幼儿在同一时间内、以同一种速度、同一种方法、学习同样的内容。

这种形式有利有弊。利主要是：组织起来方便、快捷，教学清楚明确、系统有序，较之其他形式省时经济、效率高；弊主要是：难以照顾到每个幼儿的差异性需要，难以让每个幼儿平等地参与。

不是所有的教育活动都适合用集体形式，也不是所有的教育活动都不可用集体形式，关键在于能否“让幼儿有效地进行学习”。

2. 小组活动

幼儿园的小组活动既指教师有计划安排的分组活动，也指幼儿自发形成的小群体活动。小组活动的特点让幼儿更好地满足自己的兴趣和需要，更加主动积极地参与活动，按自己的节奏学习；它有助于幼儿与同伴、教师之间更多地相互了解、相互交流、相互作用；有助于幼儿更充分地发表自己的意见、倾听别人的看法；有助于培养幼儿的合作精神、民主态度、发展自律等。也正是在这个意义上，小组、个别活动和集体活动的比例常常被视为衡量幼儿园课程发展性的一项重要指标。

有效地组织小组活动需要教师在分组上、指导上具备相应的能力。

(1) 分组能力

分组是小组活动的第一步，分组合理与否对活动的质量影响很大。合理的分组应有三个特点：有层次、有特色、有变化。

有层次——指教师分组时纵向地考虑幼儿的水平差异。如根据幼儿的经验、动作、思维、语言等方面发展水平上的差异，结合活动内容的难易，按水平由低到高地分，让每个幼儿能进行适合自己水平的学习。

有特色——指各组各有特点。因为幼儿有不同的兴趣，性格倾向、学习方式上的特点等，因此，每个小组的幼儿既可以使用不同的材料、不同的方式方法来学习同样的内容，也可以通过学习不同的内容来达到同一个教育目标。

有变化——指分组是动态的，不是一劳永逸的。幼儿的能力、经验等在发展，兴趣、情绪等也在变化，随时间、活动内容的不同而不同。

不难看到，分组能力要求教师十分了解幼儿的身心发展水平和特点，同时又清楚地知道完成每项活动所需要的条件，二者缺一不可。

(2) 指导小组活动的能力

指导小组活动的能力主要表现在能够有效地促进小组活动的开展，帮助每个幼儿得到真正的发展。它要求教师：

① 有正确的指导思想。采用不同的课程组织形式，归根结底是为了每一个幼儿的发展。使用任何一种活动组织形式都不可能摆脱教育观念的支配，正确的教育指导思想是保证小组活动质量的根本。

② 了解幼儿，遵循其身心发展的规律。有效的小组活动需要教师了解幼儿，了解其身心发展规律，进行科学的引导，否则小组活动会徒具形式，甚至难以维持。

③ 灵活地改变教师的角色及其指导方法。小组活动不像作业课那样以“教”为主，而是以幼儿的自主活动为主。因此，小组活动的指导必须灵活多样，教师的角色也要根据情况随时变化。在同时关照几个小组的活动或游戏时，教师需要时而观察，时而参与，时而讲解，时而评判，即是说，有时做观察者，有时做活动的组织者，有时做幼儿的伙伴，有时做知识传授者。

3. 个别活动

个别活动是指幼儿个体按自己的速度和方式，独自进行自发、自由活动的形式。个别活动时的指导往往是一个教师面对一两个幼儿，在观察基础上，进行有针对性的、差异性的指导。教师个别活动的指导较多在自选活动、日常生活活动时间进行。

需要注意的是，集体、小组、个别的组织形式不是截然分割的，并不是一个活动只能采用一种组织形式，即使是在一个活动中，三者也可以灵活地交替采用。幼儿园应按照新《规程》的要求，“灵活地运用集体、小组和个别活动等形式，为每个幼儿提供充分参与的机会，满足幼儿多方面发展的需要，促进每个幼儿在不同水平上得到发展。”

三、幼儿园课程实施的手段、方法与途径

1. 关于手段、方法与途径的概念

一般说来，手段是物化的方法，方法是非物化的手段，二者在活动中总是结合使用。途径即为路径，也有方法的含义。

2. 幼儿园课程实施的手段、方法与途径的特点

幼儿的特点、幼儿园课程的特点、幼儿园教与学的特点，决定了幼儿园课程实施的方法、手段与途径的特殊性。

幼儿园课程实施的途径主要不是上课，而是通过环境创设、游戏活动、日常生活活动以及专门组织的教育教学活动等多种途径，即“一日生活皆课程”；课程实施的主要手段不是教科书、参考书，而是为幼儿的生活、游戏以及其他教育教学活动所提供的一切物质资源；实施的方法主要不是教师语言讲授，而是促进幼儿发展的所有直接和间接的互动方法，包括环境中引导幼儿与人与物互动的策略，指导游戏的各种方法，各种活动中的教育教学方法等，都属于幼儿园课程实施的方法。

其实，在幼儿园课程实施的实践层面，鉴于方法、手段、途径三者的紧密关系，没必要把它们一一分开来考虑，特别是方法与手段。幼儿园的游戏、环境创设、日常生活等既是途径，也可视为课程实施的手段、方法。

3. 重视幼儿的日常生活活动

在幼儿的一日生活中，日常生活活动，其所占时间的比例是远超专门组织的教育教学活动的，通过这部分活动来实施课程是幼儿园的一大特点，也是课程实施的一条重要途径。

日常生活活动的指导方法主要是观察、随机教育、针对性地设计教育方案等。

为了让日常生活活动更好地促进幼儿的发展，在实施时应注意：

第一，安排应有相对的稳定性与灵活性，既有利于形成秩序，又能满足幼儿的合理需要与个体差异，并让幼儿逐步形成有规律生活的良好作息习惯。

第二，在生活活动中让幼儿有适当的自主选择决定、自理自立的机会，尽量让幼儿参与进来。

第三，在生活中注意培养幼儿良好的生活习惯。

第四，尽量减少不必要的过渡环节，减少消极等待。

第五，建立良好的常规，避免不必要的管理行为，引导幼儿学习自我管理与自我控制。

4. 专门组织的教育教学活动

如前所述，教师有计划、有目的地设计和安排的教育教学活动是课程实施的一个重要途

径。此类活动需要在事前做好计划，明确目标，精选内容，安排步骤，属于高结构性的教育活动。幼儿园的集体作业课、组织的分组讨论、教师专门组织的主题教育活动就属于这一类活动。

为了让专门组织的教育教学活动能够成为“以多种形式有目的、有计划地引导幼儿生动、活泼、主动活动的教育过程”(《纲要》)，可采取以下常用教学活动形式：

(1) 操作类活动　这类活动包括幼儿自己动手动脑开展的小实验、小制作、饲养、种植等活动。

(2) 教学游戏　这是一种利用幼儿喜爱游戏的心理特点而设计的寓教于乐的教学形式。

(3) 谈话、讨论　教师和幼儿双方，或者幼儿与幼儿同伴，共同围绕一个问题或主题，自由地发表自己的想法、意见，表达自己的感受、体验，进行相互交流的过程，是常用的幼儿学习和交流形式。

(4) 情景模拟　这是一种为了让幼儿获得某种真切的体验或练习某项生活技能，而有意识地设计的一种仿真性教育活动。

(5) 练习　这是帮助幼儿学会一些必要的生活技能或方法的教学活动。

(6) 讲故事　这是以故事情节或主人翁的形象去感染、教育幼儿的活动方式。

(7) 欣赏　欣赏是一种审美体验活动。欣赏的对象有艺术作品、自然景色及幼儿自己的各种形式的作品等。

(8) 参观　这是教师组织幼儿到园外，如自然界、生产现场、社会生活场所等去学习的活动。

(9) 调查　包括现场调查和资料收集，常与“参观”活动结合进行。

(10) 讲授　这是以教师言语传授为主的一种教学活动。

在专门组织的教育教学活动中，需特别注意以下几点：

第一，重视幼儿在活动中的地位与作用。活动中应注意把教师的主导作用与幼儿的主体性统一起来，让教与学过程成为教师与幼儿共同建构的过程，成为幼儿的经验重组与更新的过程。

第二，多种方法相结合，提高教学效果。教育教学方法在活动过程中应该是灵活而综合地加以运用，任何一个教育活动都不可能只用一种方法，而是根据目标、内容以及幼儿有效学习的特点选用多种方法，才能获得好的教育效果。

第三，活动过程中重视互动与生成。以幼儿发展为宗旨的教育教学活动一定要克服这种“教”为中心的现象，重视幼儿的反应，重视与幼儿的互动，保持活动过程中计划性与灵活性、生成性的平衡。

第四，重视发展幼儿自己思考、想象和创造。幼儿园课程应当具有智慧气质，成为引导幼儿学习思考、探索，发展想象与创造的活动。

第五，注重多领域内容整合，改变割裂教育内容、分科上课的现象。《纲要》要求，加强各领域之间的有机联系，“相互渗透”，“注重综合性”，“寓教育于生活、游戏之中”，“联系幼儿的实际生活”，“渗透在多种活动和一日生活各个环节之中”。

第六，注意根据知识的不同性质设计教学，提高教学效果。知识的性质不同，幼儿的学习方式会随之变化，教师的教学方式也应当随之不同。如科学领域教学多采用间接教学。创设活动环境，提供必要的活动条件，鼓励、指导幼儿积极自主探索。

5. 选择适当的课程实施方法、手段与途径

在实际的教育教学实施过程中，用什么样的方法，通过什么手段、途径，并没有固定不变的模式。教师应该根据所要达到的目标，教育内容以及幼儿学习的特点、实际状况，合理地选择与应用不同的手段、方法和途径。

总之，应根据实际需要灵活地选用适宜的方法、手段及途径，绝不可将其形式化。不应认为形式多、方法新、手段奇就一定是好的活动。

第五节 幼儿园课程的评价

幼儿园课程评价是幼儿园教育评价的重要组成部分。

一、幼儿园课程评价概述

1. 评价的目的——为什么评

幼儿园课程评价的目的主要是：

第一，课程评价是幼儿园教育教学的重要组成部分，其根本目的是激励和促进每一个幼儿的发展。

第二，通过了解课程实施过程各环节的信息、效果等，以了解、判断课程的适宜性、有效性，进一步调整和改进课程，推动教学活动优化，提高课程质量。

第三，教师通过对自己教育教学工作的评价来反思和改进工作，这是促进教师自我专业成长的重要途径。

2. 评价的作用

从评价对课程实施过程的影响来看评价的作用，幼儿园课程评价主要具有鉴定、诊断、改进、导向等作用。

(1) 鉴定作用　检查或鉴定教育目标是否达成，或者判断达到目标的程度。

(2) 诊断作用　及时发现现行课程与预定目标之间的差距和问题。

(3) 改进作用　评价最重要的作用就是促进教育教学的改进。

(4) 导向作用　幼儿园课程评价所依据的标准就是教育目标、课程目标，它遵循《规程》《纲要》《指南》的精神，具有鲜明的方向性，对教育的实践有直接的导向作用。

值得说明的是，要注意整体地发挥评价的 4 种主要作用，特别应侧重于其诊断、改进的作用，避免片面地强调评价的鉴定作用。

二、课程评价的内容——评什么

1. 课程评价的内容范围

课程评价的内容是多方面的。一般来说，主要包括以下四部分：

(1) 对照教育目标，检查和评估教育教学计划在目标、内容、实施方法等方面是否适宜。

(2) 在课程实施中观察、记录幼儿在教育教学过程中的行为反应，并以此定期对照教育教学计划中的预定目标，检查和评估该目标本身以及所实施的教育内容、方法、手段等是否适宜。

(3) 在课程实施过程中，定期对照目标及各项要求，检查评估教师的教育态度、行为，教师与幼儿的关系和互动方式等，是否与课程目标具有一致性，是否适应幼儿的需要实际。

(4) 对照课程目标，测查评估幼儿身心诸方面发展的整体性、均衡性以及发展的程度与水平等，包括身体、语言、认知、情感与社会性等方面。

2. 具体教育教学活动的评价内容

参照《纲要》《指南》的精神，具体教育教学活动的评价宜重点考察：

(1) 教育计划(教案)和活动目标是否适宜。

(2) 活动的内容能否以幼儿的生活为基础，能否挖掘蕴藏在幼儿生活中的教育价值的问题、事件或现象，引导幼儿深入探究；能否将各方面的教育内容加以整合，激发幼儿的学习兴趣，综合地开展活动；教学活动形式的选择与内容是否相适应。

(3) 活动过程是否能为幼儿提供有益的学习经验，并符合其发展需要；教学方式、策略、环境创设等是否有利于调动幼儿学习的主动性，有利于开展自主探索，不仅能利用已有经验，还有获得新经验的机会。

(4) 是否关注活动过程中幼儿的反应与表现，并能根据幼儿的需要或活动的变化灵活应对，妥善处理预设与生成的关系。

(5) 活动能否兼顾群体需要和个体差异，使每个幼儿都有成功感，都能得到不同程度的发展；能否引导儿童总结、反思，梳理并提升已有经验，在原有的水平上获得新的进步。

(6) 教学活动与幼儿的生活或其他活动之间是否存在一定的连续性或螺旋递进，是否关注教学的后续效应，重视将教学延展到课堂之外的幼儿生活中，对幼儿的实际生活发生积极的影响。

(7) 教师对教案、活动的设计或指导等的自我评价与反思是否切合实际、具体、有一定深度，并有利于对改进以后的教学切实地发挥作用。

三、课程评价的方法——怎样评

1. 评价方法的选择

幼儿园课程评价适宜以质性评价为主，量化评价为辅。主要的方法是观察。同时，对话、成长资料袋、活动成果分析、家长访谈等多种方法共同配合使用。

2. 幼儿园课程评价的主要方法

(1) 观察　教师观察并记录幼儿在活动中的各种表现，如幼儿的行为、情绪情感表现、操作的情况、活动的状态等，以此对幼儿进行综合评价。

(2) 对话　教师通过开展与幼儿各种形式的谈话，获得有关幼儿发展的信息，并了解幼儿情感想法的变化。

(3) 成长资料袋评价　用成长资料袋或观察记录册等方式收集幼儿成长过程中的各种资料，一定时期进行分析、比较、总结，以发现幼儿的变化。

(4) 幼儿作品分析　通过对幼儿各种活动成果的分析，了解幼儿的活动过程、发展状况以及情绪情感方面的信息。

(5) 家园合作　家长是评价幼儿最重要的信息源。可用多种形式，如面谈、问卷、电话、网络微信联系等，与家长联系，获得有关幼儿发展的信息。

四、课程评价的注意点

1. 明确评价目的

牢记评价的目的是为了促进每一个幼儿更好地学习与发展，根据幼儿的实际发展状况与需要，提供适宜的教育方案。

2. 全面了解幼儿的发展状况

为了防止评价的片面性，一定要全面地了解幼儿的发展状况，避免只重知识和技能，而忽略幼儿情感、态度、社会性以及方法、实际能力等的倾向。

3. 以发展的眼光看待幼儿

评价既要了解幼儿的现有水平，更要关注幼儿在原有基础上的进步，关注其发展的速度、特点、倾向以及发展中需要注意的问题等，不能以僵化的眼光看待幼儿。

4. 重视个体差异

为尊重每一个幼儿发展的独特性，评价必须避免用划一的标准评价不同的幼儿。

5. 重视在活动中自然地进行评价

重视在日常活动、游戏、教育教学活动过程中自然地进行评价，特别要充分重视教师平时观察所获得的具有典型意义的幼儿表现、对幼儿连续的定期观察和记录等，这些是评价的重要依据。

6. 评价主体多元化

评价要注意发挥、家长以及幼儿的主动性，特别是要给予幼儿足够的参与机会，接纳幼儿的看法，注意发展幼儿的自我评价能力，增强他们的自信心。

7. 多渠道收集信息

评价要尽量客观，避免偏见，这是对评价应持的一种科学态度。为此，应要重视多渠道地收集不同方面的资料，汇集来自教师、幼儿、家庭等各方面的信息，如实地加以分析与描述。力求对活动效果或幼儿的发展的评价比较真实、客观、公正，以保证比较准确、全面地评价幼儿。

8. 关注过程

一是重视对幼儿活动过程的评价，重视幼儿在活动过程中的态度、情感、行为表现以及付出努力的程度。

二是重视课程评价过程本身的教育价值。

9. 评价结果的解释要慎重

教师应客观、全面、谨慎地解释评价结果，以获得对幼儿全方位的、深入的了解，避免以偏概全或以幼儿一时的表现下结论。

10. 不断研究评价与改进评价

幼儿园可通过园本教研、教师反思、家园合作等，不断对评价进行评价，以提高评价质量。

【范例精讲】

1.（单项选择题）幼儿园课程应该以（　　）。

A. 教师的个人经验和教材为基础　　B. 幼儿园现有条件为域限
C. 幼儿家长的要求为导向　　D. 幼儿以获得直接经验为主

【解析】答案：D　本题主要检测对幼儿园课程特点的理解。幼儿园课程让幼儿以获得直接经验为主，这是因为幼儿主要通过感官来认识环境中的事物的，其思维方式也是具体形象思维。因此，只有通过各种感官真实地直接地接触事物、亲身体验、动手操作，幼儿才能不断地积累经验，获得真知。

2. (单项选择题)以教师言语传授为主的一种教学活动是(　　)。
A. 欣赏　　B. 谈话、讨论　　C. 讲授　　D. 讲故事

【解析】答案：C　本题主要检测对常用的教育教学活动形式的理解。"欣赏"是一种审美体验活动。"谈话和讨论"教师和幼儿双方，或者幼儿与幼儿同伴，共同围绕一个问题或主题，自由地发表自己的想法、意见，表达自己的感受、体验，进行相互交流的过程，是常用的幼儿学习和交流形式。"讲授"是以教师语言传授为主的一种教学活动。"讲故事"是以故事情节或主人翁的形象去感染、教育幼儿的活动方式。

3. (单项选择题)课程评价最重要的作用就是(　　)。
A. 鉴定作用　　B. 诊断作用　　C. 改进作用　　D. 导向作用

【解析】答案：C　本题主要检测对课程评价的作用的理解。课程评价最重要的作用就是促进教育教学的改进。通过评价会发现课程的不足和问题，并通过信息反馈引起注意，促进保教工作的改进，不断提高课程质量和保教质量。

4. (多项选择题)下列对幼儿园教育目标与课程目标的关系理解正确的是(　　)。
A. 课程目标是教育目标在课程领域的具体化
B. 教育目标直接决定着课程目标
C. 教育目标决定着幼儿园课程的性质和方向
D. 课程目标体现着教育活动的价值取向

【解析】答案：ABCD　本题主要检测对幼儿园教育目标与课程目标的关系的理解。幼儿园课程目标是幼儿园教育目标在课程领域的具体化。幼儿园教育目标直接决定着幼儿园的课程目标，决定着幼儿园课程的性质和方向。幼儿园课程目标具体地体现着幼儿园课程开发与教育活动的价值取向。

5. (多项选择题)下列属于具体教育教学活动的评价内容(　　)。
A. 教育计划(教案)和活动目标　　B. 教师对教案、活动的设计与指导
C. 活动过程中幼儿的反应与表现　　D. 活动能否兼顾群体需要和个体差异

【解析】答案：ABCD　本题主要检测对具体教育教学活动的评价内容的理解。对具体教育教学活动的评价内容是多方面的，不仅评价教育计划、活动目标、内容、过程及过程中的师生互动、幼儿的反映与表现、教师照顾与指导和教学后的反思等是否适宜，是否能促进幼儿在各方面的发展，是否改进以后的教育教学活动发挥作用。

6. (判断题)具体教育教学活动计划是与幼儿发生直接关系的计划，是幼儿园课程计划的重点。(　　)

【解析】答案：√　本题主要检测对幼儿园课程计划制订的理解。幼儿园课程可制订不同层次的课程计划。一般来说，幼儿园需要制订学年计划、学期计划、月(周)计划、具体教育教学活动计划等。而具体教育教学活动计划是把月(周)计划中具有指向性的内容框架

转化为可操作的具体教育教学活动，是与幼儿发生直接关系的计划，是幼儿园课程计划的重点。具体教育教学计划往往与一日活动的设计与安排结合起来。

7.（简答题）制订幼儿园课程计划应注意哪些方面的问题？

【解析】本题主要检测对制订课程计划应注意的问题的理解。

答案要点：(1) 制订课程计划应有一定的灵活性。在课程计划中，月(周)计划、具体教育教学活动计划、教案等是属于下位的、供班级直接使用的计划。鉴于计划实施过程中的不确定性，尤其是来自幼儿的不确定性，在制订这些计划时，就需要在具体活动的预设上留有调整的空间，或有备用的预案，而不能够太固定，只有唯一的安排。

(2) 实施课程计划也必须有一定的灵活性。在实施课程计划时，各层次的计划，越是下位越需要具有灵活性，以应对充满不确定性的课程展开过程。

8.（论述题）联系实际试述重视幼儿的日常生活活动。

【解析】本题主要检测对幼儿园课程实施的手段、方法与途径的理解。

答案要点：在幼儿的一日生活中，日常生活活动，其所占时间的比例是远超专门组织的教育教学活动的，通过这部分活动来实施课程是幼儿园的一大特点，也是课程实施的一条重要途径。

由于幼儿的特点，其日常生活活动中蕴含着其生命成长与发展的机制，是幼儿的"发展课题"的主要内容，对幼儿非常重要。幼儿在日常生活中学习，课程也就在其中展开。如通过早上入园后的晨谈，点名、相互打招呼、趣事分享等，能为幼儿开启一日生活的良好情绪；促进幼儿与老师、同伴有礼貌地交往、交流；为幼儿提供大胆地清楚地表达自己的所见所闻所感的机会；培养幼儿关心身边的信息与变化的态度等。

日常生活活动的教育价值绝非是自然而然地实现的。关键在于提高教师专业素质水平，能敏锐地发现、合理地利用一日生活教育价值。日常生活活动的指导方法主要是观察、随机教育、针对性地设计教育方案等。如幼儿进餐时，能够发现幼儿身体、情绪、习惯、能力等多方面的信息，教师可进行现场提醒、协助；也可针对问题考虑家园结合的解决方案等。

为了让日常生活活动更好地促进幼儿的发展，在实施时应注意：

第一，安排应有相对的稳定性与灵活性，极有利于形成秩序，又能满足幼儿的合理需要与个体差异，并让幼儿逐步形成有规律生活的良好作息习惯。

第二，在生活活动中让幼儿有适当的自主选择决定、自理自立的机会。

第三，在生活中注意培养幼儿良好的生活习惯。

第四，尽量减少不必要的过渡环节，减少消极等待。

第五，建立良好的常规，避免不必要的管理行为，引导幼儿学习自我管理与自我控制。

9.（案例分析题）案例：在一所幼儿园中，我们发现存在下列一些现象：(1) 除了有一般幼儿园的教育内容外，幼儿园还增加了英语、速算和计算机课程；(2) 在大班还要求幼儿学习拼音和练习鞋子的笔画和顺序，等等。

问题：请分析当前如何选择幼儿园课程内容。

【解析】本题主要检测对选择与确定幼儿园课程的原则的理解。

答案要点：(1) 符合幼儿园课程目标，满足幼儿全面发展的需要。课程目标事关课程内容的方向，是选定课程内容必须依据的标准。从总体上来说，幼儿园课程内容必须遵循课程目标的方向与要求，满足幼儿身心各方面的全面而和谐发展的需要。要做到这样几点：一是需要五领域内容平衡协调，不能够偏重其中某些领域而轻视其他，甚至出现某些领域的偏废。二是要注意每个领域中其核心要素的平衡协调。三是注意每个领域中其基本内容范畴的平衡协调。

(2) 既符合幼儿的现有水平，又有一定挑战性。这一原则要求内容必须符合幼儿的年龄特点、学习特点、经验水平、认知能力等，其难度、深度必须适宜。但应基于幼儿的经验而指向其最近发展区，具有一定的挑战性。

(3) 既贴近幼儿的现实需要，又有利于其长远发展。这一原则要求选择的内容必须是幼儿现实所必需的，又是其未来学习与发展必备的基础。内容的现实必要性主要可从两个角度来判断。一是幼儿现在的生活游戏中必不可少的知识技能、态度、行为习惯等。二是必须在幼儿阶段学，以后再学就失去最佳时机的内容。

作为未来学习与发展必备的基础，不是把未来需要的东西通通都搬到幼儿阶段来超前学习，判断是否是未来必备的基础，主要考虑以下两点：一是选择的内容是否属于幼儿阶段的“发展课题”；二是选择的内容是否是幼儿下一步发展所必需的，至少从一定的发展趋势来看，是可能性极大的需要。

为给幼儿减负减压，应努力做到：

第一，尊重幼儿、了解幼儿，坚决抵制来自外部的不合理要求，捍卫幼教的科学性，反对小学化倾向。

第二，各领域的内容要有机联系，相互渗透，注重综合，避免“多条线穿一个针眼”，加重幼儿的负担。

第三，准确把握内容要求，精选课程内容。

第四，选择的知识要尽可能是在幼儿的生活中能加以应用的。

第五，课程内容一定要突破狭隘的知识观、学习观，把幼儿的学习与他们的生活自然地融合在一起，重感知、重体验、重操作，以大自然大社会为课堂。

【小试牛刀】

一、单项选择题(每题选一个正确答案，每小题2分，共24分)

1. 下列对课程概念的理解不正确的是(　　)。
   A. 课程没有统一的标准化定义
   B. 课程是一个发展着的概念
   C. 课程的内涵涉及学校、家庭、社会的一切内容
   D. 课程系指在教师指导之下出现的学习者学习活动的总体

2. 幼儿园课程的实施特征是(　　)。
   A. 遵循幼儿生活的逻辑　　B. 融于生活
   C. 以游戏为基本活动　　D. 以获得直接经验为主

3. “目标模式”主张的四大课程要素是(　　)。
   A. 目标、内容、组织、评价　　B. 教师、学生、环境、教材资源
   C. 学生、环境、内容、教材资源　　D. 目标、教师、学生、评价

4. 我国最早在幼儿教育中使用“课程”是在(　　)。
A. 20 世纪 30 年代　B. 20 世纪 80 年代　C. 20 世纪 90 年代　D. 新世纪
5. 科学领域的课程目标：“积极主动地与自然界接触，观察敏锐、细致。”这个目标是从(　　)出发表述。
A. “教”的角度　　B. 幼儿“学”的角度
C. 教育的期望　　D. 幼儿的行为习惯
6. 不是幼儿园课程目标的纵向结构(　　)。
A. 三年的目标　　B. 各年龄班学年目标
C. 学期目标　　D. 人际交往目标
7. 幼儿园课程目标的横向结构的优点在于(　　)。
A. 逻辑清晰、层层相扣　　B. 上下贯通、一目了然
C. 教师易于把目标与活动内容结合起来　D. 各领域目标从概括逐级细化
8. 幼儿园课程内容的含义理解不正确的是(　　)。
A. 幼儿园课程内容是以教科书形式存在的
B. 幼儿园课程内容是幼儿的兴趣、经验、体验、需要等的知识体系
C. 幼儿园课程内容是成人与幼儿共同建构的
D. 幼儿园课程内容既有预设又有生成性
9. 我国《纲要》《指南》是按幼儿学习领域来划分幼儿园教育内容，即划分为(　　)。
A. 健康、语言、社会、科学、艺术五领域
B. 健康、语言、认知、社会性、情感等
C. 日常生活、感觉教育、数学教育、语言教育、文化教育五方面
D. 健康、人际关系、语言、环境、表现五领域
10. 幼儿园课程计划的重点层次是(　　)。
A. 学年计划　　B. 学期计划
C. 月(周)计划　　D. 具体教育教学活动计划
11. 组织起来方便、快捷，教学清楚明确、系统有序，较之其他形式省时经济、效率高。这是(　　)有利的方面。
A. 集体活动　B. 小组活动　C. 个别活动　D. 日常生活活动
12. 在游戏中提供的一切操作材料、图书、玩具等实物形态的东西是(　　)。
A. 方法　B. 手段　C. 形式　D. 途径

二、多项选择题(多选、少选、错选均不得分，每小题 3 分，共 15 分)

13. 课程的基本模式有(　　)。
A. 内容模式　B. 计划模式　C. 目标模式　D. 评价模式
E. 过程模式
14. 从广义课程观的角度理解，下列属于幼儿园课程范畴的有(　　)。
A. 教师专门组织的活动　　B. 健康、语言、社会、科学、艺术五领域
C. 日常生活活动　　D. 幼儿自选或自发的各种游戏活动
E. 儿童在教师指导下所获得的一切经验

15. 幼儿园课程目标的种类有(　　)。

A. 行为目标　　B. 表现性目标　　C. 情感目标　　D. 生成性目标

E. 技巧目标

16. 广义的、建构的“知识观”的基本观点是(　　)。

A. 知识是学习者与环境互动的产物

B. 知识是外部的直接输入品

C. 知识的获得是学习者形成自己认知结构的过程

D. 知识是结论性的原理、事实

E. 知识是应用能力、做事的能力、策略、智慧、价值

17. 日常生活活动指导方法主要是(　　)。

A. 观察　　B. 自然教育

C. 随机教育　　D. 针对性地设计教育方案

E. 有计划地的教育

三、判断题(正确的打“√”，错误的打“×”。每小题1分，共15分)

(　　)18. 侧重教育过程的话，课程就定义为学习的进程或学习的过程与经历。

(　　)19. 课程定义有多样化的特点，也有发展性的特点。

(　　)20. 课程目标模式的主要代表人物是英国课程专家斯腾豪斯。

(　　)21. 过程模式主张的课程要素与目标模式的相同。

(　　)22. 幼儿园课程目标直接决定着幼儿园教育目标，决定着幼儿园课程的性质和方向。

(　　)23. 幼儿园课程目标的横向结构是指目标的平行结构。

(　　)24. 学期计划是由班级的教师依据幼儿园的学年计划和班级幼儿的实况拟定的。

(　　)25. 小组活动有助于突破大一统、齐步走的老模式。

(　　)26. 采用不同的课程组织形式，归根结底是为了每一个幼儿的发展。

(　　)27. 幼儿园课程实施的方法主要是教师言语讲授。

(　　)28. 情景模拟是帮助幼儿学会一些必要的生活技能或方法的教学活动。

(　　)29. 课程评价的根本目的是激励和促进每一个幼儿的发展。

(　　)30. 幼儿园课程评价适宜以量化评价为主，辅以质性评价。

(　　)31. 组织教育教学活动不在于组织形式，关键在于能否“让幼儿有效地进行学习”。

(　　)32. 幼儿园课程组织形式的比例常常被视为衡量幼儿园课程发展性的一项重要指标。

四、简答题(共24分)

33. 幼儿园课程的特点。(10分)

34. 幼儿园课程目标的作用。(8 分)

35. 选择和确定幼儿园课程内容的原则。(6 分)

五、论述题(每小题 12 分，共 24 分)

36. 什么叫“教案”？“教案”如何设计？

37. 试述课程评价的注意点。

六、案例分析题(18 分)

一次大班集体教学中，教师出示了一张画着一只老虎在吃几只兔子的图画，请小朋友想办法帮助兔子。当一个小朋友说“赶快给猎人打电话，让猎人来打老虎”时，一个男孩马上站起来反对：“不行！老虎是一级保护动物，不能打！兔子还不是一级保护动物呢！连二级也不是！”“对！应该让老虎吃一只兔子，不然，老虎会饿死的！”另一个男孩大声附和。这一下班里就像炸了锅，孩子们的情绪一下子就高涨起来，围绕“该不该让老虎吃兔子”的辩论热烈地展开了。这时，老师大声说："好了！好了！都别争了！咱们刚才的任务是什么来着？想办法帮助兔子！我看谁想的办法好！××，你来说！"教室里的声音小了下来，但争论却没有停息。挑起论战的孩子一直在嘟囔"老虎是吃肉的，必须吃小动物，什么都不让吃还不饿死了，怎么保护?!"……

问题：38. 上面的事实反映了课程实施中存在的什么矛盾？(9分)

39. 试分析这一现象并谈谈你的看法。(9分)

【参考答案与计分标准】

一、单项选择题(每题选一个正确答案，每小题2分，共24分)

1. C　2. C　3. A　4. A　5. B　6. D　7. C　8. A　9. A　10. D　11. A　12. B

二、多项选择题(多选、少选、错选均不得分，每小题3分，共15分)

13. CE　14. ABCDE　15. ABD　16. ACDE　17. ACD

三、判断题(正确的打"√"，错误的打"×"，每小题1分，共15分)

18. √　19. √　20. ×　21. ×　22. ×　23. √　24. √　25. √
26. √　27. ×　28. ×　29. √　30. ×　31. √　32. √

四、简答题(33小题10分，34小题8分，35小题6分，共24分)

33. (1)遵循幼儿生活的逻辑，而非学科知识的逻辑。遵循幼儿生活的逻辑，这是幼儿园课程设计与编制的一大特征。幼儿园课程以幼儿生活为基础，以幼儿的兴趣、需要为出发点，从幼儿生活中发掘有教育价值的事件、现象、问题等，将之转化为课程内容和有意义的课程活动，引导幼儿在生活中发展，在发展中生活。(2分)

(2) 融于幼儿园一日生活之中，而非以专门的授课为主。融于生活，这是幼儿园课程的形态特征。幼儿园课程渗透在一日生活的各个环节之中。(2分)

(3) 以游戏为基本活动，而非以课堂教学为基本活动。以游戏为基本活动，是幼儿园课程的实施特征。因为幼儿需要游戏，游戏反映了幼儿的需要，是幼儿最重要的一种学习方式。所以幼儿园必须以游戏为课程的基本形式。(2分)

(4) 幼儿以获得直接经验为主，而非通过书本学习间接知识为主。幼儿园课程让幼儿以获得直接经验为主，这是因为幼儿主要通过感官来认识环境中的事物的，其思维方式也是具体形象思维。因此，只有通过各种感官真实地直接地接触事物、亲身体验、动手操作，幼儿才能不断地积累经验，获得真知。(2 分)

（5）课程是综合的，而非分科的。综合性，既是幼儿园课程的内容特征，也是其内容组织的特征。因为幼儿认识世界的方式是整体的、未分化的，幼儿的生活是统合的、整体的，融于幼儿生活的幼儿园课程内容必然有机结合、彼此渗透、相互促进。幼儿在整合的课程中实现身体、认知、情感、社会性、创造与想象等融为一体的全面发展。(2 分)

34.（1）为制定课程计划提供依据。教师在制订各种课程教学计划时，必须依据课程目标的要求并结合幼儿的实际发展水平来确定。(2 分)

（2）为选择课程内容与教学方法提供依据。在选择课程内容时，要判断什么样的知识对于幼儿的发展是有益的、必要的，在选择教学方法时，要判断什么样的方法适合正面引导幼儿，而不会造成负面的消极影响，课程目标都是极其重要的依据之一。(2 分)

（3）为课程的组织与实施提供依据。课程实施实际上是教师创造性地实现课程目标的过程。课程目标具有明确的导向作用、调控作用。(2 分)

（4）为课程与教学评价提供依据。课程与教学评价是用一种标准对课程与教学过程进行价值判断。而幼儿园课程目标正是这种价值判断的标准。幼儿园课程与教学是否达成目标、达成了什么样的目标，是评价幼儿园课程效果的一个极其重要的方面。幼儿园课程与教学评价除了根据课程目标之外，课程内容的科学性、课程实施过程与教学方法是否适合幼儿实际、是否适合幼儿身心发展的规律与学习特点等，也都是评价的重要依据。(2 分)

35.（1）符合幼儿园课程目标，满足幼儿全面发展的需要。课程目标事关课程内容的方向，是选定课程内容必须依据的标准。从总体上来说，幼儿园课程内容必须遵循课程目标的方向与要求，满足幼儿身心各方面的全面而和谐发展的需要。(2 分)

（2）既符合幼儿的现有水平，又有一定挑战性。这一原则要求内容必须符合幼儿的年龄特点、学习特点、经验水平、认知能力等，其难度、深度必须适宜。应基于幼儿的经验而指向其最近发展区，具有一定的挑战性。(2 分)

（3）既贴近幼儿的现实需要，又有利于其长远发展。这一原则要求选择的内容必须是幼儿现实所必需的，又是其未来学习与发展必备的基础。(2 分)

五、论述题(每小题 12 分，共 24 分)

36. 为实现某一具体的教育教学活动，教师需要制订该活动开展的详细计划，这种活动指导计划俗称“教案”。(2 分)

“教案”的主要内容一般包括：

（1）在预定的教学时间内，活动拟达到的目标。即期望通过这一活动让幼儿获得什么知识、技能，发展什么能力、态度等。(2 分)

（2）幼儿实况分析。即描述本班幼儿关于这一活动的兴趣、经验、认知水平状况，幼儿在活动中可能出现的问题、困难，这一活动中需要特别注意的幼儿，以及对应的方法或策略等。(2 分)

（3）活动准备。即所需要的环境创设、材料、教具等。(2 分)

（4）活动的程序。即活动展开的步骤，备课指导上的重点、难点、注意点，对幼儿可能出现的反应或问题作出一定的预估，并有一定的应对预案。(2 分)

（5）对活动的评价与反思。即需要教师在活动后反思自己的应对方法是否适宜，是否取

得了积极的效果，原来的预设是否存在问题，问题在哪里，为什么会出现这样的问题，今后怎么改进，等等。(2 分)

37. (1) 明确评价目的。牢记评价的目的是为了促进每一个幼儿更好地学习与发展，根据幼儿的实际发展状况与需要，提供适宜的教育方案。(2 分)

(2) 全面了解幼儿的发展状况。为了防止评价的片面性，一定要全面地了解幼儿的发展状况，避免只重知识和技能，而忽略幼儿情感、态度、社会性以及方法、实际能力等的倾向。(2 分)

(3) 以发展的眼光看待幼儿。评价既要了解幼儿的现有水平，更要关注幼儿在原有基础上的进步，关注其发展的速度、特点、倾向以及发展中需要注意的问题等，不能以僵化的眼光看待幼儿。(1 分)

(4) 重视个体评价。为尊重每一个幼儿发展的独特性，评价必须避免用划一的标准评价不同的幼儿。(1 分)

(5) 重视在活动中自然地进行评价。重视在日常活动、游戏、教育教学活动过程中自然地进行评价，特别要充分重视教师平时观察所获得的具有典型意义的幼儿表现、对幼儿连续的定期观察和记录等，这些是评价的重要依据。(1 分)

(6) 评价主体多元化。评价要注意发挥、家长以及幼儿的主动性，特别是给予幼儿足够的参与机会，接纳幼儿的看法，注意发展幼儿的自我评价能力，增强他们的自信心。(1 分)

(7) 多渠道收集信息。评价要尽量客观，避免偏见，这是对评价应持的一种科学态度。为此，要重视多渠道地收集不同方面的资料，汇集来自教师、幼儿、家庭等各方面的信息，如实地加以分析与描述。力求对活动效果或幼儿的发展的评价比较真实、客观、公正，以保证比较准确、全面地评价幼儿。(1 分)

(8) 关注过程。一是重视对幼儿活动过程的评价，重视幼儿在活动过程中的态度、情感、行为表现以及付出努力的程度。二是重视课程评价过程本身的教育价值。(1 分)

(9) 评价结果的解释要慎重。教师应客观、全面、谨慎地解释评价的结果，以获得对幼儿全方位的、深入的了解，避免以偏概全或以幼儿一时的表现下结论。(1 分)

(10) 不断研究评价与改进评价。幼儿园可通过园本教研、教师反思、家园合作等，不断对评价进行评价，以提高评价质量。(1 分)

六、案例分析题(18 分)

38. 这个案例反映了教师仅仅把课程设计的着眼点放在了预设的计划和目标上，而忽视了幼儿真正的兴趣和需要，实施课程计划没有一定的灵活性。(3 分) 倘若教师及时调整预设的计划，(2 分) 给孩子自由的话语权，将如何帮助兔子转移为老虎该不该打？引导孩子关注生态保护问题，活动的价值远远高于预设的价值。(3 分)

39. 这位老师为什么会对幼儿活动中出现的表现不理不睬？(2 分) 一方面教师缺乏实施活动计划的灵活性，对于活动过程中出现的预料之外的突发事件，或出现了新情况、新问题就不知所措，教师应该在随机判断之后对活动程序进行调整，甚至生成新的活动。(2 分) 另一方面就是教师在多年的教育教学中养成一种习惯，就是按照事先计划好的课程方案来实施活动，课程每一步都是预设好了活动的步骤和环节，不顾及幼儿的反应，强扭幼儿按计划行事。(2 分) 因此，实施课程计划必须有一定的灵活性。在实施课程计划时，各层次的计划，越是下位越需要具有灵活性，以应对充满不确定性的课程展开过程。(3 分)

第七章　幼儿游戏

【学习导航】

识记：幼儿游戏的内涵、特点、分类；游戏的功能。

理解：怎样使游戏成为幼儿园的基本活动。

应用：在幼儿园教育活动中如何正确指导幼儿游戏。

【重中之重】

幼儿游戏的内涵、特点和功能；在幼儿园教育活动中如何正确指导幼儿游戏。

【应知应会】

第一节　游戏是幼儿园的基本活动

一、幼儿游戏的内涵

1. 游戏是幼儿的天性，是幼儿生活的主要内容

"游戏是儿童的生命。"(陈鹤琴)幼儿天性爱游戏，没有一个幼儿是不喜欢游戏的。幼儿的生活的确不只是游戏，但没有游戏的生活决不是幼儿的生活。游戏是幼儿生活的主要内容，甚至可以说是幼儿的生活方式。

2. 游戏是幼儿身心发展的特点与需要

"游戏是儿童的心理特征。"(陈鹤琴)幼儿喜爱游戏并且不断进行游戏，是由其身心发展的特点与需要所决定的。游戏正是解决了幼儿身心发展需要与实际能力的矛盾的一种活动方式。幼儿喜爱并参与游戏，在游戏中满足需要，适应生长。

3. 游戏是幼儿的自发学习

"游戏是儿童的工作。"(陈鹤琴)对幼儿来说，游戏不仅仅是一种消遣，"玩中学"是其主要的有效的学习方式。幼儿在游戏中的自发学习具有以下三个特点：

(1) 学习的目标是隐含的

幼儿在游戏中学习时，往往没有清晰明确的达成目标，也往往不能明确意识到通过某个游戏自己要了解什么、掌握什么或学会做什么等。

(2) 学习方式是潜移默化的

如蒙台梭利所说"幼儿学习时却不知道自己在学习，这就是幼儿的学习特点。"幼儿在游戏中的学习正是这样不知不觉地发生着、进行着，连他们自己也不知道。

(3) 学习的动力是内在的

幼儿在游戏中的学习不是在外在要求下被动地学习，而总是伴随着愉悦的情绪体验，总是出于自己的兴趣、喜好、探索等内部动机，自我发起、自我挑战。

二、幼儿游戏的特点

1. 愉悦

游戏一定伴随着幼儿愉悦的情绪体验。这一是因为游戏适应了幼儿的天性，能满足幼儿身心发展的基本需要。二是因为游戏中没有刻意要达到的目标，也并不追求某一外部规定的结果。三是因为游戏中充满自我挑战的乐趣，幼儿在游戏中创造着自己的最近发展区，不管成功与否，也不会有外在的压力。成功的体验越多，幼儿积极进取的愉快情绪就越强烈。

2. 自主

游戏是幼儿的自主活动。在游戏中幼儿能够自己选择游戏的内容、形式、进程、材料、玩伴等，而不是由成人主宰、控制。幼儿是否进行自主活动，是判断是否是幼儿游戏的重要标准。

3. 自由

幼儿游戏的愉悦、自主特征使幼儿在游戏中处于欢乐的无压力状态，这是一种身心沉浸于游戏之中，无强制性外在目的约束与捆绑的自由状态。

4. 创造

幼儿游戏中的愉悦、自主、自由状态使游戏成为幼儿发挥想象、创造的一种最佳活动。

综上所述，真正的幼儿游戏具有愉悦、自主、自由、创造等特点。

三、游戏的主要功能

1. 游戏是形成幼儿快乐“原体验”的重要途径

有教育家指出，“快乐感”的教育意义是不可估量的。尤其在人生早期，形成快乐的“原体验”，不仅对幼儿身心健康的成长具有重大意义，也对他们今后形成健全的人格具有重大意义。让幼儿形成快乐的“原体验”更具有重要性、必要性。

所谓“原体验”，用德国教育家博尔诺夫的话来说，就是一种“基本心境”。

以愉悦为特征的游戏正是促进幼儿产生积极情绪、防止或克服消极情绪，让心灵处于平衡、满足、平静、安宁，获得快乐“原体验”的不可或缺的活动。

2. 游戏是幼儿认知发展的推进器

(1) 游戏激发和强化幼儿的认知动机；

(2) 游戏能够极大地激活、巩固、丰富、提升幼儿的知识；

(3) 游戏促进幼儿认知能力的发展；

(4) 游戏有利于促进幼儿语言能力的发展。

3. 游戏是儿童社会化的重要工具

游戏对幼儿社会性发展的促进作用是不可低估的。它帮助幼儿更好地认识自己、认识他人、认识社会。游戏能够帮助幼儿建立积极的自我意识；游戏能够帮助幼儿了解、理解他人的想法、需要与感受，了解自身的行动对他人产生的影响等。游戏能够帮助幼儿理解社会规则和习俗的本质，更好地了解规则、纪律的作用，了解人际交往的基本行为规范，有助于幼儿更好地理解、认同社会生活规则，形成良好的行为规范，发展适应社会生活的能力。

4. 游戏促进幼儿的身体健康地发育与成长

游戏对促进幼儿身体的健康成长至关重要。游戏中的各种活动直接锻炼幼儿身体的各部分。

四、关于游戏的分类

幼儿游戏的类型可按不同的维度进行多种多样的划分。

(1) 从发起或设计游戏的主体的维度，可分为教师设计或组织的游戏与幼儿的自发游戏；

(2) 从游戏材料的维度，可分为玩沙游戏、玩水游戏、积木游戏等；

(3) 从活动性质的维度，可分为角色游戏、表演游戏、结构游戏、智力游戏等；

(4) 从领域的维度，可分为音乐游戏、体育游戏、语言游戏、社会性游戏等；

(5) 从有无游戏规则的角度，可分为规则游戏和无规则游戏；

(6) 从参加者人数的维度，可分为个体游戏、小群体游戏、集体游戏；

(7) 从游戏方式的维度，可分为想象性游戏、操作性游戏、探索性游戏；

(8) 从游戏发展阶段的维度，按皮亚杰的观点，可分为机能性游戏、象征性游戏和规则游戏，等等。

五、怎样使游戏成为幼儿园的基本活动

1. 牢固树立正确的游戏观，建立尊重游戏的幼儿园文化

幼儿园所有的教职员工都应树立正确的游戏观，要正确地认识幼儿游戏的内涵、特点及其对幼儿发展的意义与价值，“将游戏作为对幼儿进行全面发展教育的重要形式。”树立正确的游戏观决不是一件容易的事，只有将之变为心中的坚定信念，才能真正把游戏作为幼儿园的基本活动。

建立尊重幼儿游戏及其游戏权利的幼儿园文化，是让游戏成为幼儿园基本活动的重要保证。尊重幼儿游戏就是教师要发自内心地尊重幼儿游戏的意愿和兴趣，尊重幼儿游戏的价值与意义，尊重幼儿的游戏氛围与“假想”。建立尊重幼儿游戏及其游戏权利的幼儿园文化，是抵制小学化倾向的最根本、最彻底的保证。

2. 充分满足幼儿的游戏需要

幼儿对游戏的需要是多种多样的，他们想玩各种各样的游戏，特别是自由自发的游戏。幼儿的游戏需要是发展变化的，教师应不断观察幼儿游戏的兴趣和对游戏种类的需要，适时地调整环境，及时地呼应他们。幼儿的自由、自发游戏被认为是最能体现游戏本质的，最符合游戏特点的，最能表现幼儿天性的，也是幼儿最喜欢的游戏。因此，重视幼儿的自由、自发游戏应当成为落实“以游戏为基本活动”的一个着力点。

3. 把游戏精神渗透到幼儿园教育的所有环节中

在幼儿园课程中，除游戏之外，还有许多非游戏的教育活动，那么，该怎么实施这类教育活动，才符合“让游戏成为基本活动”的要求呢？首先必须明确的是，这些教育活动都是幼儿园有目的有计划地进行的、促进幼儿全面发展所不可缺少的活动，“让游戏成为基本活

动”决不是把这些活动都变成游戏；其次是在所有这类教育活动中渗透游戏精神。如充分利用游戏来组织各类教育教学活动，在作业课中融入游戏元素，开展游戏化的教学，通过适宜的教学游戏来引导幼儿愉快、自主、创造性地学习。

第二节 幼儿游戏的指导

一、幼儿游戏需要教师的指导

幼儿游戏非常需要教师的指导，教师可以在游戏中扮演非常主动的积极的角色。因为离开了教师积极的、正确的指导，易使游戏陷入放任自流的状态，不仅游戏本身的水平难以提升，也易使幼儿陷入随心所欲、快乐辄止的误区，从而难以充分实现或提升游戏的功能，影响幼儿的发展。在游戏中，教师语言的和各种非语言的指导，对促进幼儿在最近发展区内掌握知识、技能、思维和学习方式等，具有不可或缺的重要作用。

二、如何正确指导幼儿的游戏

1. 正确地定位教师在幼儿游戏中的角色

要正确指导幼儿的游戏，首先需要正确定位教师的角色。

面对幼儿的游戏，教师一方面必须尊重幼儿游戏的意愿与兴趣，尊重幼儿的自主性和自由选择、想象、创造的权利，保证不干涉、不干扰、不破坏幼儿的游戏，另一方面又必须要提高幼儿游戏的质量，引导幼儿在游戏中更好地学习与发展。为了在二者之间保持平衡，教师必须正确定位自己的角色——不应当是主宰者、控制者、指挥命令者，而应当是幼儿游戏的支持者、合作者、引导者。

2. 以间接指导为主

鉴于幼儿的游戏规律与特点，幼儿游戏的指导应以间接指导为主，从以下几方面着手：

(1) 丰富幼儿的生活经验

幼儿的游戏是幼儿生活的反映，其生活经验是幼儿游戏的重要基础与源泉。为了发展幼儿游戏，教师要善于利用幼儿园的各种活动、利用园内外的各种教育资源，利用家园的密切合作，不断丰富幼儿的知识经验，充实幼儿的日常生活，扩展幼儿的视野，从而为不断扩大游戏的深度与广度打下基础。

(2) 观察游戏、理解游戏、解读幼儿的游戏行为

教师应有观察幼儿游戏的意识，重视对幼儿游戏的观察，这是教师进行游戏指导的前提。

(3) 适时调整游戏环境的物与人的要素

通过调整游戏环境来指导游戏最能够体现游戏的“间接指导”特点。调整游戏环境主要是从两方面入手——提高游戏材料投放的针对性、适宜性；促进游戏中人际互动的频率与质量。

① 提高游戏材料投放的针对性、适宜性，主要应做到：

第一，根据幼儿的实际、游戏发展的实际来投放材料。在投入材料时，首先需要教师观察了解幼儿的实际需要，明确不同年龄阶段幼儿游戏的特点及其区别。其次，材料投放后，

要仔细观察幼儿怎样在玩这些材料，以判断、反思材料的适宜性。

第二，保证游戏材料的丰富与平衡。

游戏材料的丰富与平衡直接影响着幼儿游戏的开展。材料越是丰富，幼儿越可能根据自己的情况自由地选择，也就越能保证材料的适宜性；丰富多样的材料在配置上越是平衡与协调，就越能适合幼儿不同的游戏需要。

② 促进游戏中人际互动的频率与质量，主要应做到：

第一，教师根据游戏的情况，以匹配游戏的伙伴角色介入，能有效地助推游戏的发展。

第二，促进幼儿之间的互动。

3. 适时适当地直接介入游戏进行指导

一般来说，教师的直接介入主要出现在以下几种情况下：

(1) 游戏中出现了明显的安全问题或可能引起不良后果的某种问题时；

(2) 出现了幼儿难以独立处理的纠纷与冲突，如争抢玩具、场地、强欺弱等；

(3) 幼儿缺乏游戏动机或游戏兴趣受到严重挫伤，游戏难以持续；

(4) 游戏中出现了比较明显的问题，可能影响幼儿进一步的发展。

直接介入可能出现三种效果。一种是有效介入，即教师把握得当，顺应了幼儿需求，推动了游戏发展；一种是无效介入，即介入不起作用，幼儿不理睬，还是我行我素；还有一种是负效介入则是干扰甚至中断、破坏了幼儿的游戏。

4. 按幼儿游戏发展的规律指导游戏

无论是间接的还是直接的游戏指导，都必须遵循游戏本身的发展规律。游戏会随着幼儿年龄与身心的发展而变化，即在不同年龄阶段游戏的发展水平不同，需要不同的指导方法。

5. 按不同类型游戏的特点指导游戏

幼儿游戏分为多种类型，不同类型的游戏有着不同的特点，所以游戏的指导应考虑游戏的类型。

(1) 自由自发游戏的指导

自由自发游戏指导的要点如下：

① 观察、分析游戏。观察与分析的要点：行为观察，行为分析，发展判断，支持策略；

② 保证充足的游戏时间和空间；

③ 提供多种多样的游戏材料；

④ 在充分尊重幼儿自主性的前提下引导游戏发展。

(2) 教学游戏的指导

教学游戏是为达到一定的教学目标而设计、组织的游戏。教师借用游戏的方式，把教学目标隐含其中，把教学过程转化为幼儿的游戏过程，从而有效地实现目标。

由于教学游戏是教师预设的游戏，教师的干预性、控制性强于幼儿的自发性游戏，因此，要让教学游戏转化为幼儿有效的学习，其指导必须注意：

① 吸引幼儿愉快、主动地参与；

② 顺势引导，重视生成；

③ 画龙点睛的总结与提炼。

6. 关于游戏的总结

在总结时间里，作为教师的作用主要是提供时间与机会，帮助幼儿回忆、交流自己做了什么、过程中发生了什么、自己学到什么等；在此基础上，通过互动进一步帮助幼儿反思自己的游戏过程，意识到自己的学习过程，并发展语言、交流技能、反思能力等。

好的有效的游戏总结往往有三个特征：一是它一定是以教师的认真观察与思考为基础的；二是让总结成为幼儿的思考与学习过程，而不是教师单方面的评头论足；三是总结能有针对性地提出并解决游戏中的带普遍性的问题，从而有效地提升游戏的质量，提升幼儿的经验与能力，引导幼儿成为好的游戏者与学习者。

【范例精讲】

1.(单项选择题)下列对幼儿游戏的内涵理解不正确的是(　　)。

A. 游戏是幼儿的天性　　B. 游戏是幼儿生活的主要内容

C. 游戏是幼儿身心发展的特点和需要　　D. 游戏是幼儿的自觉学习

【解析】答案：D　本题主要检测对幼儿游戏的内涵的理解。游戏是幼儿的自发学习而不是自觉学习。

2.(单项选择题)(　　)在体现与发展幼儿自主性、主动性、独立性和创造性等方面较其他类型的游戏更为突出。

A. 创造性游戏　　B. 教学游戏　　C. 自由自发游戏　　D. 游戏化教学

【解析】答案：C　本题主要检测对自发性游戏的理解。幼儿的自由、自发游戏被认为是最能体现游戏本质的，最符合游戏特点的，最能表现幼儿天性的，也是幼儿最喜欢的游戏。是因为自由、自发游戏在体现与发展幼儿自主性、主动性、独立性和创造性等方面较其他类型的游戏更为突出。

3.(单项选择题)下列不属于从游戏方式的维度分类的是(　　)。

A. 想象性游戏　　B. 操作性游戏　　C. 体育游戏　　D. 探索性游戏

【解析】答案：C　本题主要检测对幼儿游戏的分类的理解。幼儿游戏的类型可按不同的维度进行多种多样的划分，从游戏方式的维度，可分为想象性游戏、操作性游戏、探索性游戏等，而"角色游戏"属于从活动性质的维度进行分类的。

4.(多项选择题)教师的直接介入可能出现的效果有(　　)。

A. 有效介入　　B. 无效介入　　C. 负效介入　　D. 正效介入

【解析】答案：ABC　本题主要检测对适时适当地直接介入游戏进行指导。直接介入可能出现三种效果。一种是有效介入，即教师把握得当，顺应了幼儿需求，推动了游戏发展；一种是无效介入，即介入不起作用，幼儿不理睬，还是我行我素；还有一种是负效介入则是干扰甚至中断、破坏了幼儿的游戏。

5.(判断题)表演游戏有角色表演，它与角色游戏的指导没有多大区别。(　　)

【解析】答案：×　本题主要检测对按不同类型游戏的特点指导游戏的理解。角色游戏和表演游戏都要扮演角色，但是角色游戏的角色来源于幼儿的生活，而表演游戏的角色则往往来源于文学作品。这样，二者的指导过程、指导方法自然会不同。

6.(简答题)怎样理解适时调整游戏环境的物与人的要素？

【解析】本题是检测对游戏的间接指导的理解。

答案要点：通过调整游戏环境来指导游戏最能够体现游戏的"间接指导"特点。调整游戏环境主要是从两方面入手——提高游戏材料投放的针对性、适宜性；促进游戏中人际互动的频率与质量。

(1) 提高游戏材料投放的针对性、适宜性，主要应做到：

第一，根据幼儿的实际、游戏发展的实际来投放材料。在投入材料时，首先需要教师观察了解幼儿的实际需要，明确不同年龄阶段幼儿游戏的特点及其区别。其次，材料投放后，要仔细观察幼儿怎样在玩这些材料，以判断、反思材料的适宜性。

第二，保证游戏材料的丰富与平衡。游戏材料的丰富与平衡直接影响着幼儿游戏的开展。材料越是丰富，幼儿越可能根据自己的情况自由地选择，也就越能保证材料的适宜性；丰富多样的材料在配置上越是平衡与协调，就越能适合幼儿不同的游戏需要。

(2) 促进游戏中人际互动的频率与质量，主要应做到：

第一，教师根据游戏的情况，以匹配游戏的伙伴角色介入，能有效地助推游戏的发展。

第二，促进幼儿之间的互动。

7. (论述题)试述自由自发游戏的指导。

【解析】本题主要检测对按不同类型游戏的特点指导游戏的理解。

答案要点：自由自发游戏指导的要点如下：

(1) 观察、分析游戏。观察与分析的要点：

行为观察：幼儿在玩什么？怎么玩？

行为分析：幼儿在什么水平上玩？反映出怎样的发展层次与能力？

发展判断：幼儿获得了那些经验？存在的问题是什么？其进一步的发展应是什么？

支持策略：教师需要做什么？游戏中有什么生长点可进一步加以利用？

(2) 保证充足的游戏时间和空间。

(3) 提供多种多样的游戏材料。

(4) 在充分尊重幼儿自主性的前提下引导游戏发展。

8. (案例分析题)案例：某老师在语言活动“小乌龟开店”的基础上，组织一次表演游戏。教师一一出示早已准备好的道具。介绍完道具，配班老师带领全班幼儿“开火车”离开活动室去“剧场”看表演，主班老师忙着在活动室里布置场景：一家花店、一家书店、一家气球店。场地布置好了，幼儿由配班老师带领进“剧场”。主班老师提问：“谁愿意上来表演?”“哗!”几十只小手举了起来。老师挑了五个没有举手而上次语言活动表现又不好的幼儿上来表演。表演时，老师不停地提示孩子们对话，做动作。第二轮，老师请了五个“坐得好的孩子”上来表演，五个孩子表演同一个角色。老师还是不时地按照故事情节规范语言，纠正孩子们的动作。好多孩子忙着摆弄有趣的道具，忘了表演，老师又不停地提醒……

问题：(1)请问这是表演游戏吗？为什么？

(2) 如果你是教师会怎样组织指导“小乌龟开店”的表演游戏。

【解析】本题主要检测对表演游戏的指导的理解。

答案要点：(1)这不是表演游戏，它没有体现表演游戏自主性、创造性和自娱自乐的特点。

(2) 首先要帮助幼儿熟悉“小乌龟开店”，充分理解“小乌龟开店”的内容。掌握作品的主题及情节的发展，体验“小乌龟开店”中角色的语言与动作特点，激发幼儿对作品中人物形象的感情，引起表演的欲望。

其次，引导幼儿用自己的语言、动作和表情充分地表现“小乌龟开店”中角色的动作和对话，要求每个幼儿有与别人不一样的独特的表演。最后，让幼儿自愿分组、自由地玩“小乌龟开店”的表演游戏，教师可予以适当帮助，但不干涉幼儿自由的表演。

【小试牛刀】

一、单项选择题(每题选一个正确答案，每小题2分，共24分)

1. 幼儿喜爱游戏并且不断进行游戏，是由其(　　)所决定的。
   A. 幼儿园环境的特点　　B. 身心发展的特点与需要
   C. 幼儿园课程的组织形式　　D. 家园合作
2. 游戏是形成幼儿快乐“原体验”的重要途径。这里的“原体验”，用德国教育家博尔诺夫的话来说，就是一种(　　)。
   A.“幼儿游戏”　　B.“游戏疗法”　　C.“游戏幼儿”　　D.“基本心境”
3. 关于游戏的分类正确的是(　　)。
   A. 从活动性质的维度，可分为角色游戏、表演游戏、结构游戏等
   B. 从领域的维度，可分为规则游戏、音乐游戏、体育游戏等
   C. 从参加者人数的维度，可分为个体游戏、集体游戏、无规则游戏
   D. 从游戏方式的维度，可分为想象性游戏、操作性游戏、玩沙游戏
4. 在幼儿游戏中，教师作为支持者角色的作用理解正确的是(　　)。
   A. 与幼儿共同商议、沟通游戏的有关事宜
   B. 与幼儿一起分享游戏
   C. 观察游戏、捕捉信息、判断介入时机与方式
   D. 以多种方式吸引幼儿加入游戏、维持游戏等
5. 幼儿的(　　)是幼儿游戏的重要基础与源泉。
   A. 特点和需要　　B. 生活经验　　C. 观察游戏　　D. 游戏方法
6. 教师指导幼儿游戏的前提是(　　)。
   A. 掌握游戏方法　　B. 构建“整体儿童”
   C. 重视对幼儿游戏的观察　　D. 创建游戏环境
7. 玩“医院”游戏的幼儿，把游戏角变成了“医院”，表演出“医生”“病人”的动作、语言、表情，表现出“医院”的活动情景，享受着当医生的乐趣，实现着当医生的愿望。这个情景体现了幼儿游戏的(　　)特点。
   A. 愉悦　　B. 自主　　C. 自由　　D. 创造
8. 通过(　　)来指导游戏最能够体现游戏的“间接指导”特点。
   A. 准备游戏环境　　B. 控制游戏环境　　C. 改善游戏环境　　D. 调整游戏环境
9. 角色游戏主要反映的是(　　)。
   A. 幼儿掌握的物体造型　　B. 幼儿熟识的文学作品
   C. 幼儿经历的社会生活　　D. 幼儿丰富的生活阅历
10. 观察、分析游戏的要点理解正确的是(　　)。
   A. 行为观察、适时指导、行为分析、注重结果
   B. 行为观察、行为分析、发展判断、支持策略

C. 观察游戏、理解游戏、解读游戏、间接指导

D. 保证时间、适时指导、发展判断、支持策略

11. 游戏所具有的教育功能必须建立在(　　)的基础之上，否则游戏的功能是难以实现的。

A. 幼儿直接经验　　B. 促进幼儿身心全面发展

C. 幼儿间接经验　　D. 保障幼儿游戏特点

12. 棋类游戏、竞技游戏等属于(　　)。

A. 规则游戏　　B. 无规则游戏　　C. 体育游戏　　D. 操作性游戏

二、多项选择题(多选、少选、错选均不得分，每小题 3 分，共 15 分)

13. 对幼儿来说，游戏不仅仅是一种消遣，“玩中学”是其主要的有效学习方式。幼儿在游戏中的自发学习具有(　　)的特点。

A. 学习是幼儿的天性　　B. 学习的目标是隐含的

C. 学习方式是潜移默化的　　D. 学习的内容是基本活动

E. 学习的动力是内在的

14. 真正的幼儿游戏具有(　　)的特点。

A. 愉悦　　B. 自主　　C. 自由　　D. 创造

E. 发展

15. 游戏对幼儿社会性发展的促进作用是不可低估的。理解正确的是(　　)。

A. 游戏能帮助幼儿更好地认识自己、认识他人、认识社会

B. 游戏能够帮助幼儿建立积极的自我意识

C. 游戏能够帮助幼儿了解、理解他人的想法、需要与感受

D. 游戏能促进幼儿心理健康的发展

E. 游戏能够帮助幼儿理解社会规则和习俗的本质

16. 从游戏分类的维度去理解，娃娃家游戏是(　　)。

A. 角色游戏　　B. 幼儿自发游戏　　C. 社会性游戏　　D. 无规则游戏

E. 小群体游戏

17. 教师的介入是否有效，主要是看(　　)。

A. 幼儿游戏中的困难或问题是否真正被解决

B. 游戏是否得到进一步的推进

C. 幼儿的游戏兴致是否更高了

D. 幼儿通过教师的指导，是否获得了新的经验、新的发展

E. 幼儿游戏的水平停留在原有的基础上

三、判断题(正确的打“√”，错误的打“×”。每小题 1 分，共 15 分)

(　　)18. 幼儿的自由自发游戏和教学游戏本质是一样的。

(　　)19. 教学游戏是游戏的一种形式。

(　　)20. 任何一个游戏都能同时达到游戏的四方面的功能。

(　　)21. 教师在幼儿游戏中的角色作用既各有侧重，又难以截然分开。
(　　)22. 象征性游戏，在幼儿园小班处于高峰期。
(　　)23. 游戏不是学习，坐下来听老师讲才是学习。
(　　)24. 满足幼儿对多种游戏的需要是尊重幼儿的一种表现。
(　　)25. 对幼儿游戏进行评价应该坚持正面教育的原则。
(　　)26. 表演性游戏的角色往往来源于社会生活。
(　　)27. 幼儿的自由自发游戏不需要教师的指导。
(　　)28. 不当的游戏指导有可能妨碍、甚至破坏幼儿的游戏。
(　　)29. 幼儿的游戏水平是幼儿自己玩出来的，前提是提供大量游戏机会，保证充足的游戏时间和空间。
(　　)30. 游戏的分类应当是服从于游戏的发展需要和指导需要。
(　　)31. 教师把握得当，顺应了幼儿需求，推动了游戏的发展，这是无效介入。
(　　)32. 游戏的总结不一定是全班性的集体活动形式。

四、简答题(每小题8分，共24分)

33. 游戏的主要功能。

34. 教学游戏的指导。

35. 怎样总结游戏及特征。

五、论述题(每小题12分，共24分)

36. 试述怎样使游戏成为幼儿园的基本活动。

37. 试述适时调整游戏环境的物与人的要素。

六、案例分析题(共18分)

案例：某幼儿园小班，教师提供幼儿制作糕点的材料，试图引发其玩“糕点厂”的游戏，教师费了很大的力气，试图让幼儿能用橡皮泥制作糕点，并放进“电烤炉”烤制，结果幼儿根本不予理睬，糕点厂的游戏也没玩起来。

问题：38. 糕点厂的游戏为什么没能玩起来？如果想要让孩子愿意并喜欢玩糕点厂的游戏，教师应该怎样做？

【参考答案与计分标准】

一、单项选择题(每题选一个正确答案，每小题2分，共24分)

1. B　2. D　3. A　4. D　5. B　6. C　7. D　8. D　9. C　10. B　11. D　12. A

二、多项选择题(多选、少选、错选均不得分，每小题3分，共15分)

13. BCE　14. ABCD　15. ABCE　16. ABCDE　17. ABCD

三、判断题(正确的打“√”，错误的打“×”，每小题1分，共15分)

18. ×　19. ×　20. ×　21. √　22. ×　23. ×　24. √　25. √
26. ×　27. ×　28. √　29. √　30. √　31. × 32. √

四、简答题(每小题8分，共24分)

33. (1)游戏是形成幼儿快乐“原体验”的重要途径。“快乐感”的教育意义是不可估量的。尤其在人生早期，形成快乐的“原体验”，不仅对幼儿身心健康的成长具有重大意义，也对他们今后形成健全的人格具有重大意义。让幼儿形成快乐的“原体验”更具有重要性、必要性。(2分)

(2) 游戏是幼儿认知发展的推进器。①游戏激发和强化幼儿的认知动机；②游戏能够极大地激活、巩固、丰富、提升幼儿的知识；③游戏促进幼儿认知能力的发展；④游戏有利于促进幼儿语言能力的发展。(2分)

(3) 游戏是儿童社会化的重要工具。游戏对幼儿社会性发展的促进作用是不可低估的。它帮助幼儿更好地认识自己、认识他人、认识社会。游戏能够帮助幼儿建立积极的自我意识；游戏能够帮助幼儿了解、理解他人的想法等。(2分)

(4) 游戏促进幼儿的身体健康地发育与成长。游戏对促进幼儿身体的健康成长至关重要。游戏中的各种活动直接锻炼幼儿身体的各部分。(2分)

34. 教学游戏是为达到一定的教学目标而设计、组织的游戏。(2分)教师借用游戏的方式，把教学目标隐含其中，把教学过程转化为幼儿的游戏过程，从而有效地实现目标。(2分)

由于教学游戏是教师预设的游戏，教师的干预性、控制性强于幼儿的自发性游戏，(1分)因此，要让教学游戏转化为幼儿有效的学习，其指导必须注意：①吸引幼儿愉快、主动参与；(1分)②顺势引导，重视生成；(1分)③画龙点睛的总结与提炼。(1分)

35. 怎样总结游戏及特征。

答：在总结的时间里，作为教师的作用主要是提供时间与机会，帮助幼儿回忆、交流自己做了什么、过程中发生了什么、自己学到什么等；(1分)在此基础上，通过互动进一步帮助幼儿反思自己的游戏过程，意识到自己的学习过程，并发展语言、交流技能、反思能力等。(1分)

好的有效的游戏总结往往有三个特征：一是它一定是以教师的认真观察与思考为基础的；(2分)二是让总结成为幼儿的思考与学习过程，而不是教师单方面的评头论足；(2分)三是总结能有针对性地提出并解决游戏中的带普遍性的问题，从而有效地提升游戏的质量，提升幼儿的经验与能力，引导幼儿成为好的游戏者与学习者。(2分)

五、论述题(每小题12分，共24分)

36. (1)牢固树立正确的游戏观，建立尊重游戏的幼儿园文化。幼儿园所有的教职员工都应树立正确的游戏观，要正确地认识幼儿游戏的内涵、特点及其对幼儿发展的意义与价值，“将游戏作为对幼儿进行全面发展教育的重要形式”。树立正确的游戏观决不是一件容易的事，只有将之变为心中的坚定信念，才能真正把游戏作为幼儿园的基本活动。(2分)

建立尊重幼儿游戏及其游戏权利的幼儿园文化，是让游戏成为幼儿园基本活动的重要保证。建立尊重幼儿游戏及其游戏权利的幼儿园文化，是抵制小学化倾向的最根本、最彻底的保证。(2分)

(2) 充分满足幼儿的游戏需要。幼儿对游戏的需要是多种多样的，他们想玩各种各样的游戏，特别是自由自发的游戏。幼儿的游戏需要是发展变化的，教师应不断观察幼儿游戏的兴趣和对游戏种类的需要，适时地调整环境，及时地呼应他们。(2分)幼儿的自由、自发游戏被认为是最能体现游戏本质的，最符合游戏特点的，最能表现幼儿天性的，也是幼儿最喜欢的游戏。因此，重视幼儿的自由、自发游戏应当成为落实“以游戏为基本活动”的一个着力点。(2分)

(3) 把游戏精神渗透到幼儿园教育的所有环节中。(2分)在幼儿园课程中，除游戏之外，还有许多非游戏的教育活动，那么该怎么实施这类教育活动，才符合“让游戏成为基本活动”的要求呢？首先必须明确这些教育活动都是幼儿园有目的有计划地进行的、促进幼儿全面发展所不可缺少的活动，“让游戏成为基本活动”决不是把这些活动都变成游戏；其次是在所有这类教育活动中渗透游戏精神。如充分利用游戏来组织各类教育教学活动，在作业课中融入游戏元素，开展游戏化教学，通过适宜的教学游戏来引导幼儿愉快、自主、创造性学习。(2 分)

37. 通过调整游戏环境来指导游戏最能够体现游戏的“间接指导”特点。调整游戏环境主要是从两方面入手——提高游戏材料投放的针对性、适宜性；(2 分)促进游戏中人际互动的频率与质量。(2 分)

① 提高游戏材料投放的针对性、适宜性，主要应做到：

第一，根据幼儿的实际、游戏发展的实际来投放材料。(2 分)在投入材料时，首先需要教师观察了解幼儿的实际需要，明确不同年龄阶段幼儿游戏的特点及其区别。其次，材料投放后，要仔细观察幼儿怎样在玩这些材料，以判断、反思材料的适宜性。

第二，保证游戏材料的丰富与平衡。(2 分)

② 促进游戏中人际互动的频率与质量，主要应做到：

第一，教师根据游戏的情况，以匹配游戏的伙伴角色介入，能有效地助推游戏的发展。(2 分)

第二，促进幼儿之间的互动。(2 分)

六、案例分析题(共 18 分)

38. (1)之所以会出现这种状况是因为幼儿不知道“糕点厂”、“电烤炉”为何物，教师提供的游戏材料是陌生的，脱离了幼儿的生活实际，幼儿表现出游戏兴趣较低。(3 分)

(2) 组织指导角色游戏必须丰富幼儿的生活经验，幼儿的游戏是对幼儿生活的反映，其生活经验是幼儿游戏的重要基础与源泉。幼儿的生活内容越丰富，游戏内容就越充实、新颖，游戏的水平也就越高。(3 分)

(3) 幼儿的生活经验主要来自家庭、社会、幼儿园等方面。为了发展幼儿游戏，教师要善于利用幼儿园的各种活动、利用园内外的各种教育资源，利用家园的密切合作，不断丰富幼儿的知识经验，充实幼儿的日常生活，扩展幼儿的视野，从而为不断扩大游戏的深度与广度打下基础。(3 分)

(4) 要提高幼儿角色游戏的水平还应加强对游戏过程的具体指导。(3 分)

小班应着重在增强幼儿的角色意识；中班应注重游戏中幼儿交往能力的发展；大班则应注重鼓励幼儿与同伴商量确定角色的分配，并懂得谦让。(3 分)

此外还应促进幼儿对游戏材料的想象与使用，使幼儿能以物代物、一物多用。具有丰富的想象力和创造力。(3 分)

第八章　幼儿园与小学的衔接

【学习导航】

识记：幼儿园与小学衔接的含义、指导思想、内容与方法。

理解：造成幼儿园与小学不衔接的主要原因；幼小衔接的重要性，幼小衔接的方法及应该注意的问题。

应用：幼儿园配合家长做好幼小衔接工作的能力。

【重中之重】

幼小衔接的重要性，幼小衔接的内容与方法及应该注意的问题。

【应知应会】

第一节　幼儿园与小学衔接的含义

一、什么是幼儿园与小学的衔接

所谓“衔接”，意指“连接”“连续”“连贯”，其反义词是“隔断”“断开”“脱节”等。幼儿园与小学的衔接即指幼儿园与小学两个不同的教育阶段之间的连接过程，这一接轨是否平稳、连续、连贯，而非相互脱节、断裂，直接影响着儿童入学后对学校生活的适应，进而对他们的身心健康、学习兴趣以及情感、能力、人际关系等多方面的发展造成严重影响。

二、造成幼儿园与小学不衔接的主要原因

1. 幼儿园教育与小学教育各有不同的特点

由于幼儿园与小学是分属不同教育阶段的两种教育机构，面对的对象不同，任务不同，所以二者不可能一样。其主要区别表现在：

（1）教育的基本活动

幼儿园教育与小学的基本活动是完全不同的。幼儿园以游戏为基本活动，玩中学是幼儿主要的学习方式，幼儿主要通过直接感知、实际操作、亲身体验来了解周围世界，积累有益的经验，没有分数、作业、考试等带来的学习压力。

小学以上课为基本活动、主要的教学形式，儿童必须服从统一的上课安排，学习以书本为主要载体的学科文化知识成为一项必须完成的任务，学校通过分数、作业、考试等，对儿

童的学习质量、进度等进行严格的学业管理。

(2) 作息制度及生活管理

幼儿园的生活节奏自然而宽松。教师遵循保教合一的原则，把教育与生活上的照顾融合起来，让幼儿在各方面的需求都能得到比较周到和细致的满足；

小学阶段的生活节奏快速、紧张，每天上课时间较长，纪律规则、作息制度都带有强制性，教师对儿童生活上的照料明显减弱，对儿童生活自理能力的要求明显提高。

(3) 师生关系

在幼儿园里，幼儿与教师熟悉、接触机会多、时间长，师幼关系密切。

小学里，师生接触主要是在课堂上，儿童与教师的接触机会、时间相比在幼儿园大大减少，涉及面也明显变窄。

(4) 环境

幼儿园的环境适合幼儿的特点：活动室的布置生动活泼，有许多活动区域，玩具和活动材料丰富，能满足幼儿游戏、操作、选择等多方面的需要；活动室的配置考虑了幼儿如厕、洗手、喝水、午睡、游戏等方面的需要，让幼儿能够方便地学习与生活。

小学的教室一般比较单调、严肃，成套的课桌椅排列固定没有游戏区域，教室里缺少玩具、活动材料等；教室功能单一。

(5) 社会及成人对儿童的要求和期望

给幼儿一个快乐的童年已成为全社会的基本共识，成人对幼儿的要求相对比较宽松，使幼儿的学习压力比较小，没有非完成不可的社会任务。

而社会及成人对小学生的要求相对严格、具体，家长对小学生具有很高的期望。儿童的学习压力大，要负担一定的社会责任。

2. 儿童身心发展的阶段性与连续性

儿童的成长是一个由量变到质变的渐进的发展过程，有一定的阶段性，各阶段呈现出不同的发展特点。但是，儿童发展的各个阶段不是截然分开的，而是具有连续性的。发展是一个渐进的过程，没有哪个儿童前一阶段一结束，前一阶段所有的特点就顿时全部消失，后一阶段的特点就一下子全部出现。

幼儿园与小学两类机构巨大差异表明，两者都只重视了儿童发展的阶段性，而忽视了其发展阶段之间的连续性。

过渡期：儿童在前、后两个发展阶段之间，实际上存在一个兼具两阶段特点的交叉时期。在这一时期，儿童既保留了上一阶段的某些特征，又开始拥有下一阶段最初的某些特征，这一时期在教育学上被称为过渡期。

三、幼儿园与小学衔接的重要性

幼儿园与小学的衔接对儿童的发展具有重要意义。

做好幼小衔接不仅仅给入学儿童开创了一个良好的开端，为他们当下的、后继的以致终身的学习与发展奠定了良好的基础，也为顺利实施九年义务教育，避免儿童出现的厌学、辍学等问题，提高整个基础教育的质量提供了强有力的保证。

相反，如果幼小不衔接，不仅影响基础教育的发展，更严重的是会影响儿童的身心健康，影响儿童当下的和长远的发展。儿童入学后，由于学习压力加重、生活习惯变化、人际关系陌生、学校与家长的监管强化等各方面的原因，会造成他们在生理、心理和社会适应等方面出现问题。

第二节 幼儿园实施幼小衔接工作的指导思想

一、长期性而非突击性

幼儿园教育是终身教育的一个重要组成部分，旨在为儿童的终身发展打好基础。因此要把幼小衔接工作置身于终身教育的大背景下去考虑。对幼儿园来讲，在时间上要把幼小衔接工作贯穿于幼儿园教育的各个阶段；在人力上也绝不能仅仅只由大班老师来承担；在幼小衔接的内容上，要坚持全面发展终身学习所需要的各方面的素质。

二、整体性而非单项性

幼小衔接是全面素质教育的重要组成部分，应当从幼儿德、智、体、美各方面全面整体推进，而不应仅偏重某一方面。在衔接中仅偏重某一方面是错误的，而在某一方面中又偏重某些因素则更片面了。可见，幼小衔接工作需要开展全方位的素质教育，而绝不能只搞“单项突破”或片面发展。

三、培养入学的适应性而非搞小学化

在幼小衔接工作中的另一误区就是“小学化”倾向严重。幼小衔接工作一定要坚持幼儿园教育的特点，重视培养幼儿的入学适应性，培养幼儿适应新环境的各种基本素质，而绝不能够把小学的一套简单地搬到幼儿园，把幼儿园变成小学。

第三节 幼儿园方面的幼小衔接工作

一、幼小衔接工作的主要内容与方法

1. 培养幼儿对小学生活的热爱与向往

幼儿对小学生活的态度、看法、情绪状态等，与入学适应关系密切。因此，幼儿园阶段应注意培养幼儿愿意上学，对小学的生活满怀憧憬和向往，为做一个小学生感到自豪的积极态度，并让幼儿有机会获得对小学生活的积极情感体验。

2. 培养幼儿对小学生活的适应性

(1) 培养主动性

培养主动性就是在幼儿园教育中，培养幼儿的自信心、对周围的人和事物的积极态度，激发幼儿对活动的参与欲望和兴趣，给他们提供自己选择、自己计划、自己决定的机会和条件，鼓励他们去探索、去尝试，并使他们尽量获得成功的体验。

(2) 培养独立性

幼儿的独立性主要表现在有一定的独立行动与思考的能力、自我管控的能力，自己能做的事情不依赖他人等。独立性的缺乏严重地影响了儿童较快地适应小学的生活。独立性的培

养必须通过家庭和幼儿园的合作才能实现。

(3) 发展人际交往能力

幼儿人际交往能力的重要性表现在入学后对新的人际环境的适应上。培养幼儿交往能力的方法是创设一个宽松、自由的交往环境，改善师生关系，鼓励幼儿之间的交往，让幼儿真正体会到与老师、同伴在一起的愉快，从而愿意主动投入到交往活动中去。

(4) 培养幼儿的规则意识和任务意识

在小学生活中儿童会碰到许多新的规则与纪律，同时，入学后学习成为必须完成的任务，可刚入学的儿童却一时难以发展与之相应的任务意识与完成任务的能力。由此可见，幼儿园应当注意培养幼儿的规则意识和任务意识，特别在大班阶段。

3. 帮助幼儿做好入学前的学习准备

(1) 培养良好的学习品质

所谓"学习品质"，主要指学习态度，行为习惯、方法等与学习密切相关的基本素质，是在幼儿期开始出现与发展，并对幼儿现在与将来的学习都具有重要影响的基本素质。

在幼儿园教育中培养幼儿的学习品质，要注意以下几方面：

一是一定要在幼儿实际的生活、游戏中，在幼儿的所有学习活动中进行培养，而绝不能脱离幼儿具体的、鲜活的学习活动，进行孤立的所谓专项训练，那是违背学习品质形成的规律的。

二是学习品质的培养是靠长期的、一致一贯的养成教育来实现的，绝不可能立竿见影或自然而然地"树大自然直"。

三是幼儿学习品质的形成受多种因素影响。如幼儿自身的兴趣、外部环境状况、教师的教学方法以及学习对象的情况等，都与幼儿学习品质的表现与发展高度相关。

(2) 发展幼儿的学习能力

发展学习能力不仅是幼儿当前学习之必需，更是其终身学习之必需。放眼未来的幼小衔接必须重视发展幼儿的学习能力——思维能力、探究能力、解决问题的能力等。

思维能力是智力的核心，思考、探究、解决问题的能力是幼儿发现世界、获取新知、运用知识、建构知识所必需的能力。

在入学准备上重视学习能力决不意味着不需要知识、技能，把培养能力与教授知识、技能对立起来是完全错误的。知识、技能与学习能力并不矛盾，关键是让幼儿怎么学习知识、技能，在什么观念下、用什么方法来指导幼儿学习知识、技能。

(3) 培养良好的生活习惯与生活自理能力

为了更好地适应小学的生活与学习，需要在入学前培养幼儿按作息时间有规律地生活的好习惯，调查表明，生活习惯好、自理能力强的儿童在入学后表现得更有自信心、更富有积极的自我意识和个人效能感，更富有稳定的情绪，更具有活动能力和适应能力。

二、幼小衔接工作应注意的问题

1. 进行幼儿园与小学教育的双向改革

幼儿园与小学共同配合搞好幼小衔接工作十分必要，意义重大。

实践证明，解决幼小衔接问题决不是单靠哪一方面能完全解决的，必须进行幼儿园与小学教育的双向改革，共同以儿童身心发展的阶段性与连续性的规律为依据，把培养和提高儿童各方面的适应能力作为幼小衔接工作的着眼点，在此基础上，加强园、校间的沟通与合作，共同创造过渡期的适宜外部教育环境与条件。

2. 提高教师专业素质，科学地开展幼小衔接

幼小衔接的研究结果表明，提高广大教师的专业素质是幼小衔接工作取得成功的最重要的保证。而教师专业素质提高的关键在于转变旧有观念，深刻认识衔接工作的意义，加深对儿童过渡期特点及需要的理解，加强有关研究，科学地有针对性地开展衔接工作。

3. 有针对性地进行幼小衔接

结合地区特点及幼儿身心发展的个别特点，特别是幼儿过渡期中最主要的问题，有针对性地、有的放矢地进行教育。因此，不同地区幼小衔接工作的重点是有差异的，其内容侧重点应有所不同。科学的幼小衔接工作还应当是面向全体的同时照顾儿童的个体差异。

4. 加强家、园、社区的合作

幼小衔接工作仅仅依靠幼儿园单方面的力量是不够的。除了与小学的合作之外，幼儿园与家长、社区形成合力是非常重要的。家长对幼小衔接具有巨大影响力。此外，在整个衔接工作中，全社会对教育的共识，对儿童的关心是不可缺少的。幼儿园、小学都应加强与社区的沟通与协作，大力宣传做好衔接工作的重大意义，争取社区的配合。

【范例精讲】

1. (单项选择题) 幼儿园与小学教育衔接的重点是(　　)。

A. 让幼儿熟悉小学的环境、规章制度和课程

B. 多教幼儿读写算算，让幼儿做好学习方面的准备

C. 锻炼幼儿的体魄，培养幼儿独立生活的能力

D. 促进幼儿在原有基础上向新的阶段发展，培养幼儿入学的适应能力

【解析】答案：D　本题主要检测对幼小衔接工作的指导思想的理解。促进幼儿在原有基础上向新的阶段发展，培养幼儿入学的适应能力，是幼小衔接工作的重点。解决幼儿园与小学衔接问题应从提高孩子自身的适应能力入手，应把提高孩子的内在适应能力作为幼儿园与小学衔接的工作的核心。

2. (单项选择题) 在幼儿园教育中，培养幼儿的自信心、对周围的人和事物的积极态度，激发幼儿对活动的参与欲望和兴趣，这是(　　)方面的适应能力。

A. 培养主动性　B. 培养独立性　C. 发展人际交往　D. 培养规则意识

【解析】答案：A　本题主要检测对培养幼儿对小学生活的适应性的理解。幼小衔接方面的研究表明，富于主动性的幼儿思维活跃，做事有信心，能主动与人交往，入学后能够比较快地适应小学新环境。

3. (单项选择题) 在幼儿小衔接工作中，不应当把幼小衔接工作仅仅视为两个教育阶段的过渡问题，而应把它置身于终身教育的大背景下去考虑。这体现了幼小衔接工作中(　　)的指导思想。

A. 适应性　B. 整体性　C. 长期性　D. 突击性

【解析】答案：C　本题主要检测对幼小衔接工作的指导思想的理解。幼儿园教育是终身教育的一个重要组成部分，旨在为儿童的终身发展打好基础。让幼儿顺利地实现入学适应只

是幼儿园教育的近期目标而已，它是实现幼儿园长远目标的一个组成部分。

4.(多项选择题)下列对幼儿园教育的基本活动理解正确的是(　　)。

A. 以游戏为基本活动

B. 玩中学是幼儿主要的学习方式

C. 幼儿主要通过直接感知、实际操作、亲身体验积累有益经验

D. 学习各种知识和技能的作业课

【解析】答案：ABC　本题主要对检测幼儿园教育与小学教育的基本活动特点不同的理解。幼儿园教育与小学的基本活动是完全不同的。幼儿园以游戏为基本活动，玩中学是主要学习方式，幼儿主要通过直接感知、实际操作、亲身体验来了解世界，积累有益经验。小学以上课为基本活动、主要的教学形式，儿童必须服从统一的上课安排，学习以书本为主要载体的学科文化知识成为一项必须完成的任务。

5.(判断题)幼儿园与小学的衔接工作是由幼儿园和小学来完成。(　　)

【解析】答案：×　本题主要检测对幼小衔接工作应注意的问题的理解。幼小衔接工作仅仅依靠幼儿园单方面的力量是不够的。除了与小学的合作之外，幼儿园与家长、社区形成合力是非常重要的。

6.(简答题)在幼儿园方面如何培养幼儿的规则意识和任务意识？

【解析】本题是检测对培养幼儿的规则意识和任务意识的理解。

答案要点：(1)幼儿园大班阶段应当注意培养幼儿的规则意识和任务意识。可通过开展规则游戏或其他竞技活动，让幼儿逐步懂得生活、学习、游戏等的规则，并让他们有机会体验到不遵守规则所造成的不良后果，有意识地发展其自我控制能力。

(2)幼儿园可在生活制度、游戏规则、集体活动纪律等方面提出适合幼儿的要求，让幼儿逐步加强规则意识，养成遵守规则的习惯，以有利于缩短入学后适应小学规则的时间。

(3)在幼儿园和家庭里，通过教师与家长的配合，给幼儿创造更多发展任务意识的机会。特别在遇到困难时，鼓励他们坚持，不轻易放弃，培养幼儿能自始至终完成一项任务的责任感和毅力，同时也应教给他们完成任务所必需的知识与技能。

7.(论述题)幼儿入学后面临的主要困难是什么？该如何帮助幼儿克服这些困难？

【解析】本题主要检测对幼儿入学后面临的主要困难的理解。

答案要点：儿童上小学后所面临的主要困难是主体适应能力不足，主要表现在身体适应、社会适应和心理适应等方面的困难，而不是知识和智力方面。具体教育策略：

(1)身体适应方面。加强体育锻炼，提高身体素质；培养良好的生活卫生习惯和生活自理能力。

(2)社会适应方面。提高任务意识和完成任务的能力；提高规则意识和执行规则的能力；提高独立意识和独立生活能力；提高人际交往能力。

(3)心理适应方面。培养幼儿阅读的兴趣与技能，使他能感受到读书的乐趣；通过绘画和其他手工活动，提高幼儿用笔的灵活性，为其入学后的书写打好基础；提高幼儿的注意力和自制力及坚持性；利用日常生活中的各种机会加强思维训练，注意培养幼儿良好的思维习惯，提高幼儿的思维能力。

8.(案例分析题)案例：在一项对小学一年级新生的调查中显示，许多儿童认为写作业是帮家长和老师完成任务，检查作业、准备学习用品等事情都应该由家长来做。曾有一个孩

子理直气壮地对妈妈说："您为什么不帮我把铅笔削好，害得我今天上课没笔用，老师都批评我了"。还有一个孩子上课不会记作业，回家后不知道该写什么。妈妈打电话去问别的同学，一连问了八个同学，结果问出了八种不同的作业。原来，这八个孩子记的作业都是不一样的。

问题：幼儿入学后为什么不适应？该如何帮助幼儿克服这些困难？

【解析】本题主要检测对幼儿园与小学不衔接的理解。

答案要点提示：(1) 由于家长和幼儿园教师平时对幼儿的事情包办过多，不给幼儿独立完成某种任务的机会，导致幼儿独立完成任务的意识和独立完成任务的能力差。

(2) 教师可以采取以下策略：

① 在教育过程中树立正确的教育观念，把独立完成任务的机会还给幼儿。

② 在幼儿完成任务的过程中，帮助每个幼儿不断地获得成功感和满足感，从而使他们增强完成任务的自信心。

③ 组织一些专门的教育活动来培养幼儿的任务意识与能力。

④ 当幼儿完成任务后，教师要及时对其完成任务的情况进行检查和评价。

【小试牛刀】

一、单项选择题(每题选一个正确答案，每小题 2 分，共 24 分)

1. 幼儿园与小学的衔接，这里的"衔接"意指(　　)。
   A. "链接""连续""连贯"　　B. "隔断""断开""脱节"
   C. "连接""连续""连贯"　　D. "特点""规律""平稳"
2. 幼儿园以为(　　)基本活动，(　　)是主要学习方式。
   A. 上课　游戏　B. 游戏　上课　C. 上课玩　中学　D. 游戏　玩中学
3. 学前阶段幼儿的思维以(　　)的发展为主。
   A. 具体形象思维　B. 抽象逻辑思维　C. 系统综合思维　D. 发散求异思维
4. 幼儿园与小学两类机构巨大差异表明，两者都只重视了儿童发展的(　　)，而忽视了其发展阶段之间的(　　)。
   A. 特点　规律　　B. 规律　特点
   C. 阶段性　连续性　　D. 连续性　阶段性
5. 儿童入学后心理方面出现的问题理解正确的是(　　)。
   A. 睡眠不足　B. 食欲不振　C. 紧张焦虑　D. 胆小孤僻
6. 儿童不会整理书包，往往成人包办。这种现象是(　　)。
   A. 学习习惯不好　　B. 生活自理能力差
   C. 没有任务意识　　D. 不爱小学生活
7. 幼小衔接工作在时间上讲应是(　　)。
   A. 幼儿园各个阶段　　B. 大班或大班后期
   C. 小学低年级　　D. 幼儿园各个阶段和小学低年级
8. 幼小衔接工作在幼儿园方面从人力上讲应是(　　)。

A. 大班老师　　B. 全园教师(包括园长)
C. 全园教师和保育员　　D. 所有的保育员

9. 幼儿独立性的培养必须通过(　　)才能实现。
A. 家长　　B. 幼儿园
C. 家庭　　D. 家庭和幼儿园合作

10. 幼小衔接的研究结果表明，(　　)是幼小衔接工作取得成功的最重要保证。
A. 提高广大教师的专业素质　　B. 加强园校的沟通
C. 加强家庭的配合　　D. 争取社区的帮助

11. 科学的幼小衔接工作应当是(　　)。
A. 面向全体　　B. 照顾儿童个体差异
C. 全面发展教育　　D. 面向全体同时照顾儿童个体差异

12. 做好幼小衔接工作应该是(　　)。
A. 幼儿园　　B. 小学
C. 家长和社区　　D. 幼儿园、小学、家长和社区的合作

二、多项选择题(多选、少选、错选均不得分，每小题 3 分，共 15 分)

13. 幼儿园与小学共同配合搞好幼小衔接工作的意义表现在(　　)。
A. 给入学儿童开创了一个良好的开端
B. 为他们后继的学习与发展奠定了良好的基础
C. 顺利实施九年义务教育
D. 避免儿童出现厌学、辍学等问题
E. 提高整个基础教育的质量

14. 在幼小衔接工作中幼儿园向家长宣传的方式正确的是(　　)。
A. 印发宣传口袋本散发给家长　　B. 举办学前教育宣传月
C. 推出微信交流平台　　D. 开通“家校直通车”
E. “小学教师、领导与家长座谈会”

15. 为了让幼儿体验到上学是件非常愉快的事，成人正确的做法应当是(　　)。
A. 以快乐的心情鼓舞儿童
B. “告诉儿童入学获得学问是何等美好的事情”
C. “应当努力激发儿童对未来教师的信心和爱戴”
D. 培养幼儿对周围人和物的积极情感
E. 鼓励幼儿愉快、自信地跨进小学

16. 帮助幼儿做好入学前的学习准备，幼儿园从(　　)几方面着手。
A. 培养良好的学习品质　　B. 发展幼儿的学习能力
C. 发展思维能力和基础能力　　D. 培养良好的生活习惯
E. 培养幼儿良好的生活自理能力

17. 在幼小衔接中必须重视发展幼儿的学习能力有(　　)。
A. 思维能力　　B. 思考问题的能力
C. 探究能力　　D. 解决问题的能力

E. 人际交往能力

三、判断题(正确的打"√"，错误的打"×"，每小题1分，共15分)

(　　)18. 幼儿园与小学的衔接即指幼儿园与小学两个不同的教育阶段之间的连接过程。

(　　)19. 儿童发展的各个阶段不是截然分开的，而是具有连续性的。

(　　)20. 对儿童身心发展阶段性的忽视是幼儿园与小学不衔接的根本原因。

(　　)21. 要搞好幼小衔接，必须培养幼儿入学所必需的各种基本素质。

(　　)22. 幼儿只要提前认一些字，学一点拼音、算术等就会适应小学生活。

(　　)23. 读写困难和数学困难是幼儿进入小学后面临的主要困难。

(　　)24. 幼小衔接工作就是提前用小学的教育方式对待儿童。

(　　)25. 幼小衔接过程中每个幼儿面临的问题都是一样的。

(　　)26. 做好幼小衔接工作的意义在于使幼儿能够适应小学的学习生活。

(　　)27. 幼小衔接工作关系着幼儿终身的成长和发展。

(　　)28. "穿衣服，系鞋带"是培养幼儿生活方面的主动性。

(　　)29. 过渡期指儿童在前后两个发展阶段之间存在一个兼具两阶段特点的交叉时期。

(　　)30. "树大自然直"说明幼儿在幼儿期间没有必要培养好的习惯，让他们自由发展。

(　　)31. 幼儿园教育就是为幼儿入学做准备。

(　　)32. 由于幼儿的个体差异大，培养学习品质的办法必须因人而异，对症下药。

四、简答题(每小题8分，共24分)

33. 培养幼儿对小学生活的适应性。

34. 培养幼儿良好的学习品质。

35. 幼小衔接工作应注意的问题。

五、论述题(每小题 12 分，共 24 分)

36. 试述造成幼儿园与小学不衔接的主要原因。

37. 试述幼儿园实施幼小衔接工作的指导思想。

六、案例分析题(共 18 分)

案例：某幼儿上学第一天就受到了老师的批评，回到家里说什么也不想再上学了，家长问孩子老师为什么批评，他说："我上课喝水了，聪聪找我要，我也给她倒了点……"家长问道："难道你不知道上课是不能喝水的吗?"孩子颇为委屈地说："在幼儿园什么时候都能喝水，老师说想喝就喝。"接着，孩子又对家长说："妈妈，我还想上幼儿园，上学太没劲了……"

问题：38. 什么原因造成孩子不适应入学后的新生活呢?

【参考答案与计分标准】

一、单项选择题(每题选一个正确答案，每小题2分，共24分)

1. C 2. D 3. A 4. C 5. C 6. B 7. D 8. C 9. D 10. A 11. D 12. D

二、多项选择题(多选、少选、错选均不得分，每小题3分，共15分)

13. ABCD 14. ABCDE 15. ABCE 16. ABDE 17. ABCD

三、判断题(正确的打"√"，错误的打"×"，每小题1分，共15分)

18. √ 19. √ 20. × 21. √ 22. × 23. × 24. × 25. ×
26. × 27. √ 28. × 29. √ 30. × 31. × 32. √

四、简答题(每小题8分，共24分)

33. (1)培养主动性。培养主动性就是在幼儿园教育中，培养幼儿的自信心、对周围的人和事物的积极态度，激发幼儿对活动的参与欲望和兴趣，给他们提供自己选择、自己计划、自己决定的机会和条件，鼓励他们去探索、去尝试，并使他们尽量获得成功的体验。(2分)

(2) 培养独立性。幼儿的独立性主要表现在有一定的独立行动与思考的能力、自我管控的能力，自己能做的事情不依赖他人等。独立性的缺乏严重地影响了儿童较快地适应小学的生活。独立性的培养必须通过家庭和幼儿园的合作才能实现。(2分)

(3) 发展人际交往能力。幼儿人际交往能力的重要性表现在入学后对新的人际环境的适应上。培养幼儿交往能力的方法是创设一个宽松、自由的交往环境，改善师生关系，鼓励幼儿之间的交往，让幼儿真正体会到与老师、同伴在一起的愉快，从而愿意主动投入到交往活动中去。(2分)

(4) 培养幼儿的规则意识和任务意识。在小学生活中儿童会碰到许多新的规则与纪律，同时，入学后学习成为必须完成的任务，可刚入学的儿童却一时难以发展与之相应的任务意识与完成任务的能力。由此可见，幼儿园应当注意培养幼儿的规则意识和任务意识，特别在大班阶段。(2分)

34. 所谓"学习品质"，主要指学习态度，行为习惯、方法等与学习密切相关的基本素质，是在幼儿期开始出现与发展，并对幼儿现在与将来的学习都具有重要影响的基本素质。(2分)

在幼儿园教育中培养幼儿的学习品质，要注意以下几方面：

一是一定要在幼儿实际的生活、游戏中，在幼儿的所有学习活动中进行培养，而绝不能脱离幼儿具体的、鲜活的学习活动，进行孤立的所谓专项训练，那是违背学习品质形成的规律的。(2分)

二是学习品质的培养是靠长期的、一致一贯的养成教育来实现的，绝不可能立竿见影或自然而然地"树大自然直"。(2分)

三是幼儿学习品质的形成受多种因素影响。如幼儿自身的兴趣、外部环境状况、教师的教学方法以及学习对象的情况等，都与幼儿学习品质的表现与发展高度相关。(2 分)

35. (1)进行幼儿园与小学教育的双向改革。幼儿园与小学共同配合搞好幼小衔接工作十分必要，意义重大。实践证明，解决幼小衔接问题决不是单靠哪一方面能完全解决的，必须进行幼儿园与小学教育的双向改革，共同以儿童身心发展的阶段性与连续性的规律为依据，把培养和提高儿童各方面的适应能力作为幼小衔接工作的着眼点，在此基础上，加强园、校间的沟通与合作。(2 分)

(2) 提高教师专业素质，科学地开展幼小衔接。幼小衔接的研究结果表明，提高广大教师的专业素质是幼小衔接工作取得成功的最重要的保证。而教师专业素质提高的关键在于转变旧有观念，深刻认识衔接工作的意义，加深对儿童过渡期特点及需要的理解，加强有关研究，科学地有针对性地开展衔接工作。(2 分)

(3) 有针对性地进行幼小衔接。结合地区特点及幼儿身心发展的个别特点，特别是幼儿过渡期中最主要的问题，有针对性地、有的放矢地进行教育。因此，不同地区幼小衔接工作的重点是有差异的，其内容侧重点应有所不同。科学的幼小衔接工作还应当是面向全体的同时照顾儿童的个体差异。(2 分)

(4) 加强家、园、社区的合作。幼小衔接工作仅仅依靠幼儿园单方面的力量是不够的。除了与小学的合作之外，幼儿园与家长、社区形成合力是非常重要的。家长对幼小衔接具有巨大影响力。(2 分)

五、论述题(每小题 12 分，共 24 分)

36. (1)幼儿园教育与小学教育各有不同的特点。由于幼儿园与小学是分属不同教育阶段的两种教育机构，面对的对象不同，任务不同，所以二者不可能一样。其主要区别表现在：

① 教育的基本活动。幼儿园以游戏为基本活动，玩中学是幼儿主要的学习方式；小学以上课为基本活动、主要的教学形式。(2 分)

② 作息制度及生活管理。幼儿园的生活节奏自然而宽松；小学阶段的生活节奏快速、紧张。(2 分)

③ 师生关系。在幼儿园里，幼儿与教师熟悉、接触机会多、时间长，师幼关系密切；小学里，师生接触主要是在课堂上，儿童与教师的接触机会、时间相比在幼儿园大大减少，涉及面也明显变窄。(2 分)

④ 环境。幼儿园的环境适合幼儿的特点和需要，让幼儿能够方便地学习与生活；小学的教室一般比较单调、严肃，成套的课桌椅排列固定没有游戏区域，教室里缺少玩具、活动材料等。(2 分)

⑤ 社会及成人对儿童的要求和期望。成人对幼儿的要求比较宽松，使幼儿的学习压力比较小，没有非完成不可的社会任务；而社会及成人对小学生的要求相对严格、具体，家长对小学生具有很高的期望。儿童的学习压力大，要负担一定的社会责任。(2 分)

(2) 儿童身心发展的阶段性与连续性。儿童的成长是一个由量变到质变的渐进的发展过程，有一定的阶段性，各阶段呈现出不同的发展特点。但是，儿童发展的各个阶段不是截然分开的，而是具有连续性的。(2 分)

37. (1)长期性而非突击性。(2分)幼儿园教育是终身教育的一个重要组成部分，旨在为儿童的终身发展打好基础。因此要把幼小衔接工作置身于终身教育的大背景下去考虑。对幼儿园来讲，在时间上要把幼小衔接工作贯穿于幼儿园教育的各个阶段；在人力上也绝不能仅仅只由大班老师来承担；在内容上要坚持全面发展终身学习所需要的各方面素质。(2分)

(2) 整体性而非单项性。(2分)幼小衔接是全面素质教育的重要组成部分，应当从幼儿德、智、体、美各方面全面整体推进，而不应仅偏重某一方面。在衔接中仅偏重某一方面是错误的，而在某一方面中又偏重某些因素则更片面了。可见，幼小衔接工作需要开展全方位的素质教育，而绝不能只搞"单项突破"或片面发展。(2分)

(3) 培养入学的适应性而非搞小学化。(2分)在幼小衔接工作中的另一误区就是小学化倾向严重。幼小衔接工作一定要坚持幼儿园教育的特点，重视培养幼儿的入学适应性，培养幼儿适应新环境的各种基本素质，而绝不能够把小学的一套简单地搬到幼儿园，把幼儿园变成小学。(2分)

六、案例分析题(共18分)

38. (1)小学和幼儿园在教育的基本活动和环境上有很大的差异。(2分)

在教育要求上的不同，小学以上课为基本活动，主要学习学科文化知识，儿童必须服从统一的上课安排，对儿童进行严格的学业管理。而幼儿园以游戏为基本活动，玩中学是主要学习方式。(2分)

在环境上的不同，小学的教室是成套的课桌椅，没有游戏区域、玩具、活动材料。而幼儿园有活动室、活动区域，玩具和活动材料丰富，配有幼儿如厕、洗手、喝水、午睡等生活方面的需要。(2分)

(2) 幼儿园和小学的不衔接是造成幼儿入学后不适应的主要原因。(2分)儿童入学后，由于学习压力加重、生活习惯变化、人际关系陌生、学习与家长的监管强化等各方面的原因，会造成他们在生理、心理和社会适应等方面出现问题。(2分)

(3) 幼儿园和小学都忽视了其发展阶段之间的连续性。(2分)两类教育机构都只重视儿童发展阶段性的特点，两个教育机构都没有考虑到从幼儿变成学童的、尚处于发展过渡期的儿童的需要，都没能够为过渡期儿童提供足够的帮助，从而造成儿童入学后适应不良的问题。(2分)

(4) 幼儿入学后自身的适应能力差，不懂规则和纪律。(2分)在小学生活中有许多新的规则和纪律，如上课不能喝水、随便说话、下位等，儿童难以适应这些规定，这成为不少新生受到老师批评的主要原因。因此在幼儿园的大班就要培养幼儿的规则意识和遵守纪律的习惯。(2分)

《幼儿园教育的实施》测试卷

一、单项选择题(每题一个正确答案，每小题2分，共24分)

1. “提供什么经验最有可能达到这些目标”是指“目标模式”中的(　　)要素。

A. 目标　　B. 内容　　C. 组织　　D. 评价

2. 20世纪70年代，英国课程专家斯腾豪斯倡导一种“不应以事先规定好了的(　　)为中心，而要以(　　)为中心”的课程。

A. 结果　过程　　B. 过程　结果　　C. 学生　环境　　D. 环境　学生

3. (　　)是帮助幼儿通过与环境互动，获得有益的学习经验，以促进其身心全面和谐发展的各种活动的总和。

A. 课程　　B. 幼儿园课程　　C. 游戏　　D. 幼儿园活动

4. 幼儿园课程设计与编制的一大特征是(　　)。

A. 遵循幼儿生活的逻辑　　B. 融于生活

C. 以游戏为基本活动　　D. 以获得直接经验为主

5. 由于对是否使用“课程”一词存在争议，从(　　)开始采用“教育活动”替代“课程”。

A. 20世纪80年代中期　　B. 1996年颁布的《幼儿园工作规程》

C. 2001年颁布《纲要》　　D. 2016年施行的新修订的《规程》

6. (　　)直接决定着幼儿园的课程目标，决定着幼儿园课程的性质方向。

A. 幼儿教育目标　　B. 幼儿园教育内容

C. 教学大纲　　D. 幼儿园课程标准

7. “帮助儿童认识人类与自然界的关系，并关注生活环境。”这个课程目标是从(　　)表述。

A. “教”的角度　　B. 幼儿“学”角度

C. 横向结构　　D. 纵向结构

8. 教师对幼儿游戏的指导必须以(　　)为前提。

A. 发挥幼儿的自主性　　B. 保证幼儿游戏的特点

C. 保证游戏的目的性　　D. 实现游戏的多样化

9. 幼儿园所有的教职员工都应树立正确的(　　)，要正确地认识幼儿游戏的内涵、特点及其对幼儿发展的意义与价值。

A. 游戏观　　B. 儿童观　　C. 价值观　　D. 课程观

10. 幼儿在游戏中所获得的快乐感、满足感、成功感等积极的内心体验，这是幼儿游戏(　　)特点。

A. 自主的活动　　B. 无约束的自由状态

C. 愉悦的情感体验　　D. 在假想中想象创造

11. 从幼儿园方面来讲，开展幼小衔接工作的时期应该是(　　)。

A. 中班第二学期　　B. 大班第一学期

C. 大班第二学期　　D. 整个幼儿期

12. 美国华盛顿儿童博物馆的格言:“我听了就忘记了，我看了就记住了，我做了就理解了”主要说明了在教育过程中应(　　)。
A. 尊重儿童的个性　　B. 培养幼儿积极的情感体验
C. 重视儿童学习的自律性　　D. 重视儿童的主动操作

二、多项选择题(错选、漏选、多选均不得分。每小题3分，共15分)

13. 幼儿园课程目标的种类表述正确的是(　　)。
A. 行为目标　B. 情感目标　C. 表现性目标　D. 过程目标
E. 生成性目标
14. 幼儿园课程的实施大致包含(　　)。
A. 课程计划的制订
B. 课程的组织
C. 课程的教育教学方法、途径的选择与使用
D. 指导小组活动的能力
E. 课程的评价
15. 合理的分组应有的特点是(　　)。
A. 有层次　B. 有特色　C. 有方法　D. 有规律
E. 有变化
16. 按皮亚杰的观点，从游戏发展阶段的维度可分为(　　)。
A. 创造性游戏　B. 象征性游戏　C. 机能性游戏　D. 角色游戏
E. 规则游戏
17. 幼儿园实施幼小衔接工作的指导思想有(　　)。
A. 长期性而非突击性　　B. 整合性而非多样性
C. 整体性而非单项性　　D. 培养入学的适应性而非小学化
E. 家、园、校的一致性而非孤立化

三、判断题(正确的打“√”，错误的打“×”。每小题1分，共15分。)

(　　)18. 活动性，既是幼儿园课程的内容特征，也是其内容组织的特征。
(　　)19. 幼儿园课程目标与教育目标，二者呈现着对应的层级关系。
(　　)20. 90年代，“认知发展课程”“情感课程”“感知课程”等这些都是分科课程。
(　　)21. 在不同类型的课程目标指引下的课程实践会出现不同的模式和情境。
(　　)22. 教师在制订各种课程教学计划时，必须依据幼儿的实际发展水平来确定。
(　　)23. 福禄贝尔一直倡导“做中学”。
(　　)24. 理解幼儿园课程内容应持广义的、建构的知识观。
(　　)25. 幼儿是否进行自主活动，是判断幼儿游戏的重要特征。
(　　)26. 游戏多种多样的功能依赖于成人和儿童之间的相互作用。
(　　)27. 在为幼儿游戏提供材料时，投放的材料越多，幼儿的游戏兴趣越高。
(　　)28. 游戏总结可视情况以小组或个别的形式进行。
(　　)29. 在幼儿园教育中，玩中学是幼儿主要的学习方式。

(　　)30. 如果幼小不衔接，不仅影响基础教育的发展，更严重的是会影响儿童身心健康。

(　　)31. 对幼儿这样说话恰当，如“你现在玩得高兴，上了小学可就没这么舒服了。”

(　　)32. 在入学准备上重视学习能力意味着不需要知识、技能。

四、简答题(每小题 8 分，共 24 分)

33. 幼儿园课程内容的含义。

34. 幼儿游戏的内涵。

35. 帮助幼儿做好入学前的学习准备。

五、论述题(每小题 12 分，共 24 分)

36. 在专门组织的教育教学活动中，需特别注意哪几点。

37. 试述如何正确指导幼儿游戏。

六、案例分析题(共18分)

案例一：幼儿园课程是基础教育课程的基础部分，它是为小学教育打基础的。所以做好幼小衔接工作就是要向幼儿园下放小学及其以上的教学科目和内容，这样才能为幼儿入学做好全面准备。

38. 这一观点是否妥当？如何做好幼儿园课程与小学课程的衔接工作？(9分)

案例二：有人认为，孩子上了幼儿园，在园的一切就该归老师管，在家的一切就该家长管，各负其责嘛。

39. 这一观点，对吗？为什么？请从家园合作的角度加以分析。(9分)

【参考答案与计分标准】

一、单项选择题(选择一个正确的答案。每小题2分，共24分)

1. B　2. A　3. B　4. A　5. B　6. A　7. A　8. B　9. A　10. C　11. D　12. D

二、多项选择题(错选、漏选、多选均不得分。每小题3分，共15分)

13. ACE　14. ABC　15. ABE　16. BCE　17. ACD

三、判断题(正确的题打"√"，错误的题打"×"。每小题1分，共15分。)

18. √　19. √　20. ×　21. √　22. ×　23. ×　24. √　25. ×
26. √　27. ×　28. √　29. √　30. √　31. ×　32. ×

四、简答题(每小题8分，共24分)

33. 从存在形态、内容构成、开发主体以及实施形式等方面看，幼儿园课程内容的基本点如下：

(1) 幼儿园课程内容不是以教科书形式存在的——即是说，幼儿园课程内容是超越书本

知识的，是由多形态的、不同性质的“知识”组成的。(2 分)

(2) 幼儿园课程内容不是孤立于幼儿存在的——即是说，幼儿园课程内容不是把幼儿的兴趣、经验、体验、需要等排除在外，而仅仅是要灌输给幼儿的一堆“客观知识”，或仅仅是结论、结果形式的知识体系。(2 分)

(3) 幼儿园课程内容不是完全由成人来开发与创造的——即是说，幼儿园课程内容是成人与幼儿共同建构的，幼儿也是课程内容开发的主体，他们作为建构幼儿园课程内容的参与者、创造者的地位是不可忽视的。(2 分)

(4) 幼儿园课程内容不是完全预设的、静态而固定的——即是说，幼儿园课程内容既有预设性又有生成性，应当在活动过程中随机变化，动态生成。(2 分)

34. (1) 游戏是幼儿的天性，是幼儿生活的主要内容。“游戏是儿童的生命。”幼儿天性爱游戏，没有一个幼儿是不喜欢游戏的。游戏是幼儿生活的主要内容，甚至可以说是幼儿的生活方式。(2 分)

(2) 游戏是幼儿身心发展的特点与需要。“游戏是儿童的心理特征。”幼儿喜爱游戏并且不断进行游戏，是由其身心发展的特点与需要所决定的。幼儿喜爱并参与游戏，在游戏中满足需要，适应生长。(2 分)

(3) 游戏是幼儿的自发学习。“游戏是儿童的工作。”对幼儿来说，游戏不仅仅是一种消遣，“玩中学”是其主要的有效学习方式。(1 分) 幼儿在游戏中的自发学习具有以下三个特点：①学习的目标是隐含的；②学习方式是潜移默化的；③学习的动力是内在的。(3 分)

35. (1) 培养良好的学习品质。所谓“学习品质”，主要指学习态度，行为习惯、方法等与学习密切相关的基本素质，是在幼儿期开始出现与发展，并对幼儿现在与将来的学习都具有重要影响的基本素质。(1 分)

在幼儿园教育中培养幼儿的学习品质，要注意以下几方面：一是一定要在幼儿实际的生活、游戏中，在幼儿的所有学习活动中进行培养，而绝不能脱离幼儿具体的、鲜活的学习活动，进行孤立的所谓专项训练，那是违背学习品质形成的规律的。二是学习品质的培养是靠长期的、一致一贯的养成教育来实现的，绝不可能立竿见影或自然而然地“树大自然直”。三是幼儿学习品质的形成受多种因素影响。如幼儿自身的兴趣、外部环境状况、教师的教学方法以及学习对象的情况等，都与幼儿学习品质的表现与发展高度相关。(3 分)

(2) 发展幼儿的学习能力。发展学习能力不仅是幼儿当前学习之必需，更是其终身学习之必需。放眼未来的幼小衔接必须重视发展幼儿的学习能力——思维能力、探究能力、解决问题的能力等。(2 分)

(3) 培养良好的生活习惯与生活自理能力。为了更好地适应小学的生活与学习，需要在入学前培养幼儿按作息时间有规律地生活的好习惯，调查表明，生活习惯好、自理能力强的儿童在入学后表现得更有自信心、更富有积极的自我意识和个人效能感，更富有稳定的情绪，更具有活动能力和适应能力。(2 分)

五、论述题(每小题 12 分，共 24 分)

36. 在专门组织的教育教学活动中，需特别注意以下几点：

第一，重视幼儿在活动中的地位与作用。活动中应注意把教师的主导作用与幼儿的主体性统一起来，让教与学过程成为教师与幼儿共同建构的过程，成为幼儿的经验重组与更新的

过程。(2分)

第二，多种方法相结合，提高教学效果。教育教学方法在活动过程中应该是灵活而综合地加以运用，任何一个教育活动都不可能只用一种方法，而是根据目标、内容以及幼儿有效学习的特点选用多种方法，才能获得好的教育效果。(2分)

第三，活动过程中重视互动与生成。以幼儿发展为宗旨的教育教学活动一定要克服这种“教”为中心的现象，重视幼儿的反应，重视与幼儿的互动，保持活动过程中计划性与灵活性、生成性的平衡。(2分)

第四，重视发展幼儿自己思考、想象与创造。幼儿园课程应当具有智慧气质，成为引导幼儿学习思考、探索，发展想象与创造的活动。(2分)

第五，注重多领域内容整合，改变割裂教育内容、分科上课的现象。《纲要》要求，加强各领域之间的有机联系，“相互渗透”，“注重综合性”，“寓教育于生活、游戏之中”，“联系幼儿的实际生活”，“渗透在多种活动和一日生活各个环节之中”。(2分)

第六，注意根据知识的不同性质设计教学，提高教学效果。知识的性质不同，幼儿的学习方式会随之变化，教师的教学方式也应当随之不同。如科学领域教学多采用间接教学。创设活动环境，提供必要的活动条件，鼓励、指导幼儿积极自主探索。(2分)

37. (1)正确地定位教师在幼儿游戏中的角色。要正确指导幼儿的游戏，首先需要正确定位教师的角色，应当是幼儿游戏的支持者、合作者、引导者。面对幼儿的游戏，教师一方面必须尊重幼儿游戏的意愿与兴趣，尊重幼儿的自主性和自由选择、想象、创造的权利，另一方面又必须要提高幼儿游戏的质量，引导幼儿在游戏中更好地学习与发展。(2分)

(2) 以间接指导为主。鉴于幼儿游戏的规律与特点，幼儿游戏的指导应以间接指导为主，(1分)从以下几方面着手：①丰富幼儿的生活经验；②观察游戏、理解游戏、解读幼儿的游戏行为；③适时调整游戏环境的物与人的要素。通过调整游戏环境来指导游戏最能够体现游戏的“间接指导”特点。调整游戏环境主要是从两方面入手——提高游戏材料投放的针对性、适宜性；促进游戏中人际互动的频率与质量。(3分)

(3) 适时适当地直接介入游戏进行指导。一般来说，教师的直接介入主要在以下几种情况下：①游戏中出现了明显的安全问题或可能引起不良后果的某种问题时；②出现了幼儿难以独立处理的纠纷与冲突，如争抢玩具、场地、强欺弱等；③幼儿缺乏游戏动机或游戏兴趣受到严重挫伤，游戏难以持续；④游戏中出现了比较明显的问题，可能影响幼儿进一步的发展。直接介入可能出现三种效果。一种是有效介入，一种是无效介入，还有一种是负效介入。(2分)

(4) 按幼儿游戏发展的规律指导游戏。无论是间接的还是直接的游戏指导，都必须遵循游戏本身的发展规律。游戏会随着幼儿年龄与身心的发展而变化，即在不同年龄阶段游戏的发展水平不同，需要不同的指导方法。(2分)

(5) 按不同类型游戏的特点指导游戏。幼儿游戏分为多种类型，不同类型的游戏有着不同的特点，所以游戏的指导应考虑游戏的类型。(2分)

六、分析题(共18分)

38. 不妥当。(1分)应该做到以下几点：

（1）衔接工作应该由幼儿园与小学双方共同完成。幼儿园课程必须考虑小学需要，而小学课程，尤其是小学低年级课程，必须考虑以幼儿园课程基础。(2 分)

（2）两者都必须站在整个基础教育甚至终身教育的高度，把价值追求共同指向于人的后继持续的发展。(2 分)

（3）幼儿园教育帮助幼儿做好入学的学习准备，最根本的是培养其学习所需的基本素质，并在此过程中，为幼儿上小学打下良好的基础。学习准备主要可从学习品质与学习能力两方面着手。(2 分)

（4）幼儿园课程以多形态、多类型的知识呈现，非常适合幼儿的年龄特征、认知特征、所持经验的特征以及“做中学”“玩中学”的学习特点，促进幼儿身心发展、德智体美、知情意行等各方面全面发展。(2 分)

39. 这个观点不正确。(1 分)

（1）开展家园合作需要教师与家长共同努力，必须双方都转变观念、达成共识、摆正角色、改变行为、相互配合、优势互补，真正成为合作伙伴，共同促进幼儿全面、和谐、健康地发展。(2 分)

（2）幼儿的教育离不开家庭。因为家庭是幼儿成长最自然的生态环境，家庭是人的第一个学校，家长是幼儿园重要的教育力量。(2 分)

（3）幼儿园方面：教师不断学习幼教的新理念、新观念，拓展合作的方法与途径，提高与家长合作的能力；坚持向家长传递正确的教育观、儿童观，引导家长积极地参与幼儿园活动过程，“帮助家长创设良好的家庭环境，向家长宣传科学保育、教育幼儿的知识”，改善家长的教育行为、教育方法，“积极支持、帮助家长提高教育能力。”(2 分)

（4）家长方面：直接或间接地、逐步深入地参与幼儿园教育活动，为共同的目标与教师形成真正的合作伙伴关系，与教师相互了解、相互支持、相互配合，让幼儿无论在幼儿园还是在家庭，都能够受到连贯一致的教育。在实际的参与过程中，不断转变观念，强化“不仅是养育者，也是教育者”的意识与责任；学习参与的方式、方法，提高了解孩子、教育孩子的能力。(2 分)

第四部分　模拟测试

模拟试卷(一)

一、单项选择题(选择一个正确的答案。每小题2分，共24分)

1. 人一生按年龄可分为若干阶段，幼儿是对(　　)年龄阶段儿童的总称。
A. 0—3岁　B. 0—6岁　C. 3—6岁　D. 6—11岁
2. 教育就是给幼儿创造一个有准备的良好学习环境。(　　)非常重视环境的作用。
A. 福禄贝尔　B. 蒙台梭利　C. 杜威　D. 维果茨基
3. (　　)规定了我国的教育目的。
A.《中华人民共和国教育法》　B.《中华人民共和国教师法》
C.《义务教育法》　D.《幼儿园工作规程》
4. 教育必须面向每一个儿童，促进每一个儿童实现全面的发展。这是(　　)的原则。
A. 保教合一　B. 了解儿童，基于儿童的实际进行教育
C. 促进儿童全面发展　D. 面向全体，重视个体差异
5. 对幼儿智育内容理解不正确的是(　　)。
A. 培养幼儿的学习品质　B. 发展幼儿的认知能力和探究能力
C. 引导幼儿学习粗浅的知识和概念　D. 开展健康教育，培养良好习惯
6. 幼儿德育实质上是帮助幼儿完成其(　　)的过程。
A. 个性化　B. 道德化　C. 社会化　D. 价值观
7. 对教育学视野下的幼儿理解不正确的是(　　)。
A. 幼儿是具有独立人格的个体　B. 幼儿是人类社会极具有价值的存在
C. 幼儿是社会的弱者　D. 幼儿是被受教育的“人”
8. 对儿童的认识与理解以及与此有关的一系列观念之总和是(　　)。
A. 教育观　B. 能力观　C. 儿童观　D. 育人观
9. “知识是个体通过与其环境相互作用后获得的信息及其组织。”如“制作一个小风车的程序”是(　　)知识。
A. 陈述性　B. 策略性　C. 程序性　D. 能力性
10. 由园领导组织有关教师集体拟定的是(　　)。
A. 学年计划　B. 学期计划
C. 月(周)计划　D. 具体教育教学活动计划
11. 有的幼儿园在课程中将社区的历史、风俗、革命传统等作为资源来利用，使幼儿园教育内容丰富而有特色。这是(　　)对幼儿园教育的意义。

A. 社区环境　　B. 社区习俗　　C. 社区人力　　D. 社区文化

12. 幼儿园教育与小学教育不同的特点，说法不正确的是(　　)。

A. 基本活动不同　　B. 教师不同

C. 环境不同　　D. 生活管理不同

二、多项选择题(错选、漏选、多选均不得分。每小题 3 分，共 15 分)

13. 教师在指导小组活动中的角色理解正确的是(　　)。

A. 观察者　　B. 幼儿的伙伴　　C. 活动的组织者　　D. 知识传授者

E. 活动的评判者

14. 活动室环境创设的基本原则(　　)。

A. 舒适愉悦　　B. 功能合理　　C. 激励参与和学习

D. 相对稳定　　E. 安全整洁

15. 蒙台梭利按幼儿发展的规律与需要把课程内容划分正确的是(　　)。

A. 健康教育　　B. 日常生活　　C. 感觉教育　　D. 数学教育

E. 语言教育

16. 幼儿交往活动的作用表现在(　　)。

A. 让幼儿体验社会角色　　B. 是幼儿重要的信息源

C. 发展思维能力　　D. 发展自我意识

E. 是幼儿的实际生活

17. 幼小衔接工作的主要内容(　　)。

A. 培养幼儿对小学生活的热爱和向往　　B. 培养幼儿良好的行为个性

C. 培养幼儿对小学生活的适应性　　D. 帮助幼儿做好入学前的生活习惯

E. 帮助幼儿做好入学前的学习准备

三、判断题(正确的打“√”，错误的打“×”。每小题 1 分，共 15 分)

(　　)18. 原始社会的幼儿教育是没有阶级性的，是平等的。

(　　)19. 旧中国的幼儿园教育害了三种大病：即外国病、没钱病、富贵病。

(　　)20. 我国在 1903 年建立了第一所幼儿园，但是在学校系统与学制体系中是没有地位的。

(　　)21. 幼儿园教师是实现教育目标的重要保证。

(　　)22. 儿童和成人都是社会成员，享有相同的社会权利。

(　　)23. 德、智、体、美四育可以各自为政，在教育中各自孤立地进行。

(　　)24. 幼儿体育的真谛是培养强健、阳光的幼儿。

(　　)25. 幼儿园教师的观察要做到“标准化”“数据化”。

(　　)26. 幼儿园的“教”必须尊重幼儿“学”的特点，必须遵循教育规律。

(　　)27. 幼儿园环境是一个包括内部与外部两部分环境的小环境。

(　　)28. 幼儿园环境的发展性表现在创设的环境能多大程度被幼儿利用，发挥促进幼儿发展的功能。

(　　)29. 实施课程计划必须有一定的灵活性。

(　　)30. 家园合作是幼儿园课程评价的主要方法之一。

(　　)31. 游戏是儿童的生命，是儿童的心理特征，也是儿童的工作。

(　　)32. 科学的衔接工作就是要面向全体。

四、简答题(共24分)

33. 幼儿教育的意义。

34. 如何理解幼儿园环境创设的适宜性原则。

35. 幼儿园课程评价的作用。

五、论述题(共24分)

36. 试述幼儿美育的实施。

37. 试述幼儿学习的特点。

六、案例分析题(共18分)

案例：为了适应中班幼儿的年龄特点，我在游戏开始前为幼儿选定了一个区域作为“自由角”，准备了大、中、小型积木、“百宝箱”(各种成品、半成品、制作工具、材料等)，并为孩子们解释了这个角的含义，以激发幼儿主动参与。

第二天我发现平时最好动、常别出心裁的幼儿全不约而同地汇聚在此，其中男孩占绝对优势。刚开始时，小朋友按各自的心愿只是不停地摆弄、搬运、堆砌大小积木。当他们在

“自由角”中垒起高高低低的“建筑物”时，我忍不住前去问他们，这是什么？有的说是“警察局”，有的说是“外滩”，可我怎么看都不像。我没有干涉他们，让他们按各自的心愿在区域中垒起高高低低的“建筑物”。在整个游戏过程中孩子们始终处于搬运、推倒、再堆砌的状态，并乐此不疲。评价时我只问了他们两个问题：你在那里干了些什么？工作开心吗？这些平时在游戏中“善于走动”的孩子都表现出积极的情绪，各抒己见，意犹未尽。

此游戏连续开展了两个星期，我一直做重点观察，从不干预幼儿的活动，观察后发现：有几个孩子始终对“自由角”充满了兴趣。自创主题多但变化也快，有时能产生四五个主题，搭到哪儿，像什么便马上改变主题。胡乱堆砌多，预见性差，无明确目的。角色间交往少，各自为中心多。

过了一段时间后，我开始参与。在一次看过电影后，“自由角”中唐果小朋友忽然说想搭电影院，其他小朋友对此表现出了极大兴趣和热情，几个孩子都被吸引过来了。我问：“电影院有什么？我们先干什么？”“搭银幕！”他们几个一起说。孩子们忙于干活，我帮他们运积木。就这样，第一次合作很愉快。评价时我又问：“你们都在搭，我帮你们搬、运，重要不重要？”通过讨论，孩子们开始初步有了“合作分工”的概念。

以后，他们对这个主题情有独钟，不断深化，可面临一个问题：怎么招揽生意。我启发他们：“商店开张会做些什么？”“放鞭炮”“放花篮”“对呀，现在没有鞭炮、花篮，怎么办？”他们说自己做。有的孩子选用橡皮泥，搓成长条形，有的孩子用红色纸撕成一条条的，然后我和他们一起朝天上“放”，嘴里还高声喊：“嘭、啪……电影院开张啦！”就这样，电影院开张了。

请结合案例分析：

38.“自由角”游戏的功能。(8 分)

39. 教师在游戏过程中的角色是什么？(3 分)

40. 教师是如何指导游戏的？(7 分)

模拟试卷(二)

一、单项选择题(选择一个正确的答案。每小题 2 分，共 24 分)

1. 幼儿教育与(　　)一起产生与发展。

A. 人类社会　　B. 奴隶社会　　C. 封建社会　　D. 资本主义社会

2. 充分体现了正确的教育观、儿童观，十分重视幼儿身心发展规律、特点以及幼儿园教育工作的规律文件是(　　)。

A.《城市幼儿园工作条例》(1979 年)　　B.《幼儿园教育纲要》(1980 年)

C.《幼儿园工作规程(试行草案)》(1989 年)　D.《幼儿园管理条例》(1989 年)

3. 实施德、智、体、美等方面全面发展的教育，促使其身心和谐发展，为幼儿后继学习和终身发展奠定良好基础。这是(　　)。

A. 我国的教育目的　　B. 我国幼儿园的性质

C. 幼儿园教育内容　　D. 我国幼儿园教育的目标

4. 每个幼儿园根据国家对幼儿教育的要求，结合本园的具体情况制订的是(　　)。

A. 教育目的　　B. 幼儿园教育目标

C. 幼儿园的具体教育目标　　D. 幼儿园课程目标

5. (　　)是根据《教育法》而确立的我国幼儿教育的方向与目标。

A. 引导家长提升教育水平　　B. 对幼儿开发智力教育

C. 保护幼儿健康成长　　D. 促进幼儿全面发展教育

6. 在幼儿个体发展中，(　　)是幼儿一切发展的基础和前提。

A. 完整智力教育　　B. 良好的行为个性

C. 生命的健康存在　　D. 美好的审美体验

7. 教师的思想觉悟、道德品质和精神面貌，侧重教师对幼儿、对保教工作的态度等，这是幼儿园教师的(　　)。

A. 专业理念　　B. 职业道德　　C. 优秀素质　　D. 业务素养

8. 使儿童权利保护实现了理想到现实的飞跃，并具有法律约束力的是(　　)。

A. 洛克的“白板论”　　B. 卢梭的“自然论”

C. 杜威的“儿童中心教育”　　D.《儿童权利公约》(1989 年)

9. 以幼儿发展为本，创设适合幼儿的环境，让幼儿园环境符合幼儿的年龄特征、兴趣与需要，照顾到个体差异等，这是(　　)原则。

A. 教育性　　B. 适宜性　　C. 参与性　　D. 发展性

10. 教师与幼儿沟通互动的能力包括为教师与幼儿非言语的沟通互动、教师与幼儿言语的沟通互动和(　　)几种方式。

A. 教师之间的沟通互动　　B. 家长与幼儿的沟通互动

C. 教师与领导的沟通互动　　D. 促进幼儿之间的沟通互动

11. 教师应有(　　)幼儿游戏的意识，重视对幼儿游戏的(　　)，这是教师进行游戏指导的前提。
A. 理解　　B. 解读　　C. 分析　　D. 观察
12. 幼儿园与小学衔接的实质问题是(　　)。
A. 幼儿园小学化的问题　　B. 幼儿心理的问题
C. 幼儿入学的适应问题　　D. 幼儿的读写算问题

二、多项选择题(错选、漏选、多选均不得分。每小题3分，共15分)

13. 现代社会的幼儿教育的特点有(　　)。
A. 没有阶级性，是平等的　　B. 制度化幼儿教育快速地发展起来
C. 幼儿教育机构大量增加　　D. 幼儿教育质量出现了根本变化
E. 幼儿教育机构多是慈善性质的福利机构
14. 对促进幼儿全面发展的原则理解正确的是(　　)。
A. 儿童的发展是整体的发展　　B. 儿童的发展是面向全体的发展
C. 儿童的发展是协调的发展　　D. 儿童的发展是实现全面的发展
E. 儿童的发展是有个性的发展
15. 幼儿学习必要的粗浅的知识理解正确的是(　　)。
A. 时事常识　　B. 生活常识　　C. 自然常识　　D. 科学技术常识
E. 社会常识
16. 自由自发游戏的指导要点有(　　)。
A. 观察游戏　　B. 分析游戏
C. 保证充足的游戏时间和空间　　D. 提供多种多样的游戏材料
E. 在充分尊重幼儿自主性的前提下引导游戏发展
17. 教师幼儿园环境中的作用体现在(　　)。
A. 准备环境　　B. 创设环境　　C. 调控环境　　D. 改善环境
E. 重设环境

三、判断题(正确的打“√”，错误的打“×”。每小题1分，共15分)

(　　)18. 幼儿教育机构实施近代大工业生产的产物。
(　　)19. 蒙台梭利被世界誉为“幼儿园之父”。
(　　)20. 我国幼儿园教育的目标是根据《规程》《纲要》《指南》的精神提出的。
(　　)21. 幼儿园教育中，保育是生活活动中，教育是在教学活动中。
(　　)22. 在幼儿园开展体育活动，只是实施体育。
(　　)23. 集体教学活动有效性的关键是在活动之前教师要细致的“备课”。
(　　)24. “儿童比黄金更为珍贵，但是比玻璃还脆弱。”这一点说明幼儿是社会的弱者。
(　　)25. 幼儿园教师的观察是为了促进幼儿的发展。
(　　)26. 生活既是幼儿学习的内容，又是幼儿重要的学习途径。
(　　)27. 幼儿园环境要始终保持在动态中的变化之中。
(　　)28. “目标模式”重视活动过程本身的价值，尊重学习者的个性化学习。

(　　)29. 日常生活活动的指导方法主要是观察、随机观察、有计划性地设计教育方法等。

(　　)30. 教学游戏是游戏形式的一种，是本真意义上的游戏。

(　　)31. 角色游戏和表演游戏都要扮演角色，角色都是来源于幼儿的生活。

(　　)32. 幼儿独立性的培养必须是家长通过生活中才能实现。

四、简答题(共24分)

33. 陈鹤琴的幼儿教育理论。

34. 如何理解“幼儿园教师是实现教育目标的重要保证”。

35. 幼儿园教师怎样来调控环境呢?

五、论述题(共24分)

36. 试述良好的师幼关系的特征和怎么才能建立起良好的师幼关系。

37. 什么是幼儿园课程?幼儿园课程的特点。

六、案例分析题(共 18 分)

案例：学前期是人的智力迅速发展的重要时期。有的老师与家长就非常重视对孩子智力的早期开发，没有注重培养幼儿的学习习惯、感知能力与动手操作能力，只是单纯地向幼儿教授许多过难过深的知识，并且每天制定好学习的内容和方法，指挥并要求孩子每天做到“五个一”，即认识一个字，做一道数学题，会唱一首歌，会跳一曲舞，会背一首唐诗。这样一来，甚至有的家长为了把孩子培养成了“字典王”“小神童”“小明星”而不惜利用节假日送孩子进各种各样的培训班。

请分析：

38. 从幼儿智育的角度分析，这样做妥不妥？为什么？(6 分)

39. 试分析实施幼儿智育应该注意的问题。(12 分)

模拟试卷(三)

一、单项选择题(选择一个正确的答案。每小题2分，共24分)

1. 幼儿园和其他专门幼儿教育机构的教育是指(　　)。
   A. 广义的教育　　B. 狭义的幼儿园教育
   C. 广义的幼儿园教育　　D. 狭义的教育
2. 维果茨基对儿童的概念发展、教学与儿童智力发展的相互关系等进行了深入细致的研究，特别是其(　　)的理论，对教育实践发生了深刻而持久的影响。
   A. 亲子教育　　B. 主张做中学　　C. 感觉教育　　D. “最近发展区”
3. 提出“大自然、大社会，都是活教材”的教育家是(　　)。
   A. 陶行知　　B. 蔡元培　　C. 陈鹤琴　　D. 张雪门
4. 幼儿园为家长服务主要体现在(　　)。
   A. “面向幼儿家长提供科学育儿指导”　　B. 协助家长教育好幼儿
   C. 为家长提供一切便利条件　　D. 帮助家长提高教育幼儿的水平
5. 对幼儿德育的规律理解不正确的是(　　)。
   A. 培养幼儿行为习惯　　B. 德育概念化
   C. 重视体验学习　　D. 注意个体差异
6. 幼儿园教师的专业能力是多方面的，下列不属于幼儿园教师专业能力的是(　　)。
   A. 激励与评价的能力　　B. 沟通与合作的能力
   C. 反思与发展的能力　　D. 宽阔、慈爱的心胸
7. 第一个强调儿童权利的国际法律文件是(　　)，它首次把国际社会保护儿童权利的思想转变成了各国政府的诺言。
   A.《日内瓦儿童权利宣言》　　B.《儿童权利公约》
   C.《联合国儿童权利宣言》　　D.《儿童生存、保护和发展世界宣言》
8. 对一个知道自己做错了事、充满害怕情绪的幼儿来说，如果教师微笑着搂抱他一下，亲切地摸摸他的头。这是教师与幼儿(　　)。
   A. 情感的沟通互动　　B. 行为的沟通互动
   C. 言语的沟通互动　　D. 非言语的沟通互动
9. (　　)是教师在创设幼儿园环境时的导向性、价值性取向，它指引着幼儿园环境创设的方向。
   A. 环境创设的理念　　B. 环境创设的原则
   C. 环境创设的要求　　D. 环境创设的观念
10. 为在教育中立于不败之地，幼儿园教育必须改革，通过与(　　)的积极配合，构建新的幼儿教育发展模式。
    A. 教育专家　　B. 社区

C. 社会(包括家庭)　　D. 幼儿教师

11. 幼儿园课程月目标、周目标(或单元目标)属于幼儿园课程目标的(　　)。

A. "教"的角度　B. 横向结构　C. "学"的角度　D. 纵向结构

12. 观察游戏、捕捉信息、判断介入时机与方式，这是(　　)角色的作用。

A. 教师作为支持者　　B. 教师作为合作者

C. 教师作为引导者　　D. 教师作为传授者

二、多项选择题(错选、漏选、多选均不得分。每小题3分，共15分)

13. 我国幼儿园教育的目标是根据(　　)的精神提出的。

A.《规程》　B.《指南》　C.《意见》　D.《纲要》

E.《教育规划纲要》

14. 下列属于幼儿园环境中广义的精神环境的是(　　)。

A. 社会的政治、经济、文化　　B. 风俗习惯

C. 幼儿园人际关系　　D. 幼儿园文化氛围

E. 生活方式

15. 幼儿园教师与家长沟通的技巧(　　)。

A. 引发交谈的技巧

B. 面对面交谈时倾听的技巧

C. 考虑对方的观点、心情的谈话的技巧

D. 描述孩子的行为，提出建议和意见的技巧

E. 与家长书面联系沟通的技巧

16. "教案"的主要内容一般包括(　　)。

A. 在预定的教学时间内，活动拟达到的目标

B. 幼儿实况分析

C. 活动准备

D. 活动的程序

E. 对活动的评价与反思

17. 幼小衔接工作的主要内容(　　)。

A. 培养幼儿对小学生活的热爱与向往　　B. 帮助幼儿做好入学前的生活准备

C. 培养幼儿对小学生活的适应性　　D. 帮助幼儿做好入学前的学习准备

E. 帮助幼儿做好幼小衔接的思想准备

三、判断题(正确的打"√"，错误的打"×"。每小题1分，共15分)

(　　)18. 幼儿教师只要能唱会跳，能弹会画就够了。

(　　)19. 理论联系实际是学好幼儿教育学的必由之路。

(　　)20. 保教结合就是要求教师与保育员在工作上相互沟通，相互帮助。

(　　)21. 独立的幼教机构出现在封建社会。

(　　)22. 幼儿德育必须从情感入手，重点放在道德行为的形成上。

(　　)23. 幼儿每天至少要有2小时以上的户外体育活动时间。

(　　)24. 在任何时候都应该坚持“儿童优先”。

(　　)25. 幼儿园环境按其性质可分为物质环境和精神环境。

(　　)26. 幼儿在园的一切活动都属于幼儿园课程的范畴。

(　　)27. 幼儿的思维是具体形象思维的发展为主，教育教学中要多使用情景模拟来代替操作类活动。

(　　)28. 幼儿的学习是否有意义，关键在于幼儿采用哪种学习方式。

(　　)29. 不同的游戏类型对幼儿发展的作用侧重点不一样。

(　　)30.“勤有功，戏无益”，因此幼儿应多学习少游戏。

(　　)31. 幼儿教育小学化违背了幼儿的身心发展规律。

(　　)32. 幼小不衔接的根本原因在于两类教育机构都只重视了儿童发展的阶段性。

四、简答题(每小题8分，共24分)

33. 杜威对幼儿教育具有重要意义的理论。

34. 如何发展幼儿的社会性。

35. 直接教的优点和缺点。

五、论述题(每小题12分，共24分)

36. 试述有效地组织小组活动教师具备相应的能力。

37. 试述在专门组织的教育教学活动中，需特别注意什么。

六、案例分析题(共 18 分)

案例：一天，我正在晨检，一向不说话，婴儿时因患重病受损的张雷小朋友突然走到我跟前，拉着我的手，喃喃地说："老师，我要回家"。我抱住他低声地问："告诉老师为什么要回家呢"？经过再三询问，他才吐出几个字："小朋友打我"。我找了有关的小朋友问个究竟，没想到他们说："张雷最笨，张雷什么都做不了。"

为什么小朋友会这样说呢？这种看法是怎样形成的呢？我开始反思自己平时对孩子们的教育态度和亲疏关系。的确，由于某种特殊原因，除了日常给张雷更多的生活照顾外，很少给他提供参与集体活动表现自己的机会，很少让他担任一些游戏的主要角色，也从没有发现他有什么优点，也从未表扬过他的点滴进步……渐渐地使全班的孩子们形成了"张雷什么都做不了"的思维定式……

问题：38. 你认为这位老师可采取哪些措施，从哪些方面去努力来找回张雷的自尊，唤起小朋友们对张雷的尊重呢？如果你是这位老师，你会怎么做？

模拟试卷(四)

一、单项选择题(选择一个正确的答案。每小题2分，共24分)

1. 对3—6岁年龄阶段的儿童所实施的教育是(　　)。
A. 婴儿教育　　B. 幼儿教育　　C. 儿童教育　　D. 小学教育
2. 杜威提出著名的生活教育理论，倡导以(　　)。
A. 教师中心　　B. 教材中心　　C. 儿童中心　　D. 生活中心
3. 陈鹤琴是我国以(　　)研究儿童心理发展的最早的学者之一。
A. 文献法　　B. 游戏法　　C. 观察实验法　　D. 练习法
4. 幼儿在园一天的全部生活、全部经历，包括一天所有的保育、教育活动是指(　　)。
A. 教育活动性　　B. 幼儿园一日生活　　C. 保教合一　　D. 游戏活动
5. 民间流传着“三岁看大、七岁看老”的说法，下面理解正确的是(　　)。
A. 人的个性是天生的　　B. 习惯来源于童年
C. 个性特征的稳定性　　D. 符合幼儿德育的规律
6. 美育的根本宗旨是(　　)。
A. 培养健全的人　　B. 培育美好的心灵和人格
C. 促进幼儿创造力的发展　　D. 发展幼儿的思维和想象
7. 对幼儿发展起决定性作用的是(　　)。
A. 先天因素　　B. 后天因素　　C. 环境　　D. 教师
8. 实物操作活动对幼儿发展的重要意义理解不正确的是(　　)。
A. 发展自我意识　　B. 发展思维能力
C. 获取知识的重要源泉　　D. 发展动手能力
9. 当今我国幼儿所表现出自我中心、任性、独立性差、自理能力弱等是(　　)方面的特点和问题。
A. 幼儿的精神发展　　B. 幼儿的智力发展
C. 幼儿交往能力的发展　　D. 幼儿的身体发展
10. 教师和幼儿一起布置活动室，教师贯彻的环境创设原则是(　　)。
A. 教育性原则　　B. 适宜性原则　　C. 参与性原则　　D. 发展性原则
11. 难以照顾到每个幼儿的差异性需要，难以让每个幼儿平等地参与。这是(　　)不利的一面。
A. 集体活动　　B. 小组活动　　C. 个别活动　　D. 教育活动
12. 幼儿游戏的类型可按不同的维度进行多种多样的划分。教师设计或组织的游戏与幼儿的自发游戏是从(　　)的维度划分的。
A. 发起或设计游戏的主体　　B. 游戏材料
C. 活动性质　　D. 游戏方式

二、多项选择题(错选、漏选、多选均不得分。每小题3分，共15分)

13. 下列属于幼儿园教育的一般原则(　　)。
   A. 热爱儿童，尊重儿童的人格尊严和合法权益的原则
   B. 促进儿童全面发展的原则
   C. 了解儿童，基于儿童的实际进行教育的原则
   D. 面向全体，重视个体差异的原则
   E. 充分利用各种教育资源的原则
14. 实施幼儿智育的途径有(　　)。
   A. 组织多种形式的丰富多彩的教育实践活动，发展幼儿智力
   B. 培养幼儿的求知欲望、学习兴趣等良好学习品质
   C. 重视幼儿知识的结构化
   D. 日常生活活动是实施智育的重要途径
   E. 积极开展符合幼儿需要与实际的集体教学活动
15. 幼儿园教师提高与幼儿言语沟通的技巧有(　　)。
   A. 引发交谈的技能
   B. 倾听交谈的技能
   C. 扩展和维持对话的技能
   D. 面向全体、注意差异、有针对性的谈话技能
   E. 结束谈话的技能
16. 幼儿园课程目标的作用(　　)。
   A. 为制订课程计划提供依据
   B. 为选择课程内容提供依据
   C. 为选择教学方法提供依据
   D. 为课程的组织与实施提供依据
   E. 为课程与教学评价提供依据
17. 在幼儿园教育中培养幼儿的学习品质要注意(　　)。
   A. 在幼儿的所有学习活动中进行培养
   B. 进行专项训练
   C. 靠长期的、一致一贯的养成教育来实现的
   D. 会受幼儿自身的兴趣、外部环境状况等因素的影响
   E. 教师的教学方法不会影响幼儿学习品质的形成

三、判断题(正确的打“√”，错误的打“×”。每小题1分，共15分)

(　　)18. 幼儿教育学是从人们教育幼儿的实践经验中提炼出来的教育理论。
(　　)19. 幼儿教育是受制于社会政治、经济发展水平。
(　　)20. 幼儿只要智力好，将来就会发展不错。
(　　)21. 福禄贝尔是第一个阐明游戏教育价值的人。
(　　)22. 幼儿园教师是接受过专门训练的专业教育工作者。

( )23. 活动是幼儿发展的基础和源泉。
( )24. 直接教的方式对幼儿的学习和发展起不到正面的促进作用。
( )25. 幼儿园文化对幼儿园环境的影响不大。
( )26. 幼儿的能力有限，要他们参与环境创设只会帮倒忙。
( )27. 家园合作应以“幼儿园中心”的态度对待家长。
( )28. 否认教师的主导作用，就根本谈不上发展幼儿的主体性。
( )29. 游戏是幼儿自觉的学习活动。
( )30. 幼儿园课程评价就是对幼儿的发展情况进行评价。
( )31. 游戏是幼儿的自主活动，不需要教师的指导。
( )32. 幼儿园的教育就是为幼儿入小学作准备。

四、简答题(共24分)

33. 如何理解幼儿园教育的环境观必须是广义的。

34. 幼儿园与社区结合上存在的主要问题。

35. 怎样培养幼儿对小学生活的适应性。

五、论述题(共24分)

36. 试述幼儿美育的实施。

37. 幼儿园课程评价应注意什么?

六、案例分析题(共 18 分)

案例：A. 某中班桌面积木区，两三个幼儿正摆着手头的几块积木，间或低头看一眼，用脚调整一个积木的位置，再继续踩下去。教师走过来，假装听到了什么，然后说："哎，我怎么听见哭声，好像桌子下面的积木在哭噢。"踩积木的幼儿马上弯腰捡起积木，然后，朝着教师不好意思(有点脸红)地笑了。接着，幼儿们又都合作玩起搭建。

B. 在中班的角色扮演区，一个孩子正对着一个动物头饰发愁。原来。头饰的绳套有些长了，他尝试着套戴在头上，但每次都脱落到脖子上。教师径直走到一个离他不远的地方，并不搭理这个孩子，也拿起了一个头饰往头上戴，结果绳套太短了，套不到头上，教师就把绳套的结解开，双手各牵着绳的两头，把头饰拉靠在头的前额上，以量自己头的大小，双手在后脑勺索上绳套，并自言自语地说："量着自己的脑袋，再系上绳结，就会不长也不短了！"女孩看到了教师的行为之后，自己也开始去解自己手里的头饰的绳套……

问题：38. 上述案例中教师分别采用了什么样的指导方法，你认为这样的指导方法合适吗？如果你是教师会怎样做？

模拟试卷(五)

一、单项选择题(选择一个正确的答案。每小题2分，共24分)

1. (　　)我国幼教机构定名为幼儿园。幼儿园被确定为实施幼儿教育的组织，纳入学校系统，成为小学教育的基础，单独成为学制体系中的一级，学制为3年。

A. 1922年　　B. 1951年　　C. 1995年　　D. 1996年

2. "最近发展区"理论是苏联的心理学家(　　)提出来的。

A. 维果斯基　　B. 蒙台梭利　　C. 杜威　　D. 福禄贝尔

3. "保证儿童作为学习主体的地位"体现的幼儿园的教育原则是(　　)。

A. 热爱儿童，尊重儿童的人格尊严和合法权益的原则

B. 促进儿童全面发展的原则

C. 以游戏为基本活动的原则

D. 面向全体，重视个体差异的原则

4. 幼儿体育的根本目标是(　　)。

A. 增强体质，增进健康

B. 促进幼儿的身心健康

C. 培养良好的生活、卫生习惯和基本的生活能力

D. 培养参加体育活动的兴趣和习惯

5. (　　)既是实施幼儿体育、德育最基本的途径，也是实施幼儿智育、美育的重要途径。

A. 创设环境　　B. 培养兴趣　　C. 日常生活　　D. 游戏活动

6. (　　)是幼儿学习动机的第一要素。因此，幼儿教育必须建立在高度重视幼儿(　　)的基础上。

A. 兴奋　　B. 坚持　　C. 兴趣　　D. 运动

7. 幼儿与教师的相互作用的类型有多种。从教师对幼儿的态度角度划分正确的是(　　)。

A. 积极、消极、中性　　B. 温暖型、参与型、支持型

C. 安全型、依赖型、积极调适型　　D. 冲突型、控制型、消极调适型

8. 幼儿园在具备了基本的物质条件后，对幼儿发展起决定作用的是(　　)。

A. 幼儿园内的物质环境　　B. 幼儿园的精神环境

C. 幼儿园外环境　　D. 家长的素质

9. 家园合作中家长直接参与的活动有(　　)。

A. 家长开放日；幼儿学习成果展览、汇报会；亲子班或亲子阅读屋

B. 家访；家园联系簿；入园离园的个别交谈

C. 电话、短信、微信、QQ群等；家园栏(班级公告栏)；幼儿园(班级)网站

D. 家长座谈会；家长学校或早教讲座；家长沙龙或家长聊天室

10. 关于课程的说法，不正确的是(　　)。

A. 课程没有统一的标准化定义

B. 课程是一个发展着的概念

C. 课程大致分为“目标模式”与“过程模式”两大类基本模式

D. 课程的四大要素教师、学生、教材、幼儿园

11. 农村幼儿喜欢玩种植、饲养方面的游戏，城市幼儿常玩红绿灯、交通警察等游戏。这一现象说明了幼儿的游戏是(　　)。

A. 幼儿生活的反映　　B. 需要教师的指导

C. 幼儿的游戏行为　　D. 幼儿游戏的材料要丰富

12. 幼小衔接中儿童既保留了上一阶段的某些特征，又开始拥有下一阶段最初的某些特征，这一时期在教育学上被称为(　　)。

A. 婴幼儿期　　B. 交叉期　　C. 儿童期　　D. 过渡期

二、多项选择题(错选、漏选、多选均不得分。每小题3分，共15分)

13. 新时期我国幼教实践的特征是向着“以幼儿发展为本”的科学保教的方向发展。主要体现在以下(　　)方面。

A. 幼儿园教育目标的变化　　B. 幼儿园教育内容的变化

C. 幼儿园“教”与“学”方式的变化　　D. 幼儿园教学评价的变化

E. 教师的专业化发展

14. 如果从教育目标指导的范围来划分，则幼儿园具体教育目标可分为(　　)。

A. 指导一个单元活动目标　　B. 指导本园的教育目标

C. 指导一个班级的教育目标　　D. 指导不同活动小组的教育目标

E. 指导每个个体的教育目标

15. 师幼关系被作为评价幼儿园教育质量的一个重要标准。美国哥伦比亚大学 C. Howes 教授和 S. L. Helburn 教授从(　　)几方面来评价幼儿园教育质量。

A. 过程质量　　B. 结果质量　　C. 条件质量　　D. 学习内容质量

E. 劳动环境质量

16. 幼儿园课程评价的主要方法有(　　)。

A. 观察　　B. 对话

C. 成长资料袋评价　　D. 幼儿作品分析

E. 家园合作

17. 幼儿园教育与小学教育各有不同的特点，主要区别表现在(　　)。

A. 教育的基本活动　　B. 作息制度及生活管理

C. 师生关系　　D. 环境

E. 社会及成人对儿童的要求和期望

三、判断题(正确的打“√”，错误的打“×”。每小题1分，共15分)

(　　)18. 在社会中教育被誉为是实现人类平等的伟大工具。

(　　)19. 德国教育家蒙台梭利被世界誉为“幼儿园之父”。

(　　)20. 陶行知在教育实践中创立了“活教育”理论，提出了“五指活动”课程。

(　　)21. 在实施全面发展教育时，四育必须有机地整合在一起。

(　　)22. 阅读活动能帮助幼儿获得许多知识，是发展幼儿智力的途径之一。

(　　)23. 参与幼儿园民主管理是幼儿教师的义务。

(　　)24. 生理活动是心理活动的基础，心理活动会影响生理活动的发展。

(　　)25. 引导幼儿解决冲突成为幼儿体验平等、公正、诚信、友善等核心价值的极好机会。

(　　)26. 在“教”的活动中，教师与幼儿互为主客体。

(　　)27. 在“我的家乡”的主题活动中，幼儿可用多种方式调查欣赏家乡各方面的情况。

(　　)28. 讲故事是以教师言语传授为主的一种教学活动。

(　　)29. 及时发现现行课程与预定目标之间的差距和问题是鉴定作用。

(　　)30. 幼儿园课程要注意发挥教师、家长以及幼儿的主动性。

(　　)31. 任何一个游戏都一定要同时兼具各种功能，要么不是游戏。

(　　)32. 在幼儿园小班通过开展规则游戏或竞技活动，让幼儿懂得规则。

四、简答题(每小题 8 分，共 24 分)

33. 德、智、体、美四育对幼儿个体发展的重要意义。

34. 如何理解幼儿园教师的观察能力。

35. 幼儿园课程评价的内容范围。

五、论述题(每小题 12 分，共 24 分)

36. 试述实施幼儿德育应注意的问题。

37. 怎样使游戏成为幼儿园的基本活动。

六、案例分析题(共18分)

案例：某幼儿园中，教师们每天都将活动日常安排贴在自己班上显眼的地方，以便家长了解幼儿园工作的程序及孩子每天的活动日程。教师每天所做的“每日报告”记录，不仅是教师了解幼儿学习情况的依据，也是幼儿园提供给家长的必备材料。家长每日接送幼儿时，都可以查阅该记录并与教师交流，了解孩子在园的情况。家长还可以随时查阅幼儿“发展记录档案”，并根据它预见幼儿发展中存在的生理性障碍、发展延缓等问题，与教师协商及时治疗或调查教育计划、指导方式等。此外，家长接送幼儿时，只要愿意，可以随时在幼儿园陪同孩子，与教师、孩子们一起工作。

问题：38. 家园合作的内容是什么？(8分)

39. 该幼儿园采用什么方式与家庭合作？(2分)

40. 家长是幼儿园重要的教育力量表现在哪些方面？(8分)

模拟试卷参考答案与计分标准

模拟试卷(一)

一、单项选择题(选择一个正确的答案。每小题 2 分，共 24 分)

1. C　2. B　3. A　4. C　5. D　6. C　7. D　8. C　9. C　10. A　11. D　12. B

二、多项选择题(错选、漏选、多选均不得分。每小题 3 分，共 15 分)

13. ABCDE　14. ABCDE　15. BCDE　16. ABE　17. ACE

三、判断题(正确的打“√”，错误的打“×”。每小题 1 分，共 15 分。)

18. √　19. ×　20. √　21. √　22. ×　23. ×　24. √　25. ×
26. √　27. ×　28. √　29. √　30. √　31. √　32. ×

四、简答题(每小题 8 分，24 分)

33. 幼儿教育对幼儿个体成长、对幼儿家庭的幸福、对国家和社会的进步都具有重大的意义。(1 分)

(1) 人从呱呱坠地到长大成人，成为有健康的身体、发达的智能、丰富的知识和良好的思想道德等良好素质的社会成员，这个变化主要是靠各阶段的教育来实现的，其中幼儿教育的奠基作用至关重要。这一阶段接受科学的幼儿教育，不仅能为幼儿开启良好的人生开端，还能够为其未来——近则为接受九年制义务教育，远则为其一生的学习和发展打下基础。(2 分)

(2) 幼儿教育承载着无数家庭对未来美好生活的期盼。幼儿教育便与千家万户的幸福连接在一起，便与无数家庭最关心、最直接、最现实的利益息息相关。(2 分)

(3) 幼儿教育关系着国家的兴旺与民族的未来，关系着社会的进步与和谐。在世界各国，幼儿教育都被作为提高国家综合竞争力、提高国民素质、提高社会文明程度的重要途径。在我国，在实现中华民族伟大复兴的历史进程中，教育是民族振兴、社会进步的基石，是提高国民素质和培养人才，提升国家综合实力的根本途径。在社会中，教育被誉为是实现人类平等的伟大工具。(3 分)

34. 适宜性原则的含义就是以幼儿发展为本，创设适合幼儿的环境，让幼儿园环境符合幼儿的年龄特征、兴趣与需要，照顾到个体差异等，从而能够增加环境的吸引力，并能够激发、推动、扩展幼儿的活动。(2 分)

从年龄特征来看，小、中、大班幼儿在身心发展特点上的差异是非常明显的，其身心发展所需要的环境也不尽相同。教师要对幼儿的年龄特征有充分的认识和了解，才能根据幼儿

不同的年龄特征，为其提供适宜的发展环境。(2 分)

适合幼儿兴趣与需要的环境，可以说就是幼儿喜欢的、他们在其中能够快乐地学习与发展的环境。(2 分)

每个幼儿都是一个独立的个体，在兴趣、经验、能力、性格等方面都存在差异，甚至在学习方式上也有所不同。适合幼儿的环境必须尊重差异，让不同幼儿能以自己喜欢的方式进行学习。(2 分)

35. 从评价对课程实施过程的影响来看评价的作用，幼儿园课程评价主要具有鉴定、诊断、改进、导向等作用。

(1) 鉴定作用。检查或鉴定教育目标是否达成，或者判断达到目标的程度。(2 分)

(2) 诊断作用。及时发现现行课程与预定目标之间的差距和问题。(2 分)

(3) 改进作用。评价最重要的作用就是促进教育教学的改进。(2 分)

(4) 导向作用。幼儿园课程评价所依据的标准就是教育目标、课程目标，它遵循《规程》《纲要》《指南》的精神，具有鲜明的方向性，对教育的实践有直接的导向作用。(2 分)

要注意整体地发挥评价的 4 种主要作用，特别应侧重于其诊断、改进的作用，避免片面地强调评价的鉴定作用。

五、论述题(每小题 12 分，共 24 分)

36. (1) 实施幼儿美育的途径：

① 艺术教育是幼儿美育的主要途径。幼儿园的艺术教育主要通过音乐活动、绘画活动、手工制作、文学作品欣赏、表演活动等来实施。(2 分)

② 幼儿的日常生活是美育的重要途径。幼儿审美教育应当贯穿在幼儿的整个生活中，与幼儿的生活密切结合在一起，应注意引导幼儿发现、认识周围生活中平凡的人和事物的美。(2 分)

③ 大自然、大社会是幼儿美育的广阔天地。自然界是幼儿美育内容的天然宝库，它为幼儿提供的审美对象是丰富多彩、千变万化的。自然界的美是真实的美，它具体、直观、生动形象，很容易为幼儿所感知。引导幼儿观察和感受大自然的美是幼儿美育的重要途径。(2 分)

(2) 实施幼儿美育应注意的问题：

① 幼儿园美育是面向全体幼儿的。幼儿园美育的目的是培养每一个幼儿美的情感、美的心灵，促进每一个幼儿人格的健全发展。在美育中必须贯彻面向全体，注意个体差异的原则。(2 分)

② 重视通过美育培养幼儿健全的人格。幼儿美育应当着眼于引导幼儿人格向积极方面发展，特别是幼儿情感的发展，这本来也是美育最重要的一种价值。(2 分)

③ 重视培养幼儿的想象力和创造力。美育中幼儿表现美的灵魂是幼儿的自由想象和创造，而绝不仅仅是依样画葫芦似地模仿。培养幼儿艺术创造的主动性是美育的重要目标。(2 分)

37. 答案参见 84 页论述题第 36 题。

六、案例分析题(共18分)

38.(1)游戏是形成幼儿快乐“原体验”的重要途径。“快乐感”的教育意义是不可估量的。尤其在人生早期，形成快乐的“原体验”，不仅对幼儿身心健康地成长具有重大意义，也对他们今后形成健全的人格具有重大意义。让幼儿形成快乐的“原体验”更具有重要性、必要性。以愉悦为特征的游戏正是促进幼儿产生积极情绪、防止或克服消极情绪，让心灵处于平衡、满足、平静、安宁，获得快乐“原体验”的不可或缺的活动。(2分)

(2)游戏是幼儿认知发展的推进器。①游戏激发和强化幼儿的认知动机；②游戏能够极大地激活、巩固、丰富、提升幼儿的知识；③游戏促进幼儿认知能力的发展；④游戏有利于促进幼儿语言能力的发展。(2分)

(3)游戏是儿童社会化的重要工具。游戏对幼儿社会性发展的促进作用是不可低估的。它帮助幼儿更好地认识自己、认识他人、认识社会；帮助幼儿建立积极的自我意识；帮助幼儿了解、理解他人的想法、需要与感受，了解自身的行动对他人产生的影响等；帮助幼儿理解社会规则和习俗的本质，了解人际交往的基本行为规范，有助于幼儿更好地理解、认同社会生活规则，形成良好的行为规范，发展适应社会生活的能力。(2分)

(4)游戏促进幼儿的身体健康地发育与成长。游戏对促进幼儿身体的健康成长至关重要。游戏中的各种活动直接锻炼幼儿身体的各部分。(2分)

39. 教师是幼儿游戏的支持者、合作者、引导者。(2分)

40.(1)观察、分析游戏。首先进行行为观察，对幼儿的游戏观察了两周，并做重点观察；其次是行为分析，“观察后发现：有几个孩子始终对‘自由角’充满了兴趣。自创主题多但变化也快”。再次是发展判断，“胡乱堆砌多，预见性差，无明确目的。角色间交往少，各自为中心多。”最后是支持策略“过了一段时间后，我开始参与。”(2分)

(2)保证充足的游戏时间和空间；(2分)

(3)提供多种多样的游戏材料；(2分)

(4)在充分尊重幼儿自主性的前提下引导游戏的发展。(2分)

模拟试卷(二)

一、单项选择题(选择一个正确的答案。每小题2分，共24分)

1. A　2. C　3. D　4. C　5. D　6. C　7. B　8. D　9. B　10. D　11. D　12. C

二、多项选择题(错选、漏选、多选均不得分。每小题3分，共15分)

13. BCD　14. ACE　15. BCDE　16. ABCDE　17. ACD

三、判断题(正确的打“√”，错误的打“×”。每小题1分，共15分。)

18. √　19. ×　20. √　21. ×　22. ×　23. √　24. √　25. √

26. √　27. √　28. ×　29. ×　30. ×　31. ×　32. ×

四、简答题(每小题 8 分，24 分)

33. (1)反对半殖民地半封建的幼儿教育，提倡适合国情的中国化幼儿教育。他批评当时的幼儿园不是抄袭日本就是模仿欧美，生搬外国的教材、教法，全然不顾中国国情。同时，他积极地推进为中国平民服务的、培养民族的新生一代的幼儿教育。(2 分)

(2) 反对死教育，提倡活教育。陈鹤琴先生的活教育体系的主要要点如下：自主性的教育观；幼儿园教育目标是育人；“做中学，做中教，做中求进步”的教育方法；以大自然、大社会为活教材，与实际紧密地结合的教育内容；提出了体现尊重幼儿的主体性的 17 条活教育原则。(2 分)

(3) 提倡综合的、联系实际的幼儿园课程。反对幼儿园课程脱离实际，主张根据儿童的环境课程的中心；健康活动、社会活动、科学活动、艺术活动、文学活动的课程的结构；在课程的实施中，强调以幼儿经验、身心发展特点和社会发展需要作为选择教材的标准，提倡综合的单元教学、“整个教学法”、游戏式教学。(2 分)

(4) 重视幼儿园与家庭的合作。陈鹤琴先生十分重视家庭对幼儿的影响，他认为，儿童早期所接受的家庭教育关系着人一生的发展，具有积极的奠基作用。(2 分)

34. 幼儿园教师是按照国家的要求去促进幼儿发展的，是将教育目标落实为幼儿发展的设计师与践行者。这就要求教师首先必须正确、清楚、全面地理解和把握幼儿园教育目标的内涵，并将这种“外在”的教育目标转化为“内在”的正确的教育观念，并用以指导自己的教育行为；(2 分)

其次，必须掌握将教育目标转化为幼儿发展的技术；(2 分)

最后，在教育过程中，必须依据幼儿的实际水平，选择与确定适宜的教育目标、教育模式、教育内容、活动方式、组织形式、指导方法等去促进幼儿的发展。没有教师的这种努力，幼儿园教育目标的实现是不可能的。(2 分)

因此，在实现教育目标的过程中，教师必须自觉地排除一切干扰，坚定地按照教育目标来规范自己的教育行为，以保证教育目标的真正实现。(2 分)

35. 教师控制环境的作用是指教师能利用环境来激发和保持幼儿的活动积极性，能帮助幼儿利用环境来发展自己。调控环境的主要方法。

(1) 诱导幼儿进入活动：教师要善于对幼儿进行观察；诱导幼儿投入活动。(2 分)

(2) 帮助幼儿展开活动：在幼儿进行活动时，教师的指导是以间接方式为主的。首先要观察；其次有针对性的指导；再次积极的应答式、启发式交谈；最后提供辅助材料，扩展活动。(2 分)

(3) 帮助幼儿解决困难和问题。在活动的过程中，幼儿会碰到困难。需要凭借教师的观察和对幼儿的了解，灵活机智地处理。幼儿的纷争也是难免的，纷争是幼儿之间相互作用的一种特殊形式，教师必须在准备环境时就考虑到如何防止幼儿冲突的产生。在活动过程中如果幼儿发生了纷争，教师要坚决地执行事先所制定的规则，但这决不是代替幼儿解决问题，而是让幼儿实际地学习如何解决问题。(2 分)

(4) 帮助幼儿结束活动。活动结束时，一是要组织好玩具或材料等的收拾整理；二是教师要对幼儿的活动进行总结，画龙点睛地为幼儿提升经验，并直接地表述对幼儿的评价。(2 分)

五、论述题(每小题12分，共24分)

36. (1)师幼关系一般分为积极的与消极的两类。两类关系的区别主要体现在以下三方面：

一是教师与幼儿的地位和角色。积极的师幼关系：教师与幼儿的人格是平等的。教师作为幼儿的支持者、合作者、指导者，关爱每一个幼儿，尊重幼儿的主体性、主动性、差异性，积极地鼓励和激发幼儿自身的积极性。消极的师幼关系：教师是强制性的主宰者、命令者、监管者，幼儿则是不被尊重的被管控者、被动的接受者与行动者。(2分)

二是幼儿的感受。积极的师幼关系幼儿感受到的是温暖、安全、被关爱、被尊重、被理解、被接纳、被鼓励，能够愉快地自由自在地活动，毫无被压制感、受控感。消极的师幼关系幼儿没有安全感、主动性，总是看教师的面孔行动，常常担心被批评或被惩罚，感到被冷落、压抑、不被尊重与接纳。(2分)

三是教师的行为。积极的师幼关系：教师往往通过倾听、对话、交流以及让幼儿感到温暖的身体接触等，与幼儿同感、同乐；给幼儿提供尽可能多的自主选择、决定的机会，激励幼儿自由、自发地活动，宽容地对待幼儿的错误，根据幼儿的需要、兴趣进行引导。消极的师幼关系：教师往往是以权威的面孔出现，过多地发号施令、监督控制、包办代替，无视幼儿的需要与感受。(2分)

(2) 怎么才能建立起良好的师幼关系。

建立良好的师幼关系的关键一方在教师，第一推动力来自教师。

首先，教师必须树立正确的儿童观、教育观。只有具备正确的儿童观，教师才可能爱幼儿、尊重幼儿，这是双方建立良好的相互关系的前提；只有具备正确的教育观，教师才可能摆正位置、定准角色、正确地规范自已的行为，这是建立良好的师幼关系的必要条件。(2分)

其次，教师必须深入地了解幼儿、理解幼儿、信任幼儿。影响幼儿与教师的关系的第一位因素是幼儿自身所具有的特征。“信任”是良好师幼关系的必要条件。(2分)

最后，教师必须具有科学的教育知识与方法。在了解幼儿的基础上，教师必须根据幼儿的兴趣、需要、经历、个性特点等，采取恰当的措施与方法，按照幼儿身心发展的规律与个别差异原则，科学地与幼儿开展互动，这是建立良好的师幼关系的保障。(2分)

37. 幼儿园课程是帮助幼儿通过与环境互动，获得有益的学习经验，以促进其身心全面和谐发展的各种活动的总和。(2分)

幼儿园课程的主要特征表现在：

(1) 遵循幼儿生活的逻辑，而非学科知识的逻辑。遵循幼儿生活的逻辑，这是幼儿园课程设计与编制的一大特征。幼儿园课程以幼儿生活为基础，以幼儿的兴趣、需要为出发点，从幼儿生活中发掘有教育价值的事件、现象、问题等，将之转化为课程内容和有意义的课程活动，引导幼儿在生活中发展，在发展中生活。(2分)

(2) 融于幼儿园一日生活之中，而非以专门的授课为主。融于生活，这是幼儿园课程的形态特征。幼儿园课程渗透在一日生活的各个环节之中。(2分)

(3) 以游戏为基本活动，而非以课堂教学为基本活动。以游戏为基本活动，是幼儿园课程的实施特征。因为幼儿需要游戏，游戏反映了幼儿的需要，是幼儿最重要的一种学习方

式。所以幼儿园必须以游戏为课程的基本形式。(2分)

(4) 幼儿以获得直接经验为主，而非通过书本学间接知识为主。幼儿园课程让幼儿以获得直接经验为主，这是因为幼儿主要通过感官来认识环境中的事物的，其思维方式也是具体形象思维。因此，只有通过各种感官真实地直接地接触事物、亲身体验、动手操作，幼儿才能不断地积累经验，获得真知。(2分)

(5) 课程是综合的，而非分科的。综合性，既是幼儿园课程的内容特征，也是其内容组织的特征。因为幼儿认识世界的方式是整体的、未分化的，幼儿的生活是统合的、整体的，融于幼儿生活的幼儿园课程内容必然有机结合、彼此渗透、相互促进。幼儿在整合的课程中实现身体、认知、情感、社会性、创造与想象等融为一体的全面发展。(2分)

六、案例分析题(共18分)

38. 这样做有些不妥。(2分)

在实施幼儿智育过程中，教师必须认清知识和智力的关系，应将知识的获得与智力的发展高度统一起来。(2分)否则，若偏重于知识的灌输，将阻碍幼儿的智力发展；但如果离开了知识的基础，智力的发展又将成为空中楼阁。(2分)

39. 实施幼儿智育应注意的问题(12分)

答：(1)处理好智力与知识之间的关系。获得了知识不等于发展了智力。但是，知识和智力有着密切的关系，智力的发展离不开知识。知识、技能是智力发展的基础，智力发展又是获得知识与技能必备的条件。知识的贫乏与浅薄不利于智力的发展，而智力的高低决定着掌握知识的深度以及运用知识的灵活程度。(3分)

(2) 重视培养幼儿的学习品质。学习品质主要指学习态度、行为习惯、方法等与学习密切相关的基本素质，是在幼儿期开始出现与发展，并对幼儿现在与将来的学习都具有重要影响的基本素质。它既包括“非智力因素”，也包括一些直接参与认识过程的智力因素，如反思、学习方法等。(3分)

(3) 提高集体教学活动的有效性。集体教学活动只有符合幼儿的需要和发展实际，才能发挥促进幼儿智力发展的积极作用。

要提高集体教学在发展幼儿智力方面的有效性，需要注意以下两点：第一，必须充分了解幼儿学习与发展的特点、规律，了解幼儿的知识基础、认知水平、个体差异，而不能只是教师凭借教师的意志；紧密结合幼儿的生活，结合幼儿已有的知识，恰当地选择与确定教学内容，在教学过程中运用多种方式有效地与幼儿互动，吸引幼儿主动地学习。第二，集体教学不能成为一种形式，每天严格按照所谓“课表”的规定进行，应该在需要的时候开展。(3分)

(4) 重视幼儿知识的结构化。幼儿的“结构”“概念”都是建立在感性经验基础上的表象层次的概念，与中小学那种学科知识体系有本质的不同。(3分)

模拟试卷(三)

一、单项选择题(选择一个正确的答案。每小题2分，共24分)

1. D　2. D　3. C　4. A　5. B　6. D　7. B　8. D　9. A　10. C　11. D　12. C

二、多项选择题(错选、漏选、多选均不得分。每小题3分，共15分)

13. ABD 14. ABE 15. BCDE 16. ABCDE 17. ACD

三、判断题(正确的打“√”，错误的打“×”。每小题1分，共15分。)

18. × 19. √ 20. × 21. × 22. √ 23. √ 24. √ 25. √
26. √ 27. × 28. × 29. √ 30. × 31. √ 32. √

四、简答题(每小题8分，24分)

33. (1) 儿童中心论。杜威推动的教育革新主张变“教师中心”“教材中心”为“儿童中心。教师则是儿童生活、生长和经验改造的启发者和诱导者。(2分)

(2) 生活教育理论。杜威强调教育即生活，教育即生长。教育是生活的过程，学校是社会生活的一种形式，它应当呈现对于儿童来说是真实的生活，成为儿童真正生活的地方；学习是通过生活并联系这种生活进行的。(2分)

(3) 正确对待儿童的兴趣。杜威把儿童的本能兴趣归纳为四个方面：即探究发现的兴趣、交谈交往的兴趣、制作建造的兴趣、艺术表演的兴趣。他认为，“儿童的本能兴趣是天赋的资源，是未投入的资本，儿童的生动活泼的生长是依靠这些天赋资源的运用获得的。”成人只有通过不断地观察儿童的兴趣，才能够进入儿童的生活。(2分)

(4) 重视经验，倡导做中学。杜威坚决主张“做中学”。他确信一切真正的教育从经验中产生，一切学习都来自经验，因此，杜威的“做中学”也可以称为“从经验中学”“从活动中学”。(2分)

34. 幼儿社会性发展是通过其自身的社会化过程实现的。幼儿德育实质上是帮助幼儿完成其社会化过程。幼儿的社会化内容在很大程度上反映为社会对幼儿在社会适应与人际交往方面的要求。

(1) 萌发幼儿爱的情感。幼儿只有在自己被爱，体验到爱的基础上，才能产生指向外部世界的爱。(2分)

(2) 培养幼儿的社会适应能力。培养幼儿的社会适应能力主要从三方面着手，培养幼儿：喜欢并适应群体生活；遵守基本的行为规范；具有初步的归属感。(2分)

(3) 培养基本的社会行为规范和良好习惯。幼儿应养成的社会行为规范主要有：文明礼貌，遵守活动或游戏规则，讲卫生，爱护玩具、物品和公物，爱护身边的环境，节约粮食、水电资源等。良好行为习惯包括幼儿对己、对人、对事的习惯，这些行为规范与行为习惯是幼儿日后适应社会的根本。(2分)

(4) 发展幼儿的人际交往能力。为了让幼儿能适应集体生活、社会生活，必须发展他们的人际交往能力，帮助幼儿在与他人交往的过程中，学习如何处理与同伴、教师、父母和其他人的关系。(2分)

35. (1) 直接教的优点：

第一，直接教方式最大的优点是，清楚明确、系统有序、省时经济，而且教有定法。(2分)

第二，幼儿能在短时间内获得许多原来不知道的东西。这种直接教的方式对幼儿的学习

和发展是能起到正面的促进作用的。(1 分)

(2) 直接教的缺点:

第一，师幼之间难以双向交流，教学易成为教师向幼儿单向灌输和说教。(2 分)

第二，幼儿自主学习的机会少，其主动性、创造性难以得到发挥，学习热情易受挫，难以体验到成功感、满足感。(2 分)

第三，由于幼儿缺乏知识和经验，对言语的理解能力有限，因此，对教师传授的大量间接知识难以真正理解和掌握，讲授的低效率现象并不少见。(1 分)

五、论述题(每小题 12 分，共 24 分)

36. 有效地组织小组活动需要教师在分组上、指导上具备相应的能力。

(1) 分组能力。分组是小组活动的第一步，分组的质量对活动的进行影响很大。合理的分组表现出三个特点：有层次、有特色、有变化。

有层次——指教师分组时纵向地考虑幼儿的水平差异。如根据幼儿的经验、动作、思维、语言等方面发展水平上的差异，结合活动内容的难易，按水平由低到高地分，让每个幼儿能进行适合自己水平的学习。(2 分)

有特色——指各组各有特点。因为幼儿有不同的兴趣，性格倾向、学习方式上的特点等，因此，每个小组的幼儿既可以使用不同的材料、不同的方式方法来学习同样的内容，也可以通过学习不同的内容来达到同一个教育目标。(2 分)

有变化——指分组是动态的，不是一劳永逸的。幼儿的能力、经验等在发展，兴趣、情绪等也在变化，随时间、活动内容的不同而不同。(2 分)

(2) 指导小组活动的能力。主要表现在能够有效地促进小组活动的开展，帮助每个幼儿得到真正的发展。它要求教师:

① 有正确的指导思想。采用不同的课程组织形式，归根结底是为了每一个幼儿的发展。使用任何一种活动组织形式都不可能摆脱教育观念的支配，正确的教育指导思想是保证小组活动质量的根本。(2 分)

② 了解幼儿，遵循其身心发展的规律。有效的小组活动需要教师了解幼儿，了解其身心发展规律，进行科学的引导，否则小组活动会徒具形式，甚至难以维持。(2 分)

③ 灵活地改变教师的角色及其指导方法。小组活动不像作业课那样以“教”为主，而是以幼儿的自主活动为主。因此，小组活动的指导必须灵活多样，教师的角色也要根据情况随时变化。在同时关照几个小组的活动或游戏时，教师时而观察，时而参与，时而教授，时而评判。(2 分)

37. 答案参见 167 页论述题第 36 题。

六、案例分析题(共 18 分)

38. 答案要点:

(1) 首先教给其他小朋友要尊重张雷的人格和他的自尊心。委婉指出其他小朋友不对之处，如，“张雷最笨，张雷什么都做不了。”(3 分)

(2) 进一步观察了解张雷小朋友发展特点和水平，发现他的优点和长处。(3 分)

(3) 提供机会让张雷小朋友表现自己的优点和长处，增强张雷的自信心。(3 分)

(4) 在活动中注重对张雷进行个别教育，使张雷能在自己原有的水平上获得发展。(3分)

(5) 在全班幼儿面前表扬张雷的点滴进步，让孩子们看到张雷的进步。(3分)

(6) 有意识地对全班幼儿进行友爱教育，让幼儿学会理解别人，帮助别人。(3分)

模拟试卷(四)

一、单项选择题(选择一个正确的答案。每小题2分，共24分)

1. B　2. C　3. C　4. B　5. C　6. B　7. B　8. D　9. A　10. C　11. A　12. A

二、多项选择题(错选、漏选、多选均不得分。每小题3分，共15分)

13. ABCDE　14. ADE　15. ABCDE　16. ABCDE　17. ACE

三、判断题(正确的打"√"，错误的打"×"。每小题1分，共15分。)

18. √　19. √　20. ×　21. √　22. √　23. √　24. ×　25. ×
26. ×　27. ×　28. √　29. ×　30. ×　31. ×　32. ×

四、简答题(每小题8分，24分)

33. 一是由于幼儿的健康成长决不仅仅是靠幼儿园教育能够实现的，家庭对幼儿成长具有相当大的、甚至可以说第一位的影响力。(2分)

二是当今幼儿园教育已成为社会公共服务体系的一个有机组成部分。(2分)

三是世界教育发展到如今的终身教育阶段，教育已经决不仅仅是学校的事了。(2分)

四是时代的发展证明，脱离社会大环境而独善其身的教育是不可能适应社会需要的。(2分)

34. (1) 较多流于形式，实质性的教育效果不大；(2分)

(2) 结合方式的生硬，与幼儿园的节奏不相适应，打乱了幼儿园的生活常规，加重了教师和幼儿的负担；(2分)

(3) 幼儿园与社区的结合孤立地进行，与幼儿园教育活动割裂开来，因此难以有效地利用社区活动来深化幼儿园教育；(2分)

(4) 对与社区的结合，幼儿园方面也存在不少错误的认识，如认为自己幼儿园周围的社区环境不好，所以不能合作；认为与社区结合太麻烦，搞一次活动好费事，搞多了影响幼儿园正常日程；认为幼儿什么也不会做，不可能参与社区的活动；等等。(2分)

35. (1) 培养主动性。培养主动性就是在幼儿园教育中，培养幼儿的自信心、对周围的人和事物的积极态度，激发幼儿对活动的参与欲望和兴趣，给他们提供自己选择、自己计划、自己决定的机会和条件，鼓励他们去探索、去尝试，并使他们尽量获得成功的体验。(2分)

(2) 培养独立性。幼儿的独立性主要表现在有一定的独立行动与思考的能力、自我管控的能力，自己能做的事情不依赖他人等。独立性的缺乏严重地影响了儿童较快地适应小学的

生活。独立性的培养必须通过家庭和幼儿园的合作才能实现。(2 分)

(3) 发展人际交往能力。幼儿人际交往能力的重要性表现在入学后对新的人际环境的适应上。培养幼儿交往能力的方法是创设一个宽松、自由的交往环境，改善师生关系，鼓励幼儿之间的交往，让幼儿真正体会到与老师、同伴在一起的愉快，从而愿意主动投入到交往活动中去。(2 分)

(4) 培养幼儿的规则意识和任务意识。在小学生活中儿童会碰到许多新的规则与纪律，同时，入学后学习成为必须完成的任务，可刚入学的儿童却一时难以发展与之相应的任务意识与完成任务的能力。由此可见，幼儿园应当注意培养幼儿的规则意识和任务意识，特别在大班阶段。(2 分)

五、论述题(每小题 12 分，共 24 分)

36. 答案参见 191 页论述题第 36 题。
37. 答案参见 136 页论述题第 37 题。

六、案例分析题(18 分)

38. (1)案例 A 的中教师采用了语言指导，案例 B 中的教师采用非语言指导。教师运用这种方法很合适。教师在指导幼儿游戏时能正确定位自己的角色，在案例 A 中教师作为支持者，以积极的、正确的指导，使幼儿没有陷入随心所欲的状态。案例 B 中教师作为引导者，通过示范引导幼儿游戏的持续，提升幼儿游戏技能和方法。(4 分)

(2) 假如我是教师，我会正确地指导幼儿游戏。具体做法如下：

① 正确地定位教师在幼儿游戏中的角色。面对幼儿的游戏，教师一方面必须尊重幼儿游戏的意愿与兴趣，尊重幼儿的自主性和自由选择、想象、创造的权利，保证不干涉、不干扰、不破坏幼儿的游戏，另一方面又必须要提高幼儿游戏的质量，引导幼儿在游戏中更好地学习与发展。为了在二者之间保持平衡，教师必须正确定位自己的角色——应当是幼儿游戏的支持者、合作者、引导者。(2 分)

② 以间接指导为主。首先丰富幼儿的生活经验。教师要善于利用幼儿园的各种活动、利用园内外的各种教育资源，利用家园的密切合作，不断丰富幼儿的知识经验，充实幼儿的日常生活，扩展幼儿的视野，满足幼儿游戏需要，充分尊重幼儿游戏的自主性。(2 分)

其次，观察游戏、理解游戏、解读幼儿的游戏行为。首先对幼儿游戏的观察，观察时应对幼儿的游戏行为进行思考，同时应观察幼儿对游戏的需要和兴趣，观察幼儿在游戏过程中的自主性和创造性；(2 分)

最后，适时调整游戏环境的物与人的要素。提高游戏材料投放的针对性、适宜性；促进游戏中人际互动的频率与质量。(2 分)

③ 适时适当地直接介入游戏进行指导。教师以游戏参加者的身份用自己的行动以及游戏的语言或游戏的材料，暗示幼儿的游戏行为，促进幼儿游戏的发展，提高幼儿游戏水平。指导语言应该带有启发性，能激发幼儿积极思维，有利于引导幼儿去探索、解决问题。(2 分)

④ 按幼儿游戏发展的规律指导游戏。无论是间接的还是直接的游戏指导，都必须遵循游戏本身的发展规律。游戏会随着幼儿年龄与身心的发展而变化，即在不同年龄阶段游戏的

发展水平不同，需要不同的指导方法。(2分)

⑤ 按不同类型游戏的特点指导游戏。幼儿游戏分为多种类型，不同类型的游戏有着不同的特点，所以游戏的指导应考虑游戏的类型。(2分)

模拟试卷(五)

一、单项选择题(选择一个正确的答案。每小题2分，共24分)

1. B　2. A　3. A　4. B　5. C　6. C　7. A　8. B　9. A　10. D　11. A　12. D

二、多项选择题(错选、漏选、多选均不得分。每小题3分，共15分)

13. ABCE　14. BCDE　15. ACE　16. ABCDE　17. ABCDE

三、判断题(正确的打"√"，错误的打"×"。每小题1分，共15分。)

18. √　19. ×　20. ×　21. √　22. ×　23. ×　24. ×　25. √
26. √　27. ×　28. ×　29. ×　30. √　31. ×　32. ×

四、简答题(每小题8分，24分)

33. (1)体育对幼儿个体发展的重要意义。在幼儿个体发展中，生命的健康存在是幼儿一切发展的基础和前提。体育是促进幼儿正常生长发育的重要途径；体育能增强幼儿体质，提高幼儿身体素质；体育能为幼儿心理发展提供物质基础。(2分)

(2) 智育对幼儿个体发展的意义。智育促进幼儿智力的发展，有目的、有计划地发展幼儿的认识能力，满足幼儿的认知需要，从而大大加速幼儿先天的认知潜能转为现实能力，为幼儿以后从事系统的、高级的智力活动奠定良好的基础。(2分)

(3) 德育对幼儿个体发展的意义。德育帮助幼儿在个性发展的同时，对幼儿社会性的发展也具有重要的意义。从小加强德育，培养幼儿良好的个性和性格，发展幼儿的健全人格，并通过人际交往和接受环境的潜移默化，习得初步的社会行为规范，形成初步的道德认识、道德情感和道德行为，不断提高适应社会生活的能力，为其将来成为合格的社会公民奠定基础。(2分)

(4) 美育对幼儿个体发展的意义。美育通过美的事物，引导幼儿在感受美、发现美的同时，萌发出美好的情绪体验，受到潜移默化的熏陶和感染，并进而产生美的情感、美的心灵、美的品德，为形成完整和谐的人格打下基础。美育以美的事物激起幼儿的兴趣、情感，促使幼儿感知觉、形象思维、想象力、创造力活跃和发展起来。(2分)

34. (1)为什么幼儿园教师必须学会观察。由于幼儿用语言表达自己的能力很弱，对其自身状态的把握能力也很弱，这使教师很难主要靠语言去准确地了解他们，特别是了解他们的内心世界。因此，幼儿的特点决定了观察对幼儿教育具有特殊重要性，幼儿园教师必须具有观察能力。(2分)

(2) 幼儿园教师的观察是为了幼儿的发展。幼儿园教师为了促进幼儿的发展，必须在教育实践中进行随机的自然观察或有计划的观察。

在随机的自然观察中，教师凭借自身的经验与直觉，仔细观察幼儿，捕捉幼儿发出各方面的信息。抓住那些“可教育的瞬间”，及时而正确地介入到幼儿的活动中去，大大提高了教育的有效性。在有计划的观察中，教师根据教育的需要而预先拟定出观察项目，列出观察要点，然后在实际的教育过程中，选择有代表性的场景进行观察。(2分)

(3) 观察要全面、真实地了解幼儿。为了提高观察的正确性、准确性，以更全面、真实地了解幼儿，必须注意：第一，在正确的教育观、儿童观的指导下进行观察；第二，不戴有色眼镜看待任何一个幼儿；第三，严谨地多角度地分析观察结果，不妄下结论。(2分)

(4) 利用《3—6岁儿童学习与发展指南》发展观察能力。《指南》提供了各年龄段幼儿各发展领域目标下的典型表现，为教师全面地观察和了解幼儿提供了一个可参考的清晰框架，可作为教师学习观察、提高观察能力的好帮手。(2分)

35. 课程评价的内容是多方面的。一般来说，主要包括以下四部分：

(1) 对照教育目标，检查和评估教育教学计划在目标、内容、实施方法等方面是否合适；(2分)

(2) 在课程实施中观察、记录幼儿在教育教学过程中的行为反应，并以此定期对照教育教学计划中的预定目标，检查和评估该目标本身以及所实施的教育内容、方法、手段等是否适宜；(2分)

(3) 在课程实施过程中，定期对照目标及各项要求，检查评估教师的态度、行为，教师与幼儿的关系和互动方式等，是否与课程目标具有一致性，是否适应幼儿的需要实际；(2分)

(4) 对照课程目标，测查评估幼儿身心诸方面发展的整体性、均衡性以及发展的程度与水平等，包括身体、语言、认知、情感与社会性等方面。(2分)

五、论述题(每小题12分，共24分)

36. (1)热爱与尊重幼儿，充分发挥幼儿的主体性功能。对幼儿进行德育，首先要热爱与尊重幼儿。尊重幼儿首先要尊重幼儿的人格、自尊心。尊重幼儿必须尊重幼儿的主体性，尊重幼儿的自我教育力量。(3分)

(2) 遵循德育的规律。

① 挖掘生活、游戏中的教育价值，从情感入手、重在行为改变；

② 直观、生动、形象，避免概念化；

③ 重视体验学习，切忌说教；

④ 注意个体差异。(4分)

(3) 重视指导幼儿行为的技巧。常用的技巧主要有以下几种：

① 强化行为的技巧。强化有利于形成、巩固幼儿正确的行为。

② 预估行为的技巧。预先估计到幼儿行为的发生而提前干预，有利于激发幼儿的积极行为、避免消极行为。

③ 转移行为的技巧。转移是指把幼儿的注意力从当前的活动转到另一项活动上去，以引导幼儿行为向积极方向发展。

④ 让幼儿理解行为后果的技巧。幼儿的一些错误行为是因为不能预见到自己行为的后

果，不理解规则而造成的。

⑤ 引导幼儿解决冲突的技巧。引导得好，冲突就会成为幼儿体验平等、公正、诚信、友善等核心价值的极好机会，成为发展他们的自主反思，倾听理解、协商妥协等人际交往能力的极好契机。(5分)

37. 答案参见148页论述题第36题。

六、案例分析题(共18分)

38. 家园合作的主要包括两方面的内容：

(1) 幼儿园方面。①教师不断学习幼教的新理念、新观念，不断提高对家园合作的认识，坚定发展家园合作的信心，拓展合作的方法与途径，提高与家长合作的能力。(2分)

② 坚持向家长传递正确的教育观、儿童观，引导家长积极地参与幼儿园活动过程，“帮助家长创设良好的家庭环境，向家长宣传科学保育、教育幼儿的知识”，改善家长的教育行为、教育方法，“积极支持、帮助家长提高教育能力。”(2分)

(2) 家长方面。①直接或间接地、逐步深入地参与幼儿园教育活动，为共同的目标与教师形成真正的合作伙伴关系，与教师相互了解、相互支持、相互配合，让幼儿无论在幼儿园还是在家庭，都能够受到连贯一致的教育。(2分)

② 在实际的参与过程中，不断转变观念，强化“不仅是养育者，也是教育者”的意识与责任；学习参与的方式、方法，提高了解孩子、教育孩子的能力。(2分)

39. 幼儿园采用了家长间接参与中的家园栏(班级公告栏)的方式与家庭合作。(2分)

40. 家长作为重要的教育力量表现在：

① 家长的参与极有利于幼儿的发展。(2分)

② 家长是教师最好的合作者，家长是教师了解幼儿的最好的信息源。(2分)

③ 家长与教师的配合使教育计划的可行性、幼儿园课程的适宜性、教育的连续性和有效性等都能更好地得到保证。(2分)

④ 家长本身是幼儿园宝贵的教育资源。(2分)